# 엔터프라이즈 빅데이터 레이크

# 엔터프라이즈 빅데이터 레이크

## 효율적인 데이터 레이크 도입과 모범 사례

알렉스 고렐릭 지음 최영재 옮김

i!i
에이콘

에이콘출판의 기틀을 마련하신 故 정완재 선생님 (1935-2004)

# 이 책에 보내는 찬사

알렉스는 데이터 산업의 선구자다. 그는 데이터 주도 기업으로의 전환 시 고려해야 할 기술 요소와 전환을 전사적으로 구현하는 방법을 알려주고, 전환이 비즈니스에 어떤 영향을 주는지 실질적인 인사이트를 주고자 구체적으로 집필했다. 이 책은 데이터를 성공적으로 사용하고자 하는 모든 비즈니스와 기술 전문가를 위한 책이다.

— 케이어 데사이[Keyur Desai] / TD 에머리트레이드[TD Ameritrade] 최고 데이터 책임자[Chief Data Officer]

결정 및 분석 주도 솔루션의 장점을 활용하는 데 데이터 레이크는 필수다. 이 책은 데이터 레이크의 아키텍처와 장점, 데이터 레이크를 도입할 때의 어려움과 그런 어려움을 극복하는 방법을 훌륭하게 설명한다.

— 자리 코이스터[Jari Koister] / FICO 제품 및 기술 부사장[VP of Product and Technology] 겸 캘리포니아 UC 버클리 대학교[UC Berkeley, California] 데이터 과학 프로그램 교수

업계에서 사용하는 용어 중 가장 헷갈리는 용어 중 하나가 빅데이터다. 이 책은 여러 요소를 쉽고 이해할 수 있는 용어로 나누고, 프로젝트별로 가장 좋은 접근 방법을 설명한다. 특히 데이터 스트림[data streams], 데이터 연못[data ponds], 데이터 레이크[data lake] 간의 관계를 설명한 절이 도움이 됐다. 이 책은 현재의 분석 방법을 이해하고 배우고자 하는 모든 경영층이 반드시 읽어야 할 도서다.

— 오핀더 바와[Opinder Bawa] / 샌프란시스코 대학교[University of San Francisco] 부사장 겸 최고 정보 책임자[Chief Information Officer]

데이터 레이크 팀을 맡아 팀과 대화하고 그들을 이해하기 위해 관련 도구와 용어를 배워야 하는 관리자에게 이 책을 알려주고 싶다. 자신의 팀을 이끌어갈 방향을 결정하는 데 좋은 아이디어를 얻을 수 있을 것이다. 데이터 레이크를 새로 만들든, 기존 것을 이어 받았든 이 책은 좋은 출발선이 될 것이다.

— **니콜 스왓츠**<sup>Nicole Schwartz</sup> / 애자일 및 기술 제품 관리 컨설턴트<sup>Agile and Technical Product Management consultant</sup>

# 지은이 소개

**알렉스 고렐릭**<sup>Alex Gorelik</sup>

 지난 30여 년간 최신 데이터 기술을 개발하고 배포해 왔으며, BAE(유로파이터<sup>Eurofighter</sup>), 유니레버<sup>Unilever</sup>, IBM, 로얄 캐리비안<sup>Royal Caribbean</sup>, 카이저<sup>Kaiser</sup>, 골드만삭스<sup>Goldman Sachs</sup> 외 수십 개의 대기업을 도와 가장 골치 아픈 데이터 문제를 해결해 왔다.

ETL 기업(악타<sup>Acta</sup>, 가트너<sup>Gartner</sup> 지정 선도 기업으로 비즈니스 오브젝트<sup>Business Objects</sup>/SAP에 의해 인수) 창업자이자 CTO로, 대형 분석 및 데이터 웨어하우스 프로젝트에 다년간 컨설팅을 한 경험을 통해 데이터 웨어하우스의 발전을 직접 목격할 수 있었다. 그가 세운 두 번째 회사인 엑스에로스<sup>Exeros</sup>(IBM에서 인수)는 대기업이 자신의 데이터를 이해하고 합리화하는 데 필요한 지원을 제공하고 있다. IBM 최고 엔지니어<sup>Distinguished Engineer</sup>이자 인포매티카<sup>Informatica</sup>의 SVP 겸 총책임자로 하둡<sup>Hadoop</sup> 기술 개발과 적용을 주도해 왔다. 또한 멘로 벤처스<sup>Menlo Ventures</sup>의 거주 기업가, 워터라인<sup>Waterline</sup>의 창업자이자 CTO로, 구글<sup>Google</sup>과 링크드인<sup>LinkedIn</sup>, 대형 은행, 정부기관, 기타 대기업에서 빅데이터 레이크 관리와 데이터 과학을 맡고 있는 여러 업계 최고 전문가와 함께 일한 경험이 있다. 컬럼비아 대학에서 BSCS를 받았으며, 스탠퍼드 대학에서 MSCS를 취득했고, 현재 샌프란시스코에서 아내와 4명의 자녀와 함께 살고 있다.

# 감사의 말

무엇보다도 자신의 이야기, 경험, 모범 사례를 공유해주신 많은 전문가와 실무자에게 깊은 감사를 드린다. 이 책은 여러분에 관한 것인 동시에 여러분을 위한 책이다.

이 프로젝트를 진행하는 데 도움을 준 모든 분께 깊은 감사를 드린다. 저의 첫 번째 책이며, 여러분의 도움이 없었다면 하지 못했을 것이다. 다음의 분들에게도 감사를 드리고 싶다.

- **오라일리 팀:** 집필 당시 속도가 떨어졌을 때 힘차게 써내려갈 수 있도록 도와주고 흩어진 생각의 조각을 어느 정도 일관성 있게 정리할 수 있게 도와준 아담 오람(담당 편집자), 이 책을 시작할 수 있게 도와준 팀 맥거븐(초기 편집자), 2년 동안의 집필, 편집, 재집필, 검토, 더 많은 재집필, 더 많은 편집, 더 많은 재집필 이후에도 책을 얼마나 더 개선할 수 있는지 보여줘 충격을 줬던 레이첼 헤드(교열 담당자), 마지막으로 출판 과정에서 책을 책임져준 크리스틴 브라운께 감사한다.

- 자기 생각과 모범 사례를 논문을 통해 공유해준 업계 전문가들께 감사드린다. 각자의 이름과 약력은 책 안에 인용된 논문과 함께 찾을 수 있다.

8

- 신선한 관점, 투명한 시야, 업계 전문성을 가지고 더 좋은 책이 될 수 있도록 많은 도움을 준 검토 위원인 산지브 모한, 오핀더 바와, 니콜 스올츠에게 감사한다.

마지막으로 멋진 가족의 지원과 사랑 없이는 이 책을 쓸 수 없었을 것이다. 아내 이리나, 사랑하는 아들딸인 하나, 제인, 리사, 존 그리고 어머니 리자이나, 또한 친구들과 워터라인의 식구들에게도 감사드린다.

# 옮긴이 소개

**최영재**(youngjae.choi1977@gmail.com)

IT 회사에서 근무하면서 소프트웨어 제품 품질에 관심을 가져왔다. 현재 소프트웨어 공학 관련 강의를 하고 있으며, 어떻게 하면 사용자가 좀 더 신뢰할 수 있고 안심하며 사용할 수 있는 소프트웨어를 만들지 고민 중이다.

소프트웨어 관련 국제 표준과 여러 지식 체계에 참여하고 있으며, 최근에는 어떻게 하면 누구나 신뢰하면서 사용할 수 있는 머신러닝 모델을 만들 수 있는지에 관심을 갖고 있다. 자율 주행 자동차 등 인공지능이 인간의 삶에 줄 수 있는 많은 가치를 실현하려면 모델이 가진 한계를 이해하고, 인공지능이 왜, 무언가를, 어떤 방식으로 예측했는지 이해할 필요가 있다고 생각한다.

# 옮긴이의 말

최근에는 사람들에게 도움이 될 수 있는 성능이 우수하고 신뢰할 수 있는 머신러닝 모델을 만드는 데 관심들이 많습니다. 빅데이터를 활용해서 만드는 머신러닝 모델을 개발하고 모델의 신뢰성을 확보하려면 기반이 되는 데이터가 가장 중요할 수밖에 없습니다.

지금도 뉴스를 보면 자사의 빅데이터를 분석해 좋은 인공지능 모델을 만들고 모델을 활용해서 혁신적인 성과를 거둔 기업의 사례가 보도되고 있습니다. 그런 뉴스를 볼 때마다 드는 생각이 부럽다는 생각과 함께 우리도 언젠가는 저렇게 될 것이라는 확신이 듭니다. 기업이 겪고 있는 문제를 해결하는 데 필요한 데이터는 이미 기업 안에 존재한다고 믿습니다. 그것을 어떤 방식으로 저장하고 저장된 데이터를 어떻게 활용하면 좋을지 전략을 짜는 것이 중요합니다.

이 책에서는 기업의 직원들이 데이터 저장을 꺼리는 이유를 따져보고, 기업의 데이터를 효과적으로 저장하고 관리할 수 있는 방법을 알려줍니다. 관리 체계를 구축해 같은 데이터를 중복으로 구매하는 것을 방지하고, 저장한 데이터 중 민감한 데이터는 어떤 방식으로 처리하는 것이 좋을지도 소개합니다.

데이터베이스 분야는 대부분의 용어가 영어입니다. 국내에서도 활발하게 사용되기 시작한 지 어느 정도 시간이 지났기 때문에 용어를 원문 그대로 사용하는 것이

편한 사람이 많습니다. 이 책을 옮기는 과정 중에도 원문의 의미를 해치지 않는 범위에서 업계에서 흔히 사용하는 용어를 사용하고자 노력했습니다.

마지막으로 이 책을 번역할 기회를 주신 에이콘 출판사와 격려해준 가족에게 감사드립니다.

# 차례

# 들어가며

최근 많은 기업이 빅데이터와 클라우드 기술을 활용해 데이터 레이크를 구축하고 데이터 주도 문화 및 결정을 도입하는 실험을 하고 있다. 하지만 인터넷 기업에는 잘 맞던 접근 방식을 전통적인 기업에 적용하려면 각색이 필요한데, 어떻게 각색 해야 하는지 실질적인 지침이 없다 보니 관련 프로젝트가 연기되거나 실패하는 경우가 많다. 그런 지침을 제공하고자 이 책을 저술하게 됐다.

IBM과 인포매티카$^{Informatica}$(주요 데이터 공급사)의 경영층, 멘로벤처스$^{Menlo\ Ventures}$(선도적인 VC 기업)의 거주 기업가, 워터라인의 창업자이자 CTO로 일하면서 수백 명의 전문가, 선구자, 업계 분석가, 실무 담당자와 성공적인 데이터 레이크 및 데이터 주도 문화를 구축하는 과정에서 겪은 어려움을 얘기해 볼 행운이 생겼다. 이 책은 다양한 업계와 역할을 통해 경험한 주제와 모범 사례를 묶어 놓았다. 독자 대상은 업계의 경우에는 소셜 미디어부터 금융, 정부 기관까지, 직무의 경우 최고 데이터 책임자와 같은 IT 경영층에서부터 데이터 아키텍트, 데이터 과학자, 비즈니스 분석가까지를 아우른다.

빅데이터, 데이터 과학, 분석 기반 데이터 주도 결정은 우리가 어떻게 일하는지부터 암 치료법을 찾기 위해 고객과 협업하는 과정에 이르기까지 지금까지와는 차원이 다른 인사이트와 효율성을 줄 것이라 약속한다. 그렇지만 데이터 과학과 분석은 과거 데이터가 있어야 가능한 일이다. 이 때문에 기업은 데이터 과학자와 분석가가 데이터 주도 결정 과정을 하는 데 필요한 정보를 찾을 수 있도록 자신들이 가진 모든 데이터를 한군데로 모을 수 있는 데이터 레이크를 구축하고 있다. 일하는 모든 과정에 데이터가 필요하고, 모두가 분석가이자 많은 사람이 코딩하고 스스로 데이터 세트를 활용할 수 있는 오늘날 엔터프라이즈 빅데이터 레이크는 인터넷 기업이 가진 자유분방한 문화와 IT 전문가가 많은 신경을 써서 관리하고 많은 노력을 들인 보고서나 분석 데이터 세트 형태로 제공되는 전통적인 기업 데이터 창고 간의 격차를 메워준다.

엔터프라이즈 데이터 레이크가 성공하려면 3가지를 제공해야 한다.

- 감당할 수 없을 만큼의 비용이나 연산 자원의 추가 없이 많은 데이터를 저장하고 분석할 수 있도록 비용 효율적인 확장이 가능한 저장 용량과 연산 능력

- 프로그래밍과 즉흥적 데이터 획득에 비싼 인건비를 들이지 않고 모두가 필요한 데이터를 찾고 사용할 수 있도록 해주는 비용 효율적인 데이터와 접근 권한 관리

- 필요와 가진 기술 수준뿐만 아니라 적용된 데이터 관리 정책까지 고려해서 사용자에게 적절한 수준의 데이터를 제공할 수 있도록 하는 계층화된 접근 관리

하둡, 스파크, NoSQL 데이터베이스, 일래스틱 클라우드 기반 시스템 등이 첫 번째 사항, 즉 확장 가능한 비용 효율적인 저장 및 연산 능력을 제공하는 주목받는 기술이다. 아직은 성숙하다고 볼 수 없고 새로운 기술이 흔히 겪는 여러 문제가 있지만, 빠른 속도로 안정되고 있으며 주류로 자리 잡고 있다. 이들은 강력한 기술이기는 하지만 나머지 2가지 사항, 즉 비용 효율성과 계층화된 데이터 접근을 제공하지는 못한다. 그렇기 때문에 기업에서는 대규모 클러스터cluster를 만들고 많은 데이터를 저장하다 보면 만든 것이 데이터 레이크가 아닌 데이터 늪data swamp이라는 것을 발

견하기도 한다. 데이터 늪은 사용할 수 없는 데이터 세트의 대규모 집합소로 무언가를 찾거나 이해하기 불가능하고, 그것을 바탕으로 무언가 결정할 만큼의 신뢰성을 갖지 못한다.

이 책은 데이터 레이크가 약속하는 것을 얻으려면 고려해야 하는 요소와 모범 사례를 보여준다. 데이터 레이크를 데이터 웅덩이<sup>data puddles</sup>(분석적인 샌드박스<sup>sandboxes</sup>)나 데이터 연못<sup>data ponds</sup>(큰 데이터 웨어하우스)을 바탕으로 확장할 때 활용할 수 있는 여러 접근법뿐만 아니라 아예 바닥부터 구축하는 방법까지 다룬다. 사내<sup>on premises</sup>, 클라우드 기반, 가상<sup>virtual</sup> 등 다양한 데이터 레이크 아키텍처<sup>architectures</sup>의 장단점을 살펴본다. 그리고 미가공<sup>raw</sup>, 처리되지 않은 데이터에서부터 잘 관리되고 요약된 데이터까지 유형별로 저장하는 개별 영역을 설정하는 방법과 그런 영역의 접근 권한을 관리하는 방법을 다룬다. 사용자가 스스로 데이터를 찾고 이해하고 준비할 수 있도록 하는 셀프서비스<sup>self-services</sup>를 가능하게 하는 방법, 사용자의 기술 수준에 따라 적합한 인터페이스를 제공하는 방법, 이 모든 과정을 기업의 데이터 관리 정책을 준수하면서 진행하는 방법 등을 설명한다.

## 이 책의 대상 독자

이 책은 대기업에서 근무하는 다음과 같은 사람을 위한 책이다.

- **데이터 서비스 및 관리팀:** 최고 데이터 책임자, 데이터 관리자
- **IT 경영진 및 아키텍트:** 최고 기술 책임자, 빅데이터 아키텍트
- **분석팀:** 데이터 과학자, 데이터 엔지니어, 데이터 분석가, 분석 담당자
- **감사팀:** 최고 정보 보안 책임자, 데이터 보호 책임자, 정보 보안 분석가, 규정 준수 담당자

이 책은 첨단 데이터 기술을 개발하면서 세계적인 기업들이 겪는 가장 어려운 데이터 문제를 해결하는 과정에서 얻은 30년간의 경험을 바탕으로 저술했다. 실무자와 업계 전문가들의 논문과 성공 사례로 알 수 있는 세계적인 기업들의 모범 사례를 바탕으로 성공적인 빅데이터 레이크를 설계하고 배포하는 포괄적인 지침을 제공한다. 이처럼 매력적인 신규 빅데이터 기술과 접근 방식이 기업에 어떤 효과를 제공하는지 궁금하다면 이 책이 좋은 출발점이 될 수 있다. 관리자라면 이 책을 한번 전체적으로 읽고 나서 실무 중에 빅데이터 관련 의문이 생길 때마다 주기적으로 다시 살펴보는 것을 추천한다. 실무자에게는 빅데이터 레이크 프로젝트를 계획하거나 실행할 때 활용할 수 있는 지침이 된다.

## 편집 규약

이 책에서는 다음과 같은 편집 규약을 사용한다.

고딕체

새로운 용어, 메뉴 항목을 나타낸다.

고정폭

문장 안에서 변수나 함수 이름, 데이터베이스, 데이터 타입, 환경 변수, 절[statement], 키워드와 같은 프로그램 요소를 참조할 때 사용한다. 사용자가 직접 입력한 명령이나 텍스트, 명령 실행 결과를 나타낼 때도 사용한다.

## 독자 지원

이 책에 관한 의견과 질문은 bookquestions@oreilly.com으로 문의하면 된다. 이 책에 관한 오탈자, 예제, 추가 정보는 http://bit.ly/Enterprise-Big-Data-Lake에서 찾을 수 있다.

오라일리 책, 강좌, 콘퍼런스, 뉴스에 대한 더 많은 정보는 오라일리 웹 사이트 http://www.oreilly.com를 방문하기 바란다.

- **페이스북 주소:** http://facebook.com/oreilly

- **트위터 주소:** http://twitter.com/oreillymedia

- **유튜브 주소:** http://www.youtube.com/oreillymedia

한국어판의 정오표는 에이콘출판사의 도서정보 페이지 http://www.acornpub.co.kr/book/big-data-lake에서 찾아볼 수 있다.

한국어판에 관한 질문은 이 책의 옮긴이나 에이콘 출판사 편집 팀(editor@acornpub.co.kr)으로 문의해주길 바란다.

# 표지 그림

이 책의 표지에 나오는 동물은 바디비오리<sup>red-breasted merganser</sup>(학명 머거스 세라토어 Mergus serrator)로, 북미, 유럽, 아시아 대륙에서 찾을 수 있는 오리다. 바디비오리는 철 새며, 봄에는 북쪽 호수와 강을 찾아 번식기를 보내고 겨울에는 남쪽 해안 지역으로 이동한다. 세라토어라는 이름은 부리의 톱니 모양 때문에 붙여진 이름이며, 이런 모 양은 먹이가 되는 물고기, 개구기, 수상 곤충, 갑각류를 잡는 데 도움이 된다. 바디비 오리는 먹이 사냥에 필요한 다이빙과 잠수에 능하다. 바디비오리는 성적 이형성을 가진다. 수컷은 상징적인 빨간 가슴 털 외에 하얀 목, 짙은 녹색 머리, 검은 등, 하얀 배 등을 갖고 있다. (책 표지 사진과 같은) 암컷은 은은한 색을 띠고 머리색은 빨간 계 열이며 몸통은 회색이다. 수컷과 암컷 모두 깃털은 뾰족한 모양으로 돼 있다. 몸의 길이는 50cm에서 61cm에 이른다. 번식기가 되면 수컷은 암컷 무리가 보는 앞에서 구애하고, 암컷은 물 근처 지상에 둥지를 튼다. 오리 중에서는 바디비오리가 가장 빠른 비행 속도 기록을 보유하고 있다. (비행기를 피할 때) 시속 160km를 기록한 적이 있다.

오라일리 책 표지에 등장하는 동물 중 상당수는 멸종 위기에 처해 있다. 모두 세상 에 중요한 동물이다. 도움을 주려면 어떻게 할 수 있는지 알아보려면 animals. oreilly.com에 방문하면 된다.

표지 그림은 마이어스 클라인스 렉시콘<sup>Meyers Kleines Lexicon</sup>의 흑백 판화를 바탕으로 카렌 몽고메리<sup>Karen Montgomery</sup>가 그린 것이다.

# 1장

# 데이터 레이크 소개

데이터 주도 결정은 우리가 일하고 생활하는 방식을 바꾸고 있다. 데이터 과학data science, 머신러닝machine learning, 고급 분석에서부터 실시간 대시보드dashboard에 이르기까지, 결정을 내려야 하는 위치에 있는 사람들은 결정 과정에 데이터를 활용한다. 구글, 아마존, 페이스북과 같은 대형 데이터 주도 기업은 데이터를 활용해서 과거의 전통적인 강자들을 위협하고 있다. 금융 서비스 기업이나 보험 회사들은 과거에도 데이터를 바탕으로 운영해 왔으며, 금융 시장 분석가와 자동 거래 등도 그런 추세를 선도해 왔다. 사물인터넷IoT, Internet of Things은 제조, 운송, 농업, 의료 분야를 바꾸고 있다. 다양한 업계의 정부기관과 기업에서부터 비영리 기관과 교육기관에 이르기까지 데이터는 판도를 뒤바꿔 놓을 만한 중요한 요소로 받아들여지고 있다. 인공지능과 머신러닝은 우리 생활의 모든 영역에 스며들고 있다. 세계는 데이터의 가능성을 보고 데이터를 폭발적으로 받아들이고 있다. 이와 같은 폭식을 지칭하는 용어도 있는데, 빅데이터다. 빅데이터big data란 용어는 가트너Gartner의 더그 레니Dou Laney가 3가지 V의 측면으로 처음 정의했다. 3가지 V란 용량volume, 다양성variety, 속도velocity이며, 나중에 가장 중요한 네 번째 V, 즉 진실성veracity을 추가했다.

다양성, 용량, 속도 요구 사항이 너무 많아지다 보니 과거 시스템이나 프로세스는 기업에서 필요로 하는 데이터 요구 사항을 이제는 충족하지 못하고 있는 실정이다.

'GIGO' 원리(쓰레기를 넣으면 쓰레기가 나온다. garbage in = garbage out)가 더 분명하게 나타나는 고급 분석이나 인공지능에서 진실성이 더 문제가 되는 이유는, 안 좋은 결정이 안 좋은 데이터 때문이었는지 모델 때문이었는지 알기가 쉽지 않기 때문이다.

이런 시도를 돕고 당면한 과제를 해결할 때 데이터를 어떻게 저장, 처리, 관리해야 하는지, 또한 결정 담당자에게 어떤 식으로 제공해야 하는지 등 데이터 관리 영역에서 혁명이 일어나고 있다. 빅데이터 기술의 발전으로 예전의 데이터 관리 기반 시설보다 훨씬 더 많은 확장과 비용 효율적인 의뢰가 가능해지고 있다. 과거의 세밀하고 분류된 노동 집약적인 접근법 대신 셀프서비스가 이뤄지고 있다. 과거에는 많은 IT 전문가를 동원해서 잘 관리된 데이터 웨어하우스<sup>data warehouse</sup>와 데이터 마트<sup>data mart</sup>를 만들었지만 무언가를 바꾸려면 수개월이 걸리기도 했다.

데이터 레이크<sup>data lake</sup>는 빅데이터 기술이 갖는 힘과 셀프서비스의 유연성을 결합하려는 대담한 새로운 접근법이다. 현재 대부분의 대형 기업은 이미 데이터 레이크를 구축했거나 구축하는 과정에 있다.

이 책은 구글, 링크드인, 페이스북과 같은 신생 데이터 주도 기업뿐만 아니라 정부 기관과 대기업까지 100개가 넘는 기업이 그들의 데이터 레이크 도입 계획, 분석 프로젝트, 경험, 가장 좋았던 사례를 논의한 것을 바탕으로 쓰였다. 이 책은 데이터 레이크 구축을 생각 중이거나, 구축하는 과정 중에 있거나, 이미 구축했지만 널리 퍼트리거나, 그것을 통해 생산성을 올리는 데 문제를 겪고 있는 IT 경영진과 전문가를 대상으로 한다.

데이터 레이크란 무엇인가? 왜 필요한가? 지금 갖고 있는 것과 어떤 면에서 다른가? 1장에서는 전체적인 소개를 하고, 이어지는 장들에서 각 주제를 더 구체적으로 살펴본다. 소개는 가능하면 간결하게 하고자 개별 용어를 자세히 설명하거나 살펴보지 않고 자세한 설명은 관련 장에서 하기로 한다.

데이터 주도 결정은 지금 매우 주목받고 있다. 데이터 과학, 머신러닝, 고급 분석에서부터 실시간 대시보드에 이르기까지 결정 담당자는 결정할 때 데이터를 활용하고 있다. 이런 데이터를 모아 놓을 공간이 필요하고 이런 공간을 구성할 때 선호하는 방법이 데이터 레이크다. 데이터 레이크라는 용어는 펜타호<sup>Pentaho</sup>의 CTO인 제임스 딕슨<sup>James Dixon</sup>이 처음으로 정의하고 설명했다. 그는 자신의 블로그에 "데이터 마트를 일종의 가게, 즉 물이 정화되고 포장, 진열돼서 소비하기 쉽게 된 상태로 생각한다면 데이터 레이크는 물이 좀 더 자연에 가까운 상태로 있는 하나의 큰 물줄기로 볼 수 있다. 데이터 레이크의 내용물은 소스에서부터 흘러와서 데이터 레이크를 채우고, **여러 사용자가** 레이크에서 내용물을 확인하거나 레이크에 뛰어들기도 하고, 필요에 따라 표본을 가져가기도 한다."고 밝혔다. 여기서 핵심적인 내용은 고딕체로 표시했고 다음과 같다.

- 데이터는 원래의 형태와 포맷(자연 혹은 미가공 데이터)을 유지한다.

- 다양한 사용자가 데이터를 사용한다(즉, 대규모의 사용자 집단이 접근할 수 있고, 실제로 접근한다).

이 책에서 얘기하고자 하는 핵심 내용은 데이터 레이크를 구축해서 미가공 데이터(뿐만 아니라 가공된 데이터도)를 IT 주도 프로젝트에만 사용하지 않고 비즈니스 분석가를 비롯한 대규모 사용자 집단이 활용할 수 있게 하자는 것이다. 미가공 데이터를 분석가에게 제공하는 이유는 스스로 셀프서비스 형태로 분석할 수 있게 하기 위함이다. 데이터 민주화의 가장 중요한 요소 중 하나인 셀프서비스는 분석가가 IT의 도움 없이 데이터를 분석할 수 있게 해준 태블로<sup>Tableau</sup>와 클릭<sup>Qlik</sup>같은 셀프서비스 시각화 도구가 도입되면서 시작됐다. 이런 도구를 **데이터 발견**<sup>data discovery</sup> 도구라고 부르기도 한다. 이런 셀프서비스 추세는 분석가가 분석을 위해 데이터를 정형화할 수 있게 해주는 데이터 준비 도구, 분석가가 필요한 데이터를 찾을 수 있게 도와주는 분류 도구, 고급 분석을 할 수 있게 하는 데이터 과학 도구를 통해 계속되고 있다. 일반석으로 데이터 과학이라고 부르는 고급 분석을 할 때도 데이터 과학자<sup>data scientist</sup>라고 부르는 새로운 부류의 사용자 집단은 데이터 레이크를 최우선 데이터 출처로 삼고 있다.

당연하게도 셀프서비스의 가장 큰 문제는 관리와 데이터 보안이다. 데이터를 안전하게 보관해야 한다는 점은 모두가 동의하며, 심지어 규제 대상 업계의 대부분이 반드시 따라야 하는 데이터 보안 정책이 존재하고, 분석가가 모든 데이터에 접근하게 하는 것 자체가 불법이다. 규제를 받지 않은 업계 중에서도 이런 생각, 즉 모두가 모든 데이터에 접근하게 하는 것이 좋지 않다고 보는 곳들이 있다. 따라서 결론적으로 해결해야 하는 문제는 어떻게 하면 내/외부 규정을 어기지 않고 분석가에게 필요한 데이터를 제공할 수 있느냐 하는 것이다. 이를 데이터 민주화라고 부르기도 하며, 관련해서는 후속 장에서 자세히 다룰 예정이다.

## 데이터 레이크 성숙도

데이터 레이크는 비교적 새로운 개념이기 때문에 직면할 수 있는 여러 성숙도 단계를 정의하고, 각 단계 간의 차이를 분명히 이해하는 것이 도움이 된다.

- 데이터 웅덩이<sup>data puddle</sup>란 빅데이터 기술을 활용해서 구축한 단일 목적이나 단일 프로젝트용 데이터 마트다. 일반적으로 빅데이터 기술을 도입하는 과정의 첫 번째 단계가 된다. 데이터 웅덩이의 데이터는 단일 프로젝트나 팀의 목적을 위해 사용된다. 일반적으로 많은 사람이 접하고 이해하고 있으며, 전통적인 데이터 웨어하우스 대신 빅데이터 기술을 사용하는 이유는 비용을 낮추면서 성능을 높이기 위함이다.

- 데이터 웅덩이 여러 개를 모아 놓은 것이 데이터 연못<sup>data pond</sup>이다. 설계가 좋지 않은 데이터 웨어하우스로 보일 수도 있다. 즉, 데이터 마트를 모아 놓기만 한 모습이다. 또한 기존에 있던 데이터 웨어하우스에서 사용하지 않는

부분을 모아 놓은 모습일 수도 있다. 낮은 기술 비용과 높은 확장성이라는 명확한 장점은 있지만, 여전히 IT에 많이 의존한다. 또한 데이터 연못은 대상 프로젝트 데이터로 한정되며, 데이터도 필요한 프로젝트에서만 사용하게 된다. 높은 IT 비용과 제한적인 데이터 가용성을 고려해보면 데이터 연못은 데이터 활용 민주화나 비즈니스 사용자의 셀프서비스와 데이터 주도 결정 과정에 많은 도움이 되진 않는다.

- 데이터 레이크<sup>data lake</sup>는 데이터 연못과는 두 가지 주요 측면에서 차이가 있다. 첫 번째는 셀프서비스를 지원한다는 점이다. 즉, 비즈니스 사용자가 IT 부서의 도움 없이 필요한 데이터 세트를 찾아 사용할 수 있다. 두 번째는 당장 어떤 데이터를 요구하는 프로젝트가 없더라도 차후에 비즈니스 사용자가 필요할 수 있는 데이터를 저장하는 것을 목표로 한다는 점이다.

- 데이터 오션<sup>data ocean</sup>에 이르게 되면 해당 데이터가 데이터 레이크에 저장됐는지 여부와 상관없이 데이터가 어디에 있든 기업의 모든 데이터가 셀프서비스와 데이터 주도 결정 과정에 활용될 수 있게 된다.

그림 1-1은 각 개념의 차이를 보여준다. 성숙도가 웅덩이에서 연못으로, 연못에서 레이크나 오션으로 확대되면 데이터의 양이나 사용자 수도 늘어나게 된다. 경우에 따라서는 폭발적으로 늘어나기도 한다. 사용하는 방법도 IT 팀의 개입이 많이 필요한 모습에서 셀프서비스 형태로 옮겨가고, 데이터 범위도 당장 프로젝트에 필요한 것을 벗어나게 된다.

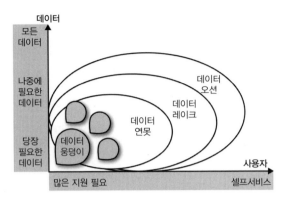

**그림 1-1.** 성숙도 4 단계

데이터 연못과 데이터 레이크의 주요 차이는 무엇을 목표로 하는가이다. 데이터 연못은 원래 있던 데이터 웨어하우스나 데이터 마트를 상대적으로 비용이 저렴하고 확장성이 좋은 방법으로 대체할 수 있게 한다. 반면 데이터 레이크는 일상적인 생산에 사용할 준비가 완료된 쿼리를 목표로 한다. 데이터 레이크는 비즈니스 사용자가 그림 1-2에 나오는 것과 같은 다양한 데이터와 도구를 사용해서 즉흥적인 분석이나 실험을 통해 데이터를 활용해서 스스로 결정할 수 있게 해준다.

성공적인 데이터 레이크를 구축하는 데 필요한 조건을 자세히 살펴보기 전에 데이터 레이크로 가는 과정에 있는 2가지 성숙도 단계를 살펴보자.

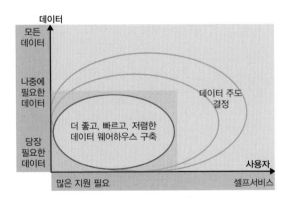

**그림 1-2.** 데이터 레이크의 가치

## 데이터 웅덩이

데이터 웅덩이는 주로 소규모 팀이나 특수한 사용 사례를 목적으로 구축한다. 이런 '웅덩이'는 단일팀이 소유한 소량의 데이터 더미로 섀도 IT<sup>shadow IT</sup> 기술을 활용해서 비즈니스 부서가 클라우드에 저장하는 경우가 많다. 데이터 웨어하우스의 시대 때는 각 팀이 프로젝트 단위로 관계형 데이터 마트를 구축하는 습성이 있었다. 데이터 웅덩이를 구축하는 과정도 매우 유사하며, 빅데이터 기술을 활용한다는 차이점이 있다. 일반적으로 데이터 웅덩이는 빅데이터가 갖는 이점과 확장성이 필요한 프로젝트에서 구축한다. 고객 이탈이나 예측 관리에 초점을 둔 프로젝트 같은 고급 분석 프로젝트가 여기에 포함되는 경우가 많다.

ETL(추출<sup>Extract</sup>, 변환<sup>Transform</sup>, 로드<sup>Load</sup>) 오프로딩 등과 같이 연산 집약적이거나 데이터 집약적인 프로세스 자동화에서 IT 팀에게 도움을 제공하고자 데이터 웅덩이를 구축하기도 한다. 이런 경우 모든 변환 작업이 데이터 웨어하우스나 비싼 ETL 도구에서 빅데이터 플랫폼으로 옮겨진다. 이에 관해서는 뒤의 장들에서 자세히 다룰 예정이다. 단일팀에게 작업 공간을 제공해서 데이터 과학자가 실험할 수 있게 하려고 사용하는 경우도 많다. 이런 작업 공간은 샌드박스<sup>sandbox</sup>라고 부른다.

일반적으로 데이터 웅덩이는 목적이 한정적이고 저장하는 데이터 유형도 제한적이다. 또한 크기도 작은 전용 데이터 스트림<sup>data stream</sup>으로 구성되며, 구축하고 유지보수하려면 기술 수준이 높은 팀이나 IT의 적극적인 지원이 필요하다.

## 데이터 연못

데이터 연못은 데이터 웅덩이 여러 개를 모아 놓은 것이다. 데이터 웅덩이를 빅데이터 기술을 활용해서 구축한 데이터 마트로 생각할 수 있듯이 데이터 연못은 빅데이터 기술로 구축한 데이터 웨어하우스로 생각할 수 있다. 빅데이터 플랫폼에 웅덩이를 추가하면서 자연스럽게 구성되기도 한다. 데이터 연못을 구성하는 또 다른 보편적인 방법은 데이터 웨어하우스 오프로딩이다. 데이터 웨어하우스를 채우는 데 필요한 처리 과정 중 일부를 빅데이터 기술로 하는 ETL 오프로딩과는 달리 이때는 데이터 웨어하우스의 모든 데이터를 빅데이터 플랫폼으로 옮기게 된다. 관계형 데이터베이스보다 빅데이터 플랫폼이 비용이나 확장성 측면에서 우수하기 때문에 궁극적인 목표는 데이터 웨어하우스를 완전히 없애는 것이다. 하지만 데이터 웨어하우스를 오프로딩하기만 한다고 해서 분석가가 미가공 데이터를 활용할 수 있는 것은 아니다. 데이터 웨어하우스에 적용하던 엄격한 아키텍처와 관리가 아직도 적용되고 있기 때문에 조직은 과거 모든 보고의 근간이 됐던 길고 비싼 변화 주기, 복잡한 변화, 수동 코딩과 같이 데이터 웨어하우스 때 있었던 모든 문제를 해결할 수는 없다. 마지막으로 쿼리<sup>query</sup>가 즉각 처리되던 데이터 웨어하우스에서 빅데이터 플랫폼으로 옮기는 것을 분석가가 반가워하지 않을 수 있다. 빅데이터 플랫폼에서의 대규모 쿼리는 데이터 웨어하우스보다 훨씬 빨리 처리되지만 더 일반적인 소규모 쿼리는 처리하는 데 몇 분씩 걸릴 수 있다. 그림 1-3은 예측 가능성, 유연성, 처리되지 않은 원래 데이터에 대한 접근 부족 등 데이터 연못이 일반적으로 보이는 제약 사항을 보여준다.

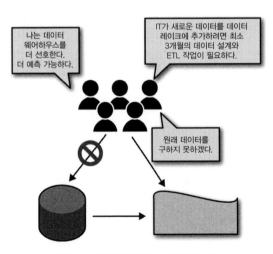

**그림 1-3.** 데이터 웨어하우스 오프로딩의 단점

# 성공적인 데이터 레이크 구축

그럼 과연 성공적으로 데이터 레이크를 구축하려면 무엇이 필요한가? 다른 프로젝트와 마찬가지로 회사의 비즈니스 전략에 맞게 방향을 잡는 것과 경영층의 지원과 적극적인 참여가 필요하다. 또한 데이터 레이크를 도입하는 데 각기 다른 정도의 성공을 거둔 여러 기업과 얘기해 본 결과 다음과 같은 3가지 추가적인 사전 조건을 찾을 수 있었다.

- 올바른 플랫폼
- 올바른 데이터
- 올바른 인터페이스

## 올바른 플랫폼

데이터 레이크를 도입하는 데 가장 많이 활용하는 기술로는 하둡<sup>Hadoop</sup>과 같은 빅데이터 기술, 아마존 웹 서비스<sup>AWS, Amazon Web Services</sup>, 마이크로소프트 애저<sup>Microsoft Azure</sup>, 구글 클라우드 플랫폼<sup>Google Cloud Platform</sup>과 같은 클라우드 솔루션이 있다. 이런 기술이 공통으로 갖는 장점은 다음과 같다.

### 용량

이런 플랫폼은 스케일 아웃<sup>scale out</sup>하도록 설계된다. 즉, 성능의 특별한 저하 없이 스케일(즉 규모)을 무한정에 가깝게 늘릴 수 있다.

### 비용

테이프, WORM 디스크, 하드디스크 드라이브 등을 활용해서 많은 데이터를 비교적 저렴한 저장 장치에 보관할 능력은 예전부터 있었다. 하지만 빅데이터 기술이 있기 전까지는 큰 비용을 들이지 않고 이렇게 많은 데이터를 저장하고 처리할 수 없었다. 일반적으로 비용이 상용 관계형 데이터베이스를 사용하는 비용의 10분의 1에서 작게는 100분의 1 정도에 그친다.

## 다양성

이런 플랫폼은 다양한 파일 형태를 저장할 수 있게 해주는 파일 시스템<sup>file system</sup>이나 오브젝트 스토어<sup>object store</sup>를 사용한다. 하둡 HDFS, MapR FS, AWS 등의 단순 저장 서비스<sup>S3, Simple Storage Service</sup> 등이 여기에 해당한다. 데이터 구조가 사전에 정의돼야 하는 (저장 시점 스키마 적용) 관계형 데이터베이스와는 달리 파일 시스템이나 오브젝트 스토어는 데이터를 어떻게 쓰든 상관하지 않는다. 물론 데이터를 의미 있게 처리하려면 데이터의 스키마<sup>schema</sup>를 알아야겠지만, 그건 데이터를 사용할 때 얘기다. 이런 접근 방식을 읽는 시점 스키마 적용<sup>schema on read</sup>이라고 부르며, 빅데이터 플랫폼의 가장 주요한 장점의 하나인 '마찰 없는 주입'이 가능하게 한다. 즉, 데이터를 스키마에 맞게 데이터베이스가 기대하는 형태로 전환하기 전까지는 데이터를 저장할 수 없는 관계형 데이터베이스와는 달리 데이터를 아무런 처리 없이 저장할 수 있다.

## 미래 대비

사람들이 요구하는 것과 우리가 사는 세상 자체가 변하다 보니 지금 가진 데이터를 미래에 필요할 때 사용할 수 있도록 저장할 필요가 있다. 지금 관계형 데이터베이스에 저장된 데이터는 해당 관계형 데이터베이스를 통해서만 접근할 수 있다. 반면 하둡과 기타 빅데이터 플랫폼은 모듈 형태로 활용하기가 매우 용이하다. 다양한 처리 엔진<sup>engine</sup>과 프로그램을 통해 같은 파일을 사용할 수 있다. 하이브<sup>Hive</sup> 쿼리(하이브는 하둡 파일에 접근할 수 있는 SQL 인터페이스를 제공한다)에서부터 피그<sup>Pig</sup> 스크립트, 스파크<sup>Spark</sup>와 전용 맵리듀스<sup>MapReduce</sup> 잡<sup>job</sup> 등 여러 가지 도구와 시스템에서 같은 파일에 접근하고 사용할 수 있다. 빅데이터 기술이 빠르게 발전하고 있으므로 사람들은 미래 프로젝트에서도 데이터 레이크의 데이터를 사용할 수 있을 것이라는 자신감을 가질 수 있다.

## 올바른 데이터

오늘날 기업에서 수집하는 대부분의 데이터는 버려진다. 극히 일부가 집계돼서 데이터 웨어하우스에 몇 년간 보관되지만, 대부분의 운영 데이터, 기계가 만든 데이터, 과거 데이터는 집계되지 않거나 완전히 버려진다. 그러므로 분석하기가 힘들다. 예를 들어 어떤 분석가가 예전에는 버리던 데이터에서 어떤 가치를 찾았다고 하더라도 의미 있는 분석을 할 수 있을 만큼의 데이터를 수집하는 데 수개월에서 길게는 수년까지 걸릴 수 있다. 따라서 데이터 레이크가 약속하는 것은 가능한 한 많은 데이터를 미래에 활용할 수 있도록 저장할 수 있게 하는 것이다.

데이터 레이크를 일종의 돼지 저금통(그림 1-4)으로 생각할 수 있다. 데이터를 저장하는 이유는 모르지만, 나중에 필요할 때를 대비해서 갖고 있고 싶을 수 있다. 그리고 데이터를 어떻게 사용할지 모르기 때문에 데이터를 미리 변환하거나 처리할 방법도 없다. 돼지 저금통을 들고 여러 나라를 방문하면서 그 나라의 통화로 계속 저축하다가 어디서 쓸지 결정하기 전까지 계속 모으는 것처럼 생각할 수 있다. 사용할 나라를 결정하고 나서 그 나라의 통화로 환전하면 되지, 국경을 넘을 때마다 모든 자산을 입국하는 나라의 통화로 환전하지(그리고 수수료까지 내지) 않아도 된다. 요약하자면 목표는 가능한 한 많은 데이터를 원래의 형태로 저장하는 것이다.

**그림 1-4.** 데이터 레이크는 데이터를 원래 가공되지 않은 형태로 저장할 수 있게 하는 일종의 돼지 저금통과 같다

올바른 데이터를 찾는 과정의 또 다른 어려움은 데이터 사일로<sup>data silos</sup>다. 서로 다른 부서에서 각자의 데이터를 숨겨둘 수 있다. 공유하기 어려워서 그럴 수 있고, 아니면 공유하지 못하게 하는 정치적, 조직적 저항이 있을 수도 있다. 일반적으로 기업에서는 어떤 부서에서 다른 부서의 데이터가 필요하다면 우선 무슨 데이터가 필요한지 설명해야 하고, 그런 다음 데이터를 가진 부서에서 요청받은 데이터를 추출하고 포장하는 ETL 작업을 해야 한다. 이런 작업은 비싸고 어려우며 시간도 많이 걸린다. 따라서 팀은 데이터 요청을 가능한 한 거부하고, 제공하더라도 문제가 되지 않는 선에서 가능한 한 오랜 시간을 끌고 나서 데이터를 제공한다. 이런 추가 작업이 데이터 공유 거부의 핑계로 사용되는 경우도 많다.

데이터 레이크를 쓰면 데이터를 마찰 없이 저장하기 때문에(즉, 아무런 처리 없이 저장이 가능하다) 이런 문제(핑계)는 사라진다. 잘 관리된 데이터 레이크는 중앙 일원화된 모습이기 때문에 조직의 모든 구성원에게 데이터를 어떻게 얻을 수 있는지 투명하게 보여주게 되며, 따라서 소유권 장벽도 낮아진다.


## 올바른 인터페이스

올바른 플랫폼을 구축하고 데이터를 저장하고 나면 데이터 레이크 도입 과정 중 어려운 문제에 직면하게 된다. 올바른 인터페이스를 선택해야 하는 것인데, 실패하는 대부분의 기업은 여기서 실패한다. 널리 보급되고 데이터 주도 결정의 장점을 비즈니스 사용자가 제대로 활용할 수 있게 하려면 회사에서 제공하는 솔루션<sup>solution</sup>이 셀프서비스를 지원해야 한다. 즉, 사용자가 데이터를 IT 팀의 도움 없이 찾고, 이해하고, 사용할 수 있어야 한다. IT 팀이 큰 사용자 집단과 많은 데이터 유형을 지원하기는 어려울 수 있다.

셀프서비스가 가능하게 하는 것에는 두 가지 측면이 있다. 사용자의 지식수준에 맞는 데이터 제공과 사용자가 올바른 데이터를 찾을 수 있게 하는 것이다.

## 전문 지식수준에 맞는 데이터 제공

데이터 레이크를 널리 보급하려면 데이터 과학자부터 비즈니스 분석가까지 모두가 사용할 수 있어야 한다. 하지만 기술 수준이 다르고 요구 사항이 다른 이런 광범위한 대상을 생각했을 때 올바른 사용자에게 올바른 데이터가 제공되도록 하는 것에는 주의를 기울일 필요가 있다.

예를 들어 분석가는 미가공 데이터를 사용할 기술을 갖지 못한 경우가 많다. 미가공 데이터는 쉽게 사용하기에는 너무 많은 정보를 담고 있거나, 너무 쪼개져 있거나, 데이터 품질이 너무 낮은 경우가 많다. 예를 들어 여러 나라에서 서로 다른 애플리케이션을 사용한 영업 데이터를 수집해보면 데이터는 서로 다른 필드$^{field}$를 갖거나 다른 형태를 갖기도 한다. 예를 들어 어떤 나라는 판매세가 있지만 다른 나라에는 없거나, 파운드$^{pound}$ 대신 kg을 쓰거나 $ 대신 €를 쓰는 것처럼 측정 단위가 다를 수도 있다.

분석가는 이 데이터를 사용하려면 우선 정형화해야 한다. 같은 필드명과 측정 단위를 사용하도록 같은 스키마로 변환하게 된다. 또한 제품이나 고객 기준으로 매일 판매되는 정보를 수집해야 하다 보니 수시로 집계할 필요가 있다. 즉, 분석가는 '요리된' 식사를 원하지 미가공 데이터를 원하지 않는다.

반면 데이터 과학자는 완전 반대의 경우다. 그들에게는 요리된 데이터는 찾고 있는 핵심 사항이 누락된 상태일 경우가 많다. 예를 들어 사람들이 특정 상품 2개를 얼마나 자주 함께 사는지 알고 싶은데, 알 수 있는 정보는 제품의 일별 구매 수량뿐이라면 데이터 과학자는 할 수 있는 것이 없다. 요리하려면 원재료가 필요한 요리사처럼 데이터 과학자가 분석 작품을 만들려면 미가공 데이터가 필요하다.

다양한 데이터 영역을 설정해서 개별 요구 사항을 만족하는 방법을 이 책에서는 살펴본다. 예를 들어 미가공 데이터나 진입 영역은 데이터 레이크에 막 들어온 데이터가 있으며, 생산 혹은 골드 영역은 고품질의 관리된 데이터를 갖고 있다. 데이터 영역은 '데이터 레이크 구조화' 절에서 잠시 살펴보고 7장에서 더 자세히 설명한다.

## 데이터 취합

많은 기업이 '데이터 쇼핑' 모델을 구축하고 있다. 데이터 쇼핑 모델에서 분석가는 아마존$^{Amazon}$과 유사한 인터페이스$^{interface}$를 사용해서 데이터를 찾고, 이해하고, 평가하며, 나중을 위해 표시해 놓거나 소비할 수 있다. 이런 접근 방식이 갖는 장점은 다음과 같다.

### 익숙한 인터페이스

많은 사람이 온라인 쇼핑에 익숙하고 키워드 검색이나 필터, 평가, 댓글 등을 사용하는 데 익숙하기 때문에 따로 훈련이 필요 없거나 필요하더라도 최소한의 훈련만 제공하면 된다.

### 필터 검색

검색 엔진은 필터 검색에 최적화돼 있다. 검색 결과가 많거나 사용자가 원하는 특정 결과를 찾으려고 할 때 검색 필터는 매우 유용하다. 예를 들어 아마존에서 토스터를 찾으려고 한다면(그림 1-5) 제조사, 베이글 가능 유무, 동시에 구울 수 있는 조각 수 등과 같은 필터가 제공된다. 마찬가지로 사용자가 올바른 데이터 세트$^{data\ set}$를 찾으려고 할 때도 데이터 세트에 포함됐으면 하는 특성을 고르거나 데이터 세트의 형태, 데이터 세트가 있는 시스템, 데이터 세트의 크기나 만들어진 시기, 소유 부서, 자격 유무, 기타 유용한 특성을 선택하는 데 필터가 도움을 줄 수 있다.

그림 1-5. 온라인 쇼핑 인터페이스

### 평가와 분류

대부분의 검색 엔진에서 지원하는 데이터 자산 분류와 나열 기능은 특정 조건에 맞는 자산을 선택하는 데 중요하다.

### 맥락 기반 검색

카탈로그$^{catalog}$가 점점 똑똑해짐에 따라 분석가가 찾고자 하는 것에 대한 맥락을 이해해서 그것을 바탕으로 데이터 자산을 찾을 수 있게 하는 능력이 중요해지고 있다. 예를 들어 영업사원은 고객을 찾을 때 원하는 것이 잠재 고객인 반면 기술지원 담당자는 실제 현재 고객을 찾는 것일 수 있다.

## 데이터 늪

데이터 레이크는 항상 좋은 의도로 시작하지만 잘못된 방향으로 가서 데이터 늪$^{data}$ $^{swamp}$이 되기도 한다. 데이터 늪은 데이터 레이크만큼 커진 데이터 연못이지만 분석가에게 매력적으로 다가가는 데 실패한 경우다. 이는 셀프서비스와 관리 시설의 부족 때문이다. 데이터 늪은 데이터 연못처럼 사용되는 것이 가장 좋은 경우이고, 가장 안 좋은 경우는 전혀 사용되지 않는 것이다. 여러 팀에서 데이터 레이크의 일부 영역만 프로젝트에 사용하고(그림 1-6의 흰색 데이터 연못 영역) 레이크의 나머지 영역은 관련된 문서도 없고 무엇이 있는지 몰라서 사용할 수 없는 경우가 대부분이다.

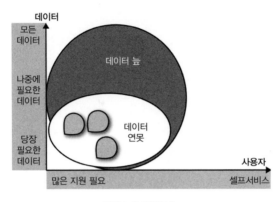

그림 1-6. 데이터 늪

데이터 레이크가 처음 소개됐을 때 많은 회사에서 하둡 클러스터를 구매해서 나중에 어떻게 활용하겠다는 계획 없이 미가공 데이터를 채우기 시작했다. 결국 수백만 개의 파일에 이해할 수 없는 수 페타바이트의 데이터를 가진 방대한 데이터 늪들이 생겨났다.

소수의 전문적인 사용자만 늪을 헤쳐 나갈 수 있었고, 자신의 팀이 사용할 수 있도록 늪의 일부를 작은 웅덩이로 추출하게 됐다. 또한 규제로 인해 민감한 데이터를 먼저 보호하지 않고 많은 사용자에게 늪을 공개할 수도 없었다. 민감한 데이터가 어디에 있는지 구별할 수 있는 사람도 없었기 때문에 사용자에게 공개할 수 없었고, 따라서 데이터를 사용할 수도 없고 사용하지도 않은 상태로 유지됐다. 자신의 회사에서 어떻게 데이터 레이크를 구축했는지 공유해준 데이터 과학자가 있었다. 그 회사에서는 먼저 레이크의 모든 데이터를 암호화한 후 데이터 과학자가 사용하려는 데이터가 민감한 데이터가 아니라는 것을 증명하면 암호화를 풀고 사용할 수 있게 했다. 이는 모순이었다. 모든 것이 암호화돼 있기 때문에 데이터 과학자는 찾는 데이터가 민감하지 않다는 것을 증명하는 것은 둘째 치고 무엇이 있는지도 찾을 수 없었다. 결국 아무도 데이터 레이크를(그의 표현을 빌리자면 늪을) 사용하지 않았다.

## 성공적인 데이터 레이크 로드맵

이제 성공적인 데이터 레이크가 되려면 무엇이 필요하고 어떤 어려움이 있는지 알았다. 그러면 어떻게 해야 할까? 회사에서는 일반적으로 다음과 같이 진행한다.

- 인프라 구축(하둡 클러스터를 설치하고 실행)
- 데이터 레이크 구조화(다양한 사용자 집단을 위한 영역 설정과 데이터 삽입)
- 셀프서비스가 가능하도록 데이터 레이크 설정(데이터 자산 카탈로그를 만들고, 권한을 설정하고, 분석가가 쓸 수 있는 도구 제공)
- 사용자에게 데이터 레이크 공개

## 데이터 레이크 구축

이 책을 처음 쓰기 시작한 2015년에 대부분의 회사에서 하둡의 오픈소스 버전이나 상용 버전을 사용해 사내에 데이터 레이크를 구축했다. 2018년에 와서는 회사의 절반 이상이 데이터 레이크를 전부 클라우드에 구축하거나, 일부는 사내에 두고 나머지는 클라우드에 올리는 하이브리드 접근법을 채택했다. 또한 많은 회사에서 둘 이상의 데이터 레이크를 갖고 있다. 이렇게 다양한 모습을 갖다 보니 기업은 데이터 레이크가 무엇인지를 다시 정의하기 시작했다. 지금은 논리 데이터 레이크라는 개념도 등장하고 있다. 논리 데이터 레이크란 복수의 다차원 시스템에 구성된 가상 데이터 레이크 레이어data lake layer를 말한다. 근간이 되는 시스템은 하둡, 관계형, NoSQL 데이터베이스이고, 사내 혹은 클라우드에 존재할 수 있다.

그림 1-7은 3가지 접근 방식을 비교하고 있다. 3가지 모두 사용자가 필요한 데이터 자산을 찾을 때 사용할 수 있는 카탈로그를 제공한다. 데이터 자산은 분석가가 사용할 수 있도록 이미 하둡 데이터 레이크에 존재하거나 아니면 필요에 따라 공급될 수 있다.

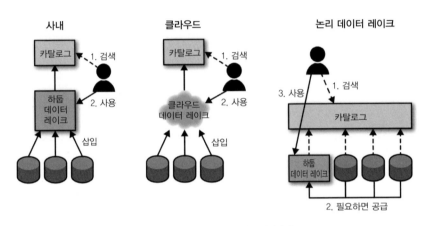

**그림 1-7.** 다양한 데이터 레이크 아키텍처

## 데이터 레이크 구조화

접해본 대부분의 데이터 레이크는 대략 같은 방법으로 구조화돼 있다. 대부분 여러 구역을 설정해 정리하고 있었다.

- 데이터가 처음 들어오는 미가공 혹은 진입 영역에서는 데이터를 가능한 한 원래의 상태와 동일하게 유지한다.

- 골드 혹은 생산 영역에는 처리되고 정화된 데이터를 보관한다.

- 개발 혹은 작업 영역에서는 데이터 과학자나 데이터 엔지니어가 일하게 된

다. 이 영역은 사용자별, 프로젝트별, 내용별, 혹은 기타 방법으로 나눠질 수 있다. 작업 영역에서 분석 작업이 끝나고 나면 데이터는 골드 영역으로 옮겨진다.

- 민감한 데이터가 보관되는 민감 영역도 있다.

그림 1-8은 이런 구조를 보여준다.

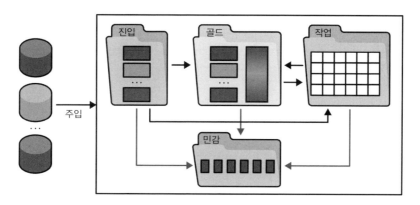

그림 1-8. 보편적인 데이터 레이크 영역

과거에는 대부분의 데이터 관리팀이 위치나 목적과는 상관없이 데이터를 같은 방식으로 관리할 필요가 있다고 믿었다. 하지만 최근에 가트너의 분석가들은 다중 모델 IT라는 개념을 홍보하기 시작했다. 다중 모델 IT란 간단히 말해 관리는 데이터 사용 방법과 사용자 집단의 요구 사항을 반영할 필요가 있다는 생각이다. 데이터 레이크 팀에서 이런 접근 방식을 널리 받아들이고 있으며, 영역에 따라 관리 수준과 서비스 수준 협약SLAs, Service-Level Agreements을 달리하고 있다. 예를 들어 골드 영역의 데이터는 정리가 잘되고 관련 문서도 제공하는 등 주로 매우 철저하게 관리하고 품질과 신선도 SLAs가 있는 반면, 작업 공간의 데이터는 최소한의 관리(대부분 민감한 데이터가 없다는 것만 확인하는 수준)와 프로젝트별 SLAs만 갖게 된다.

서로 다른 사용자 집단은 서로 다른 영역을 활용한다. 비즈니스 분석가는 주로 골드 영역 데이터를 활용하며, 데이터 엔지니어는 (골드 영역으로 가기 위한 생산 데이터로 전환하고자) 미가공 영역의 데이터를 사용하고, 데이터 과학자는 작업 영역에서 일한다. 모든 영역에서 민감한 데이터가 식별되고 보호되는지 확인하기 위한 어느 정도의 관리는 필요하겠지만, 데이터 관리자는 주로 민감 영역과 골드 영역의 데이터가 회사나 정부 규정에 부합하는지 확인하는 데 집중한다. 그림 1-9는 서로 다른 영역의 다양한 관리 수준과 사용자 집단을 보여준다.

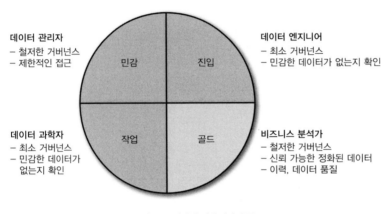

**그림 1-9.** 영역별 기대 관리 수준

## 셀프서비스를 위한 데이터 레이크 설정

비즈니스 분석가, 데이터 분석가, 데이터 과학자 등 모든 분석가는 일반적으로 4가지 단계에 걸쳐 일한다. 그림 1-10은 이런 4가지 단계를 보여준다.

그림 1-10. 분석의 4단계

첫 번째 단계는 데이터를 찾아 이해하는 것이다. 올바른 데이터 세트를 찾고 나면 해당 데이터를 공급받을, 즉 그것을 확보할 필요가 있다. 데이터를 확보하고 나면 전처리를 해야 할 가능성이 높다. 즉, 데이터를 정화하고 분석에 적합한 형태로 전환해야 한다. 마지막으로 질문에 답을 제공하거나 시각화와 보고서 작성에 해당 데이터를 사용한다.

이상적인 상황에서는 처음 3개 단계를 할 필요가 없을 수도 있다. 분석가가 이미 데이터를 잘 알고 있고, 이미 접근할 수 있고, 분석에 적합한 형태를 이미 갖고 있으면 분석가는 마지막 단계만 진행하면 된다. 하지만 많은 연구에 의하면 실제로는 처음 3개 단계가 분석가의 시간 중 80%를 소비하며, 첫 번째 단계인 데이터를 찾고 이해하는 데 가장 많은(60%) 시간을 사용한다(참고 논문, <Boost Your Business Insights by Converging Big Data and BI(빅데이터와 비즈니스 지능에 집중해서 당신의 비즈니스 통찰력을 키워라)> - 보리스 엘비슨Boris Evelson, 포레스터 리서치Forrester Research, 2015년 3월 25일).

단계별로 어떤 일이 일어나는지 더 잘 이해하려면 구체적으로 살펴보자.

## 데이터 검색과 이해

기업의 데이터를 찾기는 왜 이렇게 힘들까? 가용한 데이터의 종류와 복잡도가 인간의 기억력을 훨씬 상회하기 때문이다. 약 100개의 테이블로 된 데이터베이스를 생각해보자(데이터베이스에 따라 수천, 어쩌면 수만 개의 테이블이 있을 수 있기 때문에 100개는 정말로 작은 데이터베이스다). 여기서 각 테이블에 100개의 필드가 있다고 가정해보자. 이것도 마찬가지로 합리적인 가정으로 볼 수 있다. 특히 대부분 데이터가 정규화되지 않은 분석 대상 테이블을 생각해보면 더욱더 그렇다. 이때 필드는 총 10,000개가 된다. 누군가 10,000개의 필드가 각각 무엇을 의미하고, 또 각 필드가 어떤 테이블에 있는지 기억하고 다른 목적으로 필드를 사용할 때 추적하는 것이 현실적인가?

이제 수천 개의(어쩌면 수십만 개의) 데이터베이스를 가진 기업을 생각해보자. 대부분 우리가 가정한 10,000개보다 훨씬 많은 필드를 갖고 있을 것이다. 과거에 직원이 5,000명인 작은 은행과 일해 본 경험이 있다. 그 작은 은행도 13,000개의 데이터베이스가 있었다. 직원 수십만 명을 거느린 큰 은행은 얼마나 많은 데이터베이스를 갖고 있을지는 상상만 할 수 있다. "상상만 할 수 있다"고 얘기하는 이유는 30년 경력 동안 같이 일해 본 모든 대기업 중 갖고 있는 데이터베이스의 수를 얘기해 줄 수 있었던 곳은 없었기 때문이다. 데이터베이스 수도 알지 못했는데, 테이블이나 필드의 수는 더더욱 알 수 없다.

이런 수치와 경험이 분석가가 데이터를 찾을 때 겪는 어려움을 독자에게 일부라도 보여줄 수 있기를 바란다.

일반적인 프로젝트에서 이뤄지는 활동 중에는 '주변에 물어봐서' 특정 데이터 유형을 사용해 본 사람이 있는지 찾는 과정이 포함된다. 누군가한테 물어보고 나서 그 사람이 알려주는 다른 사람을 또 찾아가서 다시 물어보다 보면 자신이 했던 프로젝트에서 필요한 데이터 세트를 사용했던 사람을 우연히 발견할 수 있다. 그 사람도 그 데이터 세트가 가장 적절한 것인지 알지 못하는 경우가 대부분이며, 또한 해당 데이터 세트가 어떻게 만들어졌는지, 과연 신뢰할 수 있는지 대답해 줄 수 없다. 여기까지 오면 가장 어려운 결정 중 하나인 찾은 데이터 세트를 사용할지 아니면 더 찾아볼지를 결정해야 한다. 더 찾는다고 해도 더 좋은 데이터 세트를 찾는다는 보장은 없다.

데이터 세트를 쓰기로 하고 나면 데이터 세트의 데이터가 각각 무엇을 의미하는지 판단하는 데 많은 시간을 들이게 된다. 어떤 의미인지 명확한 데이터도 있지만(예를 들어 고객 이름 또는 계좌 번호), 판단하기 어려운 데이터도 있다. 예를 들어 고객 코드 1126은 무슨 의미일까? 따라서 분석가는 데이터를 이해하는 데 도움을 줄 수 있는 사람을 찾는 데 많은 시간을 쓰게 된다. 이런 정보를 '부족 지식tribal knowledge'이라고 부른다. 즉, 해당 지식이 있기는 하지만 지식이 부족 전체에 퍼져 있어 고통스럽고, 오래 걸리고, 잘못될 가능성이 높은 발견 과정을 거쳐 재결합돼야 한다.

다행인 것은 이런 문제를 해결하기 위한 새로운 크라우드소싱 분석analyst crowdsourcing 도구들이 등장하고 있다는 점이다. 이런 도구는 분석가가 비즈니스 용어로 이뤄진 간단한 문구를 갖고 데이터 세트 관련 문서를 작성하고 필요한 것을 찾는 데 도움이 되는 검색 인덱스search index를 만들면서 부족이 가진 지식을 수집할 수 있게 해준다. 이와 같은 도구는 구글이나 링크드인과 같은 최신 데이터 주도 기업에서 목적에 맞게 만들어지고 있다. 그런 기업에서는 워낙 데이터가 중요하고 '모두가 분석가'이기 때문에 이런 문제에 관한 인식이나 그것을 해결하려는 의지가 전통적인 기업보다는 훨씬 강하다. 관련 문서는 정보가 신선할 때인 데이터 세트 구축 시점에 작성하기 쉽다. 그렇다 하더라도 구글에서조차 일부 데이터 세트 문서는 충실하게 작성하지만, 관련 문서가 없어 어떤 데이터인지 모르는 데이터도 상당 부분 존재한다.

전통적인 기업에서의 상황은 훨씬 더 안 좋다. 사용되지 않는 이상 분석가가 관련된 문서를 작성하지 않을 데이터 세트(파일과 테이블)가 매우 많다. 관련 문서가 없다면 누군가 찾아 활용할 수도 없다. 그나마 실현 가능성이 조금이라도 있는 해결 방법은 크라우드소싱과 자동화를 적절히 조합해서 접근하는 방법이다. 이런 상황에서 사용할 만한 솔루션으로 우리 팀에서 개발한 도구가 워터라인 데이터[Waterline Data]다. 이 도구는 분석가가 자신의 데이터 세트를 갖고 일할 때 만드는 정보를 크라우드소싱으로 받아 관련 문서가 없는 다른 데이터 세트에 적용할 수 있게 해준다. 이런 과정을 핑거프린팅[fingerprinting]이라고 부른다. 도구가 기업의 모든 구조화된 데이터를 검색해서 각 필드에 고유 식별번호를 부여하고, 분석가가 하나의 필드에 태그[tag]를 붙일 때마다 비슷한 필드의 태그를 추천한다. 이후 분석가가 어떤 데이터 세트를 찾았을 때 다른 분석가가 붙인 태그와 도구가 자동으로 붙인 태그를 모두 볼 수 있으며, 도구가 추천한 태그를 그대로 쓸지 아니면 거부할지를 결정할 수 있다. 도구는 머신러닝[ML, Machine Learning]을 사용해 사용자 피드백[feedback]을 바탕으로 태그 추천 기능을 개선하게 된다.

기본 생각은 데이터의 양과 복잡도를 고려했을 때 사람만 태그를 붙이게 하는 것은 충분하지 않고, 모든 태그를 자동으로 만드는 것은 데이터가 가진 고유성과 예측 불가능한 성질 때문에 신뢰할 수 없다는 것이다. 따라서 가장 좋은 결과를 얻고자 2가지 접근법을 혼합하게 된다. 그림 1-11은 이런 과정을 보여준다.

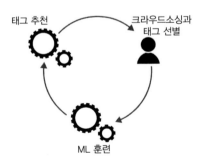

**그림 1-11.** 사람의 지식과 머신러닝의 조화

## 데이터 접근과 권한 설정

분석가는 필요한 데이터 세트를 찾고 나면 사용할 수 있어야 한다. 지금까지는 분석가가 프로젝트를 시작하거나 프로젝트에 합류했을 때 접근 권한을 부여받았다. 한 번 주어진 권한을 거두는 경우는 거의 없었기 때문에 회사에 오래 근무한 사람은 회사의 거의 모든 데이터에 접근할 권한을 갖게 되는 반면, 새로 입사한 사람은 접근 권한이 부족해서 찾거나 사용할 수 있는 데이터가 거의 없었다. 데이터 레이크에서는 이런 데이터 접근 권한 문제를 해결하고자 회사가 서로 극단적인 2가지 방법 중 하나를 선택하게 된다. 모든 사람에게 모든 데이터에 관한 권한을 주거나 분석가가 필요성을 증명할 수 있는 경우를 제외하고는 모든 접근 권한을 막는 방법이다. 모든 권한을 주는 방법이 좋은 경우도 있지만, 규제 대상 업계에서는 그럴 수 없다. 그래서 너무 극단적인 상황을 피하려고 기업에서 민감한 정보를 비식별화 deidentify하는 경우도 있다. 하지만 이렇게 하면 아무도 쓰지 않을 데이터까지 처리하는 데 자원을 낭비할 수도 있다. 또한 관련 규제가 바뀌면서 더 많은 데이터를 비식별화해야 할 수도 있다(관련해서는 뒤의 장들에서 자세히 살펴본다).

좀 더 현실적인 접근법은 메타데이터metadata 카탈로그로 모든 데이터 세트에 관한 정보를 공개해서 분석가가 필요한 데이터 세트를 찾고 필요한 접근 권한을 요청하게 하는 것이다. 권한 요청에는 일반적으로 권한이 왜 필요한지, 데이터를 어떤 프로젝트에 쓸지, 권한이 필요한 기간은 언제인지 등을 명시한다. 필요한 데이터의 데이터 관리자에게 요청이 이뤄지며, 허가되면 일정 기간 동안 권한을 부여받는다. 기간은 연장될 수 있지만 무한정 연장되지 않기 때문에 앞에서 얘기한 것과 같은 문제를 방지한다. 요청 자체가 민감한 데이터의 비식별화 작업의 계기가 될 수 있지만, 그래도 필요할 때만 비식별화 과정이 이뤄진다.

권한 설정과 물리적인 접근 허용은 여러 가지 방법으로 이뤄질 수 있다.

- 사용자에게 전체 데이터 세트를 읽을 수 있는 권한을 줄 수 있다.

- 일부만 접근해야 한다면 사용자가 필요한 데이터가 포함된 파일의 복사본을 만들거나(그리고 최신 상태로 유지하거나), 분석가가 봐야 하는 필드만 포함된 하이브 테이블$^{hive\ table}$이나 뷰$^{view}$를 만들 수 있다.

- 필요하다면 사용하려는 애플리케이션은 동작하지만 민감한 데이터는 유출되지 않도록 데이터 세트 중 일부 정보가 비식별화된 버전을 만들어 민감한 정보는 무작위로 생성한 유사한 정보로 대체할 수 있다.

## 데이터 준비

데이터가 완벽하게 분석에 맞는 상태로 전달되기도 한다. 하지만 불행하게도 대부분의 경우 분석에 적합하도록 데이터를 가공해야 한다. 일반적으로 데이터 준비 과정은 다음을 포함한다.

### 정형

작업에 필요한 필드나 열을 추출, 여러 파일과 테이블을 하나로 통합, 변형과 통합, 분류(예를 들어 특정 값을 범위나 버킷$^{bucket}$ 단위로 나누기 – 즉, 0에서 18세까지는 '아이' 버킷으로, 19에서 25세까지는 '청소년' 버킷으로 분류하기 등), 변수를 특성 값으로 변환(예를 들어 65세 이상이면 0으로 하고, 그 외의 경우 1로 하기와 같이 나이를 특성으로 변환하기) 등 여러 단계가 있을 수 있다.

### 정화

빈값 채우기(예를 들어 성별이 없을 때 이름을 기준으로 성별 추측, 주소 데이터베이스에서 주소 찾기 등), 잘못된 값 수정, 서로 상충하는 데이터 처리, 측정 단위, 코드 통일 등

### 혼합

서로 다른 데이터 세트를 같은 스키마, 같은 측정 단위, 같은 코드 등으로 통일하기

이런 간단한 몇 가지 예제를 통해 볼 수 있듯이 데이터 준비에는 많은 정교한 작업과 고민이 필요하다. 변환 과정에서 배운 점을 활용하고 동일한 단순 실수를 수천 개의 테이블과 데이터 세트를 대상으로 반복하지 않으려면 자동화는 필수다.

데이터 준비에 가장 많이 사용하는 도구는 엑셀Excel이다. 하지만 불행하게도 엑셀은 데이터 레이크 정도의 규모로 확장되지 않는다. 그래도 대규모 데이터 세트를 대상으로 엑셀과 비슷한 기능을 할 수 있게 하는 도구가 많다. 그중 트리팩타Trifacta와 같은 일부 도구는 변환 방법을 추천하고 분석가가 데이터를 준비하는 과정을 지원하고자 정교한 머신러닝 기술을 적용하고 있다. 여러 대기업에서도 데이터 준비 도구를 출시하고 있으며, 태블로와 클릭 같은 분석 도구 공급사에서도 도구에 포함된 데이터 준비 기능을 개선하고 있다.

## 분석과 시각화

데이터를 준비하고 나면 분석할 수 있다. 분석이란 단순한 보고서 작성과 시각화에서부터 복잡한 고급 분석과 머신러닝에 이를 수 있다. 매우 성숙된 분야로 다양한 분석에 사용할 수 있는 솔루션을 공급하는 수백 개의 회사가 있다. 특히 하둡 데이터 레이크의 경우 아카디아 데이터Arcadia Data, 에이티스케일AtScale 등과 같은 업체에서 하둡의 처리 능력을 활용할 수 있도록 하둡에서 실행 가능한 분석과 시각화 도구를 제공한다.

## 데이터 레이크 아키텍처

얘기를 나눠본 대부분 회사에서 처음에는 모든 데이터를 저장할 수 있는 하나의 큰 데이터 레이크를 사내에 구축할 생각을 하고 있었다. 이해와 모범 사례가 진화함에 따라 많은 기업에서 모든 데이터를 하나의 장소로 집중하는 것이 이상적이지 않다는 것을 깨달았다. 데이터 자주권 규정(예를 들어 독일에서는 데이터를 갖고 나갈 수 없다)과 회사의 압박 등 여러 가지 상황상 복수의 데이터 레이크를 사용하는 것이 더 좋은 방법이라는 것이 받아들여지게 됐다. 또한 대규모 병렬 클러스터를 지원하는 것이 얼마나 복잡한지, 경험이 있는 하둡이나 기타 빅데이터 플랫폼 관리자를 찾는 것이 얼마나 어려운지 느끼면서 회사들은 대부분의 하드웨어와 플랫폼 요소를 아마존, 마이크로소프트, 구글 등의 전문가가 관리해주는 클라우드 기반 데이터 레이크를 사용하기 시작했다.

## 상용 클라우드 데이터 레이크

빅데이터 전문성과 짧은 배포 시간뿐만 아니라 낮은 비용과 클라우드가 갖는 탄력성 등의 장점 때문에 데이터 레이크를 구축하는 데 있어 클라우드는 매우 매력적이다. 저장하고 있는 데이터 중 상당 부분은 나중에 사용하다 보니 아무래도 가능한 한 적은 비용으로 데이터를 저장한다. 그러므로 아마존과 같은 기업에서 제공하는 다양한 요금제를 활용해 비용 최소화를 꾀하기 좋다. 접근 속도도 고속에서부터 매우 느림까지 다양하게 있으며, 속도가 느린 경우 비용이 상당히 저렴하다.

또한 클라우드 컴퓨팅의 탄력성 때문에 필요할 때 상당히 큰 클러스터를 즉시 구축할 수 있다. 상대적으로 사내 클러스터는 크기가 제한적이며, 데이터를 직접 연결된 저장장치에 보관한다(네트워크에 연결된 저장장치를 활용하는 새로운 아키텍처도 실험되고 있기는 하다). 그래서 연결된 노드node가 데이터로 채워질 경우 용량을 늘리려면 새로운 노드를 추가해야 한다. 또한 분석 자체가 CPU를 많이 사용하는 경우에는 처리 능력을 추가해야 할 수도 있다. 매우 짧은 시간 동안만 활용하기 위한 노드를 추가해야 할 수도 있다.

클라우드에서는 필요한 만큼의 저장 용량에 대한 비용만 지불하면 되며(즉, 저장 용량만 올리면 되는 상황에서 추가적인 처리 노드를 구입하지 않아도 된다), 필요할 때 짧은 시간 동안 훨씬 큰 클러스터를 운영할 수도 있다. 예를 들어 노드 100개 규모의 사내 클러스터가 있는 상황에서 특정 작업이 50시간이 걸린다고 해서 그 하나의 작업을 더 빨리 수행하려고 1,000개의 노드를 새로 설치하는 것은 타당하지 않을 수 있다. 하지만 클라우드를 쓰면 100개의 노드를 50시간 사용할 때와 1,000개의 노드를 5시간 사용할 때 같은 비용을 낸다. 이것이 일래스틱elastic 컴퓨팅이 갖는 커다란 장점이다.

## 논리 데이터 레이크

기업이 단일 중앙 데이터 레이크가 좋은 생각이 아니라는 것을 깨닫고 나자 논리 데이터 레이크라는 개념이 나타나기 시작했다. 이 접근 방식에서는 나중에 누군가가 필요할 경우를 대비해 데이터 레이크에 모든 데이터를 저장하는 대신 카탈로그나 데이터 시각화 소프트웨어를 통해 데이터를 분석가에게 제공한다.

그림 1-12에서 보여주는 것과 같이 논리 데이터 레이크는 완전성과 중복이라는 문제를 해결하고자 한다.

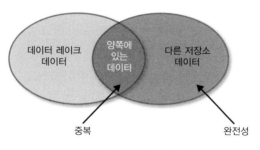

**그림 1-12.** 완전성과 중복 문제

이런 문제는 다음과 같이 정리할 수 있다.

### 완전성

분석가는 어떻게 가장 좋은 데이터 세트를 찾는가? 분석가가 데이터 레이크에 이미 있는 데이터만 찾을 수 있다면 데이터 레이크에 아직 삽입되지 않은 데이터는 찾을 수도, 사용할 수도 없다(그림 1-12의 오른쪽 초승달 모양 영역).

### 중복

모든 데이터를 데이터 레이크에 넣게 되면 데이터가 소스와 데이터 레이크에 동시에 존재하는 중복 문제가 발생한다(그림 1-12에서 2개의 원이 겹치는 부분). 또한 복수의 데이터 레이크가 있을 때 완전성을 달성하려면 모든 데이터 레이크에 같은 데이터를 넣어야 한다.

더 큰 문제는 기업에 이미 많은 중복이 존재한다는 점이다. 지금까지 가장 단순하면서 정치적으로 간편한 방식은 새로운 프로젝트를 시작할 때마다 새로운 데이터 마트를 하나 프로젝트용으로 만들어 다른 데이터 소스와 데이터 웨어하우스에서 데이터를 복사해오고, 그 후 생기는 새로운 데이터를 추가하는 방법이었다. 이렇게 하는 것이 이미 있는 데이터 마트를 학습하고 현재 소유자나 사용자와 어떻게 공유할지 협의하는 것보다 훨씬 간단했다. 결국 비슷한 데이터 마트가 급증하게 됐다. 이렇게 만들어진 모든 데이터 마트에서 무작정 모든 데이터를 데이터 레이크로 넣게 되면 중복이 굉장히 많이 발생한다.

지금까지 살펴본 완전성과 중복 문제를 해결하는 가장 좋은 방법은 다음과 같은 간단한 2가지 원리를 사용하는 것이다.

- 완전성 문제를 위해서는 모든 데이터 자산을 다루는 카탈로그를 만들어 분석가가 기업이 가진 어떤 데이터 세트라도 찾고 요청할 수 있게 한다.

- 중복 문제는 그림 1-13에 묘사된 것과 같은 절차를 따르면 된다.

  - 다른 곳에 저장되지 않은 데이터를 데이터 레이크에 저장한다.

- 다른 시스템에 저장된 데이터는 필요할 때 데이터 레이크에 옮겨오고, 사용하는 동안 서로 싱크sync를 맞춘다.

- 각 데이터 세트는 모든 사용자를 위해 한 번만 옮겨온다.

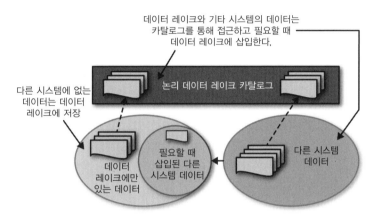

**그림 1-13.** 논리 데이터 레이크의 데이터 관리

## 시각화와 카탈로그 기반 논리 데이터 레이크

시각화는 1980년대에 개발되고 2010년대까지 발전돼 온 기술로, **연방**federation 또는 **기업 정보 통합**EII, Enterprise Information Integration이라고 불리기도 한다. 간단하게 얘기하자면 물리적인 테이블의 위치와 구현 상황을 숨기는 가상 뷰virtual view 혹은 테이블을 만드는 것이다. 그림 1-14에서는 서로 다른 2개의 데이터베이스에 있는 테이블 2개를 합쳐 뷰를 만드는 과정을 보여준다. 쿼리는 해당 뷰에 이뤄지고 두 데이터베이스의 데이터에 어떻게 접근하고 합칠지는 데이터 시각화 시스템이 알아서 처리하게 한다.

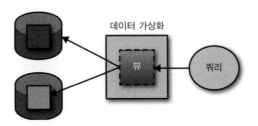

**그림 1-14.** 뷰를 통해 전용 데이터 세트 생성

이런 접근 방식이 좋은 사례는 일부 있지만 논리 데이터 레이크에서는 완전성을 달성하려면 모든 데이터 세트가 가상 테이블로 공개돼야 하고, 관련 테이블 스키마가 바뀔 때마다 최신화될 필요가 있다는 단점이 있다.

첫 번째 문제인 모든 데이터 자산을 공개하는 문제가 해결되더라도 뷰를 사용하는 것은 여전히 심각한 문제가 많다.

- 뷰를 만든다고 해서 데이터를 찾기가 쉬워지는 것은 아니다.

- 서로 다른 여러 시스템의 데이터를 합치는 것은 복잡하고 연산 자원이 많이 필요하며, 시스템에 상당한 부하를 주거나 실행 시간이 오래 걸리는 경우가 많다. 이런 테이블의 분산 결합 중 메모리에 들어가지 않는 경우는 리소스를 상당히 많이 사용하게 된다.

반면 카탈로그를 활용하는 접근법에서는 데이터를 찾을 수 있게 하려면 각 데이터 세트의 메타데이터만 공개하면 된다. 그림 1-15에서 보여주는 것과 같이 데이터 세트는 같은 시스템(예를 들어 하둡 클러스터)에만 공급되며, 처리도 같은 시스템 내에서 이뤄진다.

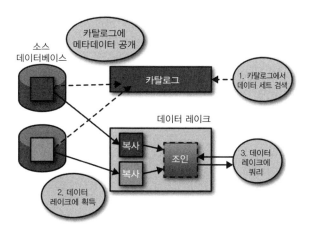

**그림 1-15.** 카탈로그를 통한 메타데이터 제공

기업 전체 카탈로그는 분석가가 기업의 모든 데이터를 찾고 접근할 수 있게 해줄 뿐만 아니라, 그림 1-16과 같이 접근, 관리, 감시용 단일 접근 통로의 역할도 할 수 있다. 전체 카탈로그가 없다면 데이터 자산 접근이 여러 군데에서 이뤄져 관리하고 추적하기가 어렵다. 또한 전체 카탈로그를 쓰면 모든 접근 요청이 카탈로그를 통해 이뤄진다. 접근 요청은 필요에 따라 특정 기간 동안 허가되며 시스템의 감시를 받는다.

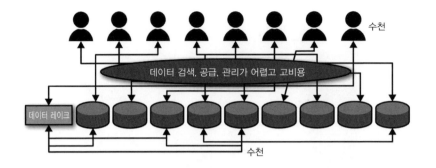

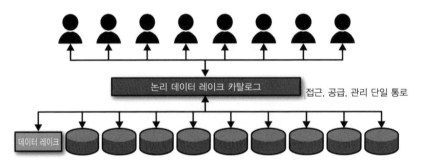

**그림 1-16.** 카탈로그를 통한 데이터 권한 설정과 관리

## 결론

요약하자면 적절한 플랫폼을 찾고 적절한 데이터를 저장해서 셀프서비스가 가능하게 정리하고, 기술 수준과 필요에 적합한 인터페이스를 만드는 것이 성공적인 데이터 레이크 구축의 핵심이다. 2장에서는 이런 작업을 어떻게 하면 될지 탐색해 본다.

60

# 역사적 관점

데이터는 오래전부터 있었다. 동굴 벽화나 어떤 모양으로 쌓인 흙더미 등 처음에는 시각적인 형태를 가졌었다. 인간이 문자를 개발하고 나서는 무언가 기록할 때 문자를 사용해 왔다. 고대 명판이나 평판 중 상당 부분은 재고 품목, 원장, 판매, 부채를 기록해 놓은 것이다. 그 후에는 연감이나 백과사전 형태로 가장 긴 강, 가장 높은 산, 가장 깊은 호수, 가장 인구가 많은 국가, 평균 강수량, 최고 및 최저 기온 기록처럼 더 일반적인 데이터를 수집하고 출판했다. 인간은 무언가를 측정, 계산, 비교, 추적하는 것에 끊임없이 매료돼 왔던 것으로 보인다. 예전에는 측정과 계산 과정이 노동 집약적이고 수동적인 과정이었기 때문에 인간은 이 과정에 도움이 되는 기계를 발명했다. 그리고 그 기계가 결국 오늘날의 컴퓨터로 진화했다.

인간보다 컴퓨터가 정보를 계산, 측정, 저장하는 능력이 월등하다는 것은 시작부터 명확했다. 하지만 컴퓨터는 거기에 그치지 않고 어떤 로직logic을 적용하거나 비즈니스 프로세스를 실행하는 것처럼 여타 작업에도 매우 훌륭한 능력을 보였다. 컴퓨터가 처음 등장했을 때는 프로그램과 로직에 관심이 집중돼 있었다. 데이터는 프로그램에 종속된 사항으로 여겨졌다. 즉, 해당 데이터에 접근하고 이해할 수 있는 것은 오직 해당 데이터를 처음 사용했던 원래 프로그램뿐이라고 생각했다.

프로그래머는 사람이 읽을 수 있는 형태로 데이터를 구성한 보고서를 만들어 인간이 데이터를 사용할 수 있게 했다. 분석가가 기존과 다른 방법으로 데이터를 보려면 필요한 것을 요청하고 개발자가 새로운 보고서를 개발할 때까지 기다려야 했다.

## 셀프서비스 데이터 욕구: 데이터베이스의 탄생

셀프서비스 데이터 혁명의 첫 번째 단계는 스프레드시트<sup>spreadsheet</sup>였다. 스프레드시트는 개발자가 아닌 사람도 직접 데이터로 작업할 수 있게 해줬다. 처음으로 분석가가 직접 데이터를 필요한 형태로 가공할 수 있게 됐다. 셀프서비스의 장점을 알게 되자 그 전으로 돌아가기는 어려웠다. 스프레드시트는 결정 과정에 가장 많이 사용하는 도구로는 빠르게 자리 잡았지만, 데이터양이 상대적으로 작은 작업밖에 처리할 수 없었고, 분석가가 해결하고자 하는 문제 중 일부에만 사용할 수 있었다.

또한 기업들은 애플리케이션이 아닌 데이터가 핵심이라는 것을 깨닫기 시작했다. 데이터를 잃어버리면 비즈니스 자체가 멈출 수도 있다. 데이터는 주의해서 관리하고, 일관성을 유지해야 하며, 정기적으로 백업해야 한다. 프로그램마다 이런 기능을 개별적으로 개발하기보다는 데이터베이스 관리 시스템<sup>DBMS, DataBase Management Systems</sup>이라는 별도의 시스템을 통해 제공하게 됐다. DBMS 프로그램은 로직이 없고 단지 데이터를 관리하기 위해서만 존재한다.

초기에는 이런 시스템이 애플리케이션과 매우 밀접하게 연관돼 있어 데이터를 이해하는 데 애플리케이션의 로직이 필요했지만, 이후에는 데이터와 애플리케이션의 분리가 점점 일반화됐다. 특히 관계형 데이터베이스의 출현 이후 이러한 현상이 더 도드라졌다.

관계형 데이터베이스 관리 시스템<sup>RDBMS, Relational DataBase Management Systems</sup>은 사용자가 데이

터베이스 데이터를 명확하게 설명할 수 있게 해줬다. 사용자는 사람이 읽을 수 있는 형태의 테이블table과 필드field의 집합인 스키마schema를 만들게 된다. RDBMS 사용자는 데이터를 보고자 매번 프로그램을 통하지 않고 직접 데이터를 쿼리할 수 있다. 결국 표준과 같은 SQLStructured Query Language이라는 언어가 등장해서 데이터베이스 사용의 공용어로 자리 잡았다. 사용자는 이 언어로 직접 쿼리를 작성하고 직접 데이터도 분석할 수 있게 됐다.

지금은 애플리케이션이 사용하는 데이터를 바로 분석할 수도 있지만, 그래도 여전히 대부분의 데이터베이스 스키마는 애플리케이션을 지원하도록 설계한다. 저장 장치에 데이터를 쓰거나 읽는 것은 메모리에서 하는 것보다 훨씬 느리기 때문에 정규화normalization라는 스키마 설계 기법을 사용한다. 정규화는 데이터를 가능한 한 작은 단위로 나눠서 데이터베이스 업데이트 때 최소한의 데이터만 저장해도 되도록 한다. 개별 고객 정보와 같은 작은 데이터의 업데이트나 쿼리에는 이런 방법이 좋지만, 여러 테이블을 조합해야 얻을 수 있는 고객의 모든 활동 데이터처럼 단위가 큰 분석에는 매우 비효율적이다.

관계형 데이터베이스 이론이나 스키마 설계에 관한 책은 이미 많기 때문에 여기서는 관계, 기본키primary key와 외래키foreign key, 정규화의 주요 개념만 짚고 넘어가겠다. 관계형 데이터베이스는 열과 행으로 구성된 테이블을 갖고 있다. 갖고 있는 모든 고객 정보를 테이블에 저장하려고 한다고 가정해보자. 이름, 주소, 나이, 성별 등과 같은 고객 특성을 위한 열이 각각 있을 것이다. 그리고 각 고객의 주문 이력도 추적하고 싶다고 가정해보자. 주문 번호, 날짜, 금액 등을 위한 열을 추가할 것이다. 고객 한 명이 한 건의 주문만 한다면 고객 정보와 주문 정보를 가진 행이 고객당 하나만 있을 것이다. 하지만 특정 고객이 여러 번 주문을 하면 어떻게 해야 할까? 주문 건당 행을 추가해야 할까? 그렇게 하면 표 2-1처럼 주문 건별로 모든 고객 정보가 중복해서 저장된다. 어떤 고객이 1,000건의 주문을 했다면 해당 고객의 정보는 1,000번 저장된다. 더 안 좋은 점은 고객이 이사를 하거나 결혼해서 성이 바뀌는 것처럼 고객 정보에 어떤 변화가 있다면 변화를 1,000개의 레코드$^{record}$ 모두에 적용해야 한다는 점이다. 이런 방식이 비효율적이라는 것은 너무나도 명확하다.

표 2-1. Customer_Orders(고객_주문) 테이블

| Name | Gender | Marital_Status | Zip_Code | Order_Number | Amount | Date |
|------|--------|----------------|----------|--------------|--------|------|
| Mary Ng | F | Married | 94301 | 2123123 | 987.19 | 7/12/18 |
| Mary Ng | F | Married | 94301 | 2221212 | 12.20 | 9/2/18 |
| Mary Ng | F | Married | 94301 | 2899821 | 5680.19 | 10/15/18 |
| Tom Jones | M | Single | 93443 | 2344332 | 1500.00 | 9/12/18 |

관계형 데이터베이스에서 이런 문제를 해결하는 방법을 **정규화**라고 한다. 정규화는 정보를 중복해서 입력하는 것을 피하고자 테이블을 더 작은 테이블로 나누는 방법이다. 예를 들어 가게의 고객 정보를 하나의 테이블에 저장하고 고객 주문 정보는 모두 별도의 테이블에 저장할 수 있다. 그런 다음 어느 주문 건이 어느 고객의 것인지 식별하고자 Customer_ID와 같은 키 값을 만들어 그 값을 Customers 테이블과 Orders 테이블 모두에 넣어서 주문 건의 Customer_ID 값과 고객 정보의 Customer_ID 값을 비교해 주문한 고객을 찾을 수 있다. Customers 테이블(표 2-2)의 Customer_ID 열은 고객을 구별하는 고유한 값이기 때문에 **기본키**$^{primary\ key}$라고 하며, Orders 테이블(표 2-3)의 Customer_ID 열은 Customers 테이블의 Customer_ID 열은 참조하는 값이기 때문에 **외래키**$^{foreign\ key}$라고 한다. 기본키는 고유한 값이어야 한다. 즉, Customers 테이블의 Customer_ID는 각 고객에 관한 고유한 값일 것이고, 외래키는 기본키 중 일부로 구성된 하위 집합일 것이다. Orders 테이블에 있는 Customer_ID 값이 Customers 테이블에는 없는 Customer_ID 값이라면 그 값은 고아 **외래키**$^{orphaned\ foreign\ key}$가 되며 누가 주문을 했는지 알 수 없게 된다. 기본키와 외래키 간의 이런 관계를 **참조 무결성**$^{referential\ integrity}$이라고 한다. 데이터를 Customers와 Orders 테이블로 나누면 고객의 주문 횟수와 상관없이 고객 정보는 Customers 테

이블에 한 번씩만 저장된다는 것을 볼 수 있다.

**표 2-2.** Customers(고객) 테이블

| Customer_ID | Name | Gender | Marital_Status | Zip_Code |
|---|---|---|---|---|
| 112211 | Mary Ng | F | Married | 94301 |
| 299821 | Tom Jones | M | Single | 93443 |

**표 2-3.** Orders(주문) 테이블

| Customer_ID | Order_Number | Amount | Date |
|---|---|---|---|
| 112211 | 2123123 | 987.19 | 7/12/18 |
| 112211 | 2221212 | 12.20 | 9/2/18 |
| 112211 | 2899821 | 56.80.19 | 10/15/18 |
| 299821 | 2344332 | 1500.00 | 9/12/18 |
| 299821 | 2554322 | 11.99 | 9/13/18 |

미혼 고객과 기혼 고객의 주문 건수를 알고자 한다면 SQL 조인$^{join}$ 기능을 사용해서 Orders 테이블과 Customers 테이블 정보의 조합을 쿼리해야 한다. 이 쿼리는 대략 다음과 같다.

```
select customers.marital_status, sum(orders.total) as total_sales from customers
join orders on
customers.customer_id = orders.customer_id group by customers.marital_status
```

이 쿼리는 두 개의 테이블을 조합해서 결혼 상태에 따른 주문 건수를 반환$^{return}$하게 된다. 결과는 표 2-4와 같을 것이다.

표 2-4. 미혼 고객과 기혼 고객의 총 구매 건수

| Marital_Status | Total_Sales |
|---|---|
| Married | 2,221,222.12 |
| Single | 102,221,222.18 |

조인 기능은 강력하고 유연하지만 매우 많은 연산 자원을 요구한다. 데이터를 수십 또는 수백 개의 테이블로 정규화하는 큰 시스템에서 쿼리에 필요한 모든 조인을 매번 하다 보면 정규화가 매우 잘된 데이터베이스라도 감당할 수 없게 된다. 이런 문제를 해결하기 위한 새로운 방법이 개발됐다. 기본 개념은 데이터와 애플리케이션을 완전히 분리할 뿐만 아니라 여러 애플리케이션의 데이터를 전부 하나의 시스템으로 통합하고 나서 분석을 할 때는 해당 시스템만 사용하게 하는 것이다.

## 반드시 해야 하는 분석: 데이터 웨어하우스의 탄생

처음에는 목표가 기업의 모든 데이터와 데이터가 상징하는 모든 역사를 저장할 하나의 '웨어하우스(창고)'를 만들어 분석가들이 사용할 수 있게 하는 것이었다. 월마트Walmart가 1990년에 물류 관리 시스템 개선에 사용한 데이터 웨어하우스를 만들어 소매 시장을 장악할 수 있었다는 것은 이제 널리 알려진 사실이다. 이후 분석을 위한 전쟁이 시작됐다. 모든 기업은 자신이 가진 데이터를 잘 활용하면 혁신적인 가치를 얻고 경쟁사도 물리칠 수 있다는 것을 깨닫기 시작했다. 마찬가지로 분석에 투자하지 않으면 경쟁사들이 자기를 쓰러트릴 수 있다는 점도 중요하게 받아들이게 됐다. 갑자기 모든 기업이 데이터 웨어하우스를 만들기 시작했다. 불행한 것은 명확한 목표나 비즈니스 요구 사항 없이 두려움이나 희망만 갖고 시작한 대부분의 비싼 장기 프로젝트처럼 대부분은 철저하게 실패한 사례로 남게 됐다는 점이다.

다행인 것은 업계가 멈추지 않고 이런 실패 사례에서 배우고 혁신과 개선을 계속했다는 점이다. 이렇게 해서 개발된 분석 플랫폼들을 구체적인 사용 사례에 최적화하고, 대량의 데이터를 효과적으로 저장하고 분석하기 위한 다양한 전문 기법이 개발됐다. 큰 데이터 웨어하우스를 데이터 마트<sup>data mart</sup> 단위로 분할하거나 쿼리 처리에 사용되는 하드웨어의 최적 활용이 가능하게 하는 기기의 발명, 열 기반, 인메모리 데이터베이스 등이 여기에 해당한다. 또한 시간이 지남에 따라 데이터 웨어하우스를 만들고 관리하거나 데이터 품질을 관리하고 데이터 모델과 메타데이터 추적 등에 사용할 수 있는 다양한 도구가 개발되기 시작했다. 그중 많이 사용하는 것으로는 다음과 같은 것들이 있다.

- ETL(추출, 변환, 로드) 도구와 ELT(추출, 로드, 변환) 도구

- 데이터 품질<sup>DQ, Data Quality</sup>과 프로파일 도구

- 데이터 모델링 도구

- 비즈니스 용어 사전

- 메타데이터 저장소

- 데이터 관리 도구

- 마스터 데이터 관리<sup>MDM, Master Data Management</sup> 시스템

- 기업 정보 통합<sup>EII, Enterprise Information Integration</sup>, 데이터 연방, 데이터 가상화 도구

또한 보고서와 분석 결과서 생성을 지원하는 다음과 같은 도구도 개발됐다.

- 보고용 도구

- 온라인 분석 처리<sup>OLAP, OnLine Analytical Processing</sup> 도구

- 비즈니스 지능<sup>BI, Business Intelligence</sup> 도구

- 데이터 시각화 도구

- 고급 분석 도구

그중 일부는 다음 절에서 살펴볼 예정이다.

## 데이터 웨어하우스 생태계

그림 2-1은 데이터 웨어하우스 생태계<sup>ecosystem</sup>에서 데이터가 어떻게 흘러가는지
보여준다. 개별 구성 요소의 세부 기능과 데이터 흐름에 관해서는 이어지는 절들
에서 살펴볼 예정이다. 개별 도구에 관한 설명은 이 책의 범위를 벗어나지만, 오늘
날 많은 조직에서 사용하고 있는 데이터 처리 과정을 이해하고 데이터 레이크로
대체하게 될 기능이 어떤 것인지 알려면 이런 도구의 기본적인 개념은 이해하고
있을 필요가 있다.

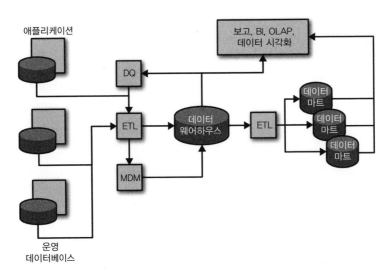

**그림 2-1.** 데이터 웨어하우스 생태계의 데이터 흐름

그림 2-2가 보여주는 것처럼 데이터 웨어하우스 생태계는 데이터 자체의 흐름 외에도 다양한 메타데이터의 흐름과 메타데이터 처리용 다양한 도구로 구성된다. 여러 도구 간의 메타데이터 흐름은 이후의 장들에서 살펴본다. 생태계가 사용자와 만나는 2개의 지점은 그림의 위쪽에 표현돼 있다. 2개 지점은 비즈니스 용어 사전과 여러 보고 도구다. 최종 사용자가 필요한 보고와 분석을 받을 수 있도록 나머지 도구는 ETL 개발자, 데이터와 시스템 아키텍트, 데이터 모델 전문가, 데이터 관리자, 보고 및 BI 개발자, 데이터베이스 관리자 등 여러 IT 전문가가 사용한다. 한 가지 짚고 넘어갈 것은 데이터 웨어하우스 전용이 아닌 일반적인 관리, 백업 등 기타 도구는 표시하지 않았으며, 일부 구성 요소는 단순화해서 표현했다는 점이다. 예를 들어 데이터 프로파일은 DQ에 포함되고, 이력 관리는 ETL에 포함된다고 가정했다.

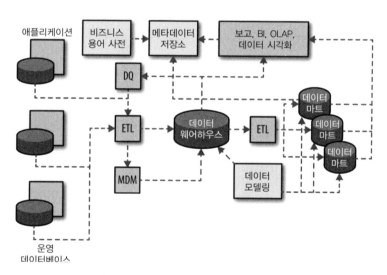

**그림 2-2.** 데이터 웨어하우스 생태계의 메타데이터 흐름

2장 | 역사적 관점 **69**

## 데이터 저장과 쿼리

데이터베이스는 데이터 웨어하우스의 핵심 요소로, 분석용 처리에 최적화된 관계형 데이터베이스인 경우가 많다. 분석용 처리에는 길고 복잡한 쿼리, 데이터 종합, 다중 테이블 조합 등이 있을 수 있다. 또한 데이터베이스는 주로 가장 보편적인 쿼리에 최적의 성능이 보장되도록 색인과 튜닝<sup>tuning</sup>돼 있다.

## 차원 모델링과 스타 스키마

운영 시스템이나 애플리케이션에 관계형 데이터베이스를 사용할 경우 데이터는 주로 잘 정규화된 데이터 모델에 저장한다. 정규화된 데이터 모델은 중복과 필드 수가 작은 테이블을 만들다 보니 업데이트가 매우 빠르게 이뤄진다.

예를 들어 판매에 관한 테이블은 제품, 고객, 소매점 위치 등 가장 기본적인 정보에 대한 몇 개의 키만 갖고 있을 수 있다. 소매점 위치에 따른 도시의 이름처럼 필요한 다른 정보를 찾으려면 많은 연산 자원을 투자해서 이 테이블을 다른 테이블과 조인해야 한다.

반면 데이터 웨어하우스에서는 일반적으로 정규화하지 않는 데이터 모델을 선호한다. 정규화하지 않은 모델에서는 각 테이블에 가능한 한 많은 관련 특성을 저장한다. 그러면 필요한 모든 정보를 취합할 때도 데이터를 한 번만 처리해도 된다.

또한 일반적으로 데이터 웨어하우스에는 스키마가 서로 다른 다양한 소스와 애플리케이션의 데이터를 취합하다 보니 모인 데이터를 정규화하고 같은 스키마로 변환할 필요가 있다. 데이터 웨어하우스에서 많이 사용하는 데이터 모델은 스타 스키마<sup>star schema</sup>다. 스타 스키마는 1996년에 발간된 랄프 킴벌<sup>Ralph Kimball</sup>, 마기 로스<sup>Margy Ross</sup> 공저의 『The Data Warehouse Toolkit』(wiley, 2004) 1판에서 처음 소개됐다. 이 스키마는 몇 개의 차원과 팩트 테이블<sup>fact table</sup> 집합으로 구성된다.

차원 테이블은 분석 대상 요소로 구성된다. 판매에 관해 분석하고 있다면 모든 고객 특성(이름, 주소 등)을 저장하고 있는 고객 차원 테이블, 모든 시간 특성(날짜, 연도 등)을 저장한 시간 차원 테이블, 모든 제품 특성(제조사, 모델, 가격 등)을 포함한 제품 차원 테이블 등이 있을 수 있다.

팩트 테이블에는 각 차원과 관련된 모든 활동이 기록된다. 예를 들어 거래 팩트 테이블에는 각 주문 건의 개별 항목 각각을 대변하는 레코드[record]들이 있을 것이다. 각 기록에는 주문한 고객이 나오는 고객 차원 테이블에서 해당 고객의 고객 키 값, 주문이 이뤄진 시간이 포함된 시간 차원 테이블에서 해당 시간 키 값, 주문한 제품이 포함된 제품 차원 테이블에서의 제품 키 값뿐만 아니라 거래 자체의 특성(주문과 세부 항목 번호 식별자, 수량, 지불한 가격 등)이 있을 것이다. 그림 2-3은 이런 테이블의 구조를 보여준다. 오라클[Oracle], IBM DB2, 마이크로소프트 SQL 서버 등과 같은 다목적 관계형 데이터베이스라도 데이터를 스타 스키마로 정리하면 어느 정도의 성능 개선을 달성할 수 있으며, 이제는 스타 스키마 처리용 쿼리(예를 들어 조인) 최적화를 전문으로 지원하는 도구도 많이 나타나고 있다.

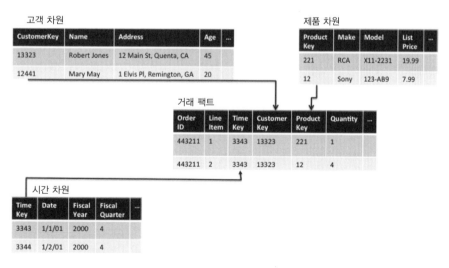

그림 2-3. 간단한 스타 스키마의 테이블

## 느린 변경 차원

정확한 데이터 분석을 하려면 시간에 따른 개인의 상태를 추적할 필요가 있다. 그래야만 거래 시점에서 개인의 상태에 맞게 거래 정보를 추적할 수 있다. 개인의 상태는 자주 바뀌지 않기 때문에 변화를 대변하기 위한 특수한 구성 개념[construct], 즉 느린 변경 차원이 개발됐다. 이 개념 또한 『The Data Warehouse Toolkit』에서 킴벌과 로스가 처음 소개한 것이다.

느린 변경 차원의 목적은 시간에 따른 차원 엔티티(예, 개인)의 상태를 추적해서 거래에서 발생한 정보(혹은 팩트)가 당시의 상태를 반영하게 하고, 결국 장기적으로 분석의 정확도를 높이는 것이다.

이번 절은 복수의 레코드를 만들어 과거 데이터를 추적하는 가장 보편적인 느린 변경 차원 적용 방법을 통해 관련된 주요 개념을 설명한다. 이런 방법을 유형 2차원[type 2 dimension]이라고 부른다.

고객의 구매 이력과 고객 인적 자료를 함께 보관하는 가게가 있다고 가정해보자. 또한 고객 중에는 5년 전부터 가게를 이용했고 미혼인 메리[Mary]라는 가상의 인물이 있다고 생각해보자. 5년이 된 시점에 메리는 결혼을 해서 주택을 구입하고, 그 후 또 2년이 지난 시점에 부모가 된다. 그녀는 계속해서 가게를 이용한다고 가정해보자.

그림 2-4에서 처음 5년간 메리가 구매한 내역은 미혼인 사람이 구매할 만한 제품을 보여주고, 5~7차년도 정보는 자가 소유주에 관한 것이고, 그 이후는 새로 부모가 된 사람이 보일 수 있는 구매 패턴[pattern]을 보여준다고 볼 수 있다.

**그림 2-4.** 느린 변경 차원을 적용한 쇼핑 데이터

느린 변경 차원이 없었다면 메리의 현재 상태인 '부모'만 반영된 하나의 기록만 고객 테이블에 있게 된다(그림 2-5 참조). 따라서 자녀가 있는 사람 중 고가의 여행이나 스포츠 장비에 돈을 쓰는 사람이 얼마나 되는지 분석하고자 했다면 메리의 구매 기록 중 (자녀가 없었던) 1~7차년도 데이터를 현재의 상태인 '부모'로 잘못 취합할 수도 있다.

상태                                          부모

구매 내역

**그림 2-5.** 느린 변경 차원을 적용하지 않은 쇼핑 데이터

하지만 거래 당시 개인의 상태를 포착하도록 설계된 느린 변경 차원을 사용하면 그림 2-6에서 보는 것과 같이 고객 테이블에는 메리의 상태가 변화할 때마다 별도의 기록이 존재하게 된다. 결국 메리의 구매 내역을 분석할 때 당시 상태에 따라 적절한 집합으로 분류할 수 있게 된다.

| Customer Key | Name | Address | Status | Start | End | ... |
|---|---|---|---|---|---|---|
| 12441 | Mary May | 1 Elvis Pl, Remington, GA | Single | 1/7/2008 | 4/1/2013 | |
| 19223 | Mary May Lee | 1 Elvis Pl, Remington, GA | Married | 4/2/2013 | 9/1/2015 | |
| 21221 | Mary May Lee | 1 Elvis Pl, Remington, GA | Parent | 9/2/2015 | current | |

**그림 2-6.** 상태의 변화가 있을 때마다 고객 차원 테이블에는 메리에 관한 새로운 레코드가 생성되고, 각 레코드의 유효 시작 시점과 완료 시점에 관한 필드도 포함된다.

느린 변경 차원을 적용하면 ETL 잡$^{job}$과 분석 쿼리 모두 상당히 복잡해지기 때문에 가장 중요한 특성(앞선 예제에서의 가족 상태)의 이력만 추적하는 것이 좋다. 이 말은 추적 대상이 아니었던 특성 하나가 갑자기 중요해지더라도 관련된 이력을 찾지 못할 수도 있다는 것을 뜻한다.

## 고도 병렬 처리(MPP) 시스템

스타 스키마를 사용하지 않고 고도 병렬 처리 컴퓨터 여러 대를 사용하는 방법도 있다. 이렇게 하더라도 최종 사용자나 BI 도구에는 하나의 데이터베이스만 보이게 된다. 이런 고도 병렬 처리<sup>MPP, Massively Parallel Processing</sup> 기술을 개발했기 때문에 테라데이터<sup>Teradata</sup>는 대규모 데이터 웨어하우스들이 가장 많이 사용하는 데이터베이스가 될 수 있었다. 전용 하드웨어, 소프트웨어, 네트워크 프로토콜 사용을 통해 테라데이터 데이터 웨어하우스는 하둡 등장 전까지는 업계에서 독보적이었던 확장성을 가질 수 있었다. 테라데이터는 여러 컴퓨터를 병렬로 운영할 수 있었기 때문에 사용자가 데이터를 특정 형태로 모델링하지 않아도 됐다. 테라데이터는 대신 쿼리 최적화 기능이 복잡한 쿼리를 가능한 한 효율적인 방법으로 실행하게 했다.

## 데이터 웨어하우스(DW) 기기

데이터 웨어하우스<sup>DW, Data warehouse</sup> 기기는 전용 하드웨어와 소프트웨어에서 실행되는 고성능 데이터베이스를 표준적인 상용 데이터베이스보다 배포와 관리가 쉽게 하려고 한다. IBM 네티자<sup>Netezza</sup>가 이런 DW 기기의 좋은 예다. 테라데이터나 IBM DB2와 같은 MPP 시스템만큼의 확장성은 없지만 이런 기기는 배포하거나 조정하기가 훨씬 쉬우면서도 데이터 웨어하우스나 마트의 요구 사항 대부분을 충족할 수 있다.

## 열 기반 가게

관계형 데이터베이스는 데이터를 행<sup>row</sup>(레코드라고도 함)과 열<sup>column</sup>(필드라고도 함)로 구성된 테이블로 모델링한다. 예를 들어 300개의 열로 구성된 고객 테이블이 있다고 가정해보자. 각 열에는 이름, 주소, 나이, 첫 번째 구매 일자 등 고객과 관련된 데이터가 있다. 전통적인 관계형 데이터베이스에서는 모든 데이터 행을 함께 저장하기 때문에 첫 번째 고객의 모든 정보가 저장되고 나서 두 번째 고객 정보가 저장되는 방식으로 진행된다. 평균 크기가 대략 특성당 5바이트인 300개의 특성을 저장하려면 데이터베이스는 고객 한 명당 1,500바이트, 약 1.5KB가 필요하다. 고객이 100만 명이라면 고객 정보를 모두 저장하려면 데이터베이스 저장 용량은 최소 1.5TB이어야 한다(실제로는 기록이 디스크 블록 단위에 딱 맞지 않고, 데이터 구조와 색인 정보도 공간을 차지하기 때문에 더 많이 필요하다). 사용자가 고객 중 30세 미만 고객이 몇 명이나 되는지 찾으려면 데이터베이스는 테이블의 모든 레코드, 즉 1.5TB 전부를 읽어야 한다.

열 기반columnar 데이터베이스는 각 행의 모든 데이터를 묶어 저장하지 않고 각 열의 모든 데이터를 묶어 저장한다. 예를 들어 고객의 나이와 누구의 나이인지를 나타내는 기록 식별자를 하나의 저장 블록에 함께 저장할 수 있다. 나이에 2바이트가 필요하고 기록 식별자가 6바이트라면 데이터베이스는 필드당 8바이트가 필요하며, 고객이 100만 명이라면 총 8GB가 있어야 한다. 결국 30세 미만 고객이 몇 명인지 답하려면 8GB만 읽으면 되기 때문에 해당 쿼리를 약 200배 정도 빠르게 수행할 수 있다. 당연히 이런 접근 방식은 소수의 열만 참조하면 되는 쿼리의 성능만 높여준다. 어떤 사용자의 모든 정보(300개 열 모두)를 묻는 쿼리라면 행 기반 데이터베이스는 하나의 블록만 읽으면 되지만 열 기반 데이터베이스는 블록 300개를 읽어야 한다. 즉, 일반적인 관계형 데이터베이스와는 달리 열 기반 데이터베이스는 매우 특수한 쿼리 패턴을 위해 사용한다. 많이 알려진 수직적 데이터베이스로는 사이베이스 IQSybase IQ와 버티카Vertica가 있다.


## 인메모리 데이터베이스

메모리 접근 속도는 디스크보다 훨씬 빨랐지만, 비용도 상대적으로 비쌌다. 따라서 데이터베이스 배포 과정의 상당 부분은 디스크 접근 최적화에 초점을 맞춰 진행됐다. 스탠퍼드Stanford 대학교에서 필자의 데이터베이스 교수님이셨던 기오 위더

홀드<sup>Gio Wiederhold</sup>께서 자주 말씀하셨듯이 "자신의 몫을 할 수 있는 데이터베이스 엔지니어는 항상 블록 읽기 횟수를 센다." 디스크 접근 최적화, 캐싱과 사전 캐싱, 블록 읽기 횟수를 줄이기 위한 색인 생성 등 블록 읽기 횟수를 최소화하는 데 상당한 노력이 필요하다.

메모리의 가격이 내려가면서 메모리에 더 많은 데이터를 저장하는 것이 가능해졌고, 메모리에 데이터를 저장하고 처리하는 데이터베이스 시스템이 출현하기 시작했다. 처음에 등장한 것 중 타임스텐<sup>TimesTen</sup>도 있었다. 이름에서 알 수 있듯이 메모리에 데이터를 저장하고 처리해서 전통적인 디스크 기반 시스템보다 10배의 성능을 달성하는 것을 목표로 했다. 최근 인메모리 데이터베이스가 다시 새롭게 주목받고 있다. SAP에서 공급하는 HANA 시스템, 아파치 스파크<sup>Apache Spark</sup> 프로젝트 외에도 여러 프로젝트가 추진 중이다.

## 데이터 로딩: 데이터 통합 도구

기억해야 할 점은 데이터 웨어하우스의 데이터는 애플리케이션이나 운영 시스템에서 로딩된다는 점이다. 따라서 살펴볼 첫 번째 단계는 데이터 웨어하우스에 데이터를 로딩하는 것이다.

이 과정에 사용할 수 있는 여러 접근 방식, 도구, 기법이 있다.

### ETL

ETL 기술이 소개된 지는 20년도 더 됐다. 지금까지 사용하는 대부분의 ETL 도구는 1990년대 중후반에 데이터 웨어하우스 움직임의 일환으로 개발됐다. 운영 시스템과 애플리케이션을 지원하고자 관계형 데이터베이스를 사용했을 때 데이터는 주로 매우 잘 정규화된 데이터 모델에 저장했다. 정규화된 데이터 모델은 업데이트가 빨리 이뤄질 수 있도록 중복과 필드 수를 최소한으로 가진 테이블을 만들게 된다. 많은 관계형 데이터베이스 책에서 찾을 수 있는 세부 사항까지는 다루지 않을 것이지만, '차원 모델링과 스타 스키마' 절에서 봤듯이 대부분의 데이터 웨어하우스는 정규화되지 않은 데이터 모델, 즉 각 테이블이 가능한 한 많은 특성을 갖고 있어 데이터를 한 번만 읽어서 모든 정보를 처리하는 방식을 선호한다.

운영 시스템의 데이터는 다양한 형태와 표현 방법을 가진 여러 테이블과 고객 정보를 갖고 있을 수 있다. 그림 2-3에서 봤듯이 서로 다른 표현 방법을 하나의 공통적인 고객 차원으로 변환하는 것과 여러 시스템에 있는 동일 고객에 관한 레코드 모두가 고객 차원에 해당 고객의 레코드를 만들고 갱신하는 데 사용되도록 하는 것은 ETL 도구의 역할이다(그림 2-7). 고객 차원은 들어오는 모든 데이터가 같은 형태를 따르게 해서 여러 시스템에 분산된 동일 고객 정보를 식별할 수 있게 하므로 순응차원conforming dimension이라고도 부를 수 있다. 그림 2-7에서는 운영 시스템이 고객 데이터를 저장하고자 2개의 테이블을 사용한다. 또한 각 테이블이 고객 정보를 서로 다르게 표현하고 있다. 예를 들어 이름과 성이 서로 다른 필드에 있으며, 한쪽에는 나이가 포함돼 있지만 다른 쪽에는 생년월일이 있고, 고객의 주소도 여러 개가 존재한다. ETL 도구의 역할은 이렇게 표현이 다른 데이터를 데이터 웨어하우스의 고객 차원 테이블이 기대하는 방식대로 표현하는 것이다. 이름과 성은 하나의 필드로 합치고, 생년월일에서 나이를 계산하고, 가정 적절한 주소를 골라 하나의 문자열string로 만들어내는 역할이 여기에 해당한다.

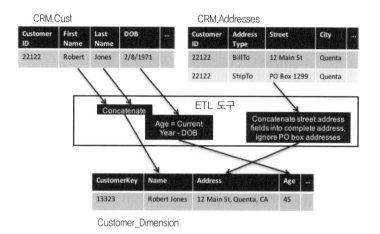

**그림 2-7.** ETL 도구는 여러 테이블에서 데이터를 추출해서 고객 차원을 생성한다

또한 일반적으로 데이터 웨어하우스에는 각자의 스키마로 된 다양한 소스와 애플리케이션의 데이터를 저장하다 보니 모든 출처의 데이터를 정규화하고 공통적인 스키마로 변환해야 한다.

## ETL과 ELT

오랫동안 테라데이터와 다른 고급 데이터베이스 공급사들은 필요한 변환 작업에 ETL 도구 대신 자신의 데이터베이스 엔진을 사용하도록 고객을 설득해 왔다. 자신이 제공하는 확장성 좋은 시스템만이 자신의 데이터 웨어하우스를 로딩하는 데 필요한 정도의 용량과 복잡도를 처리할 수 있다고 주장해 왔다. 처리 과정을 ELT(추출Extract, 로딩Load, 변환Transform)라고 한다. 즉, 데이터는 처리 없이 데이터 웨어하우스에 로딩하고 이후 데이터베이스 엔진을 통해 적절한 표현으로 변환하는 방식이다 (그림 2-8).

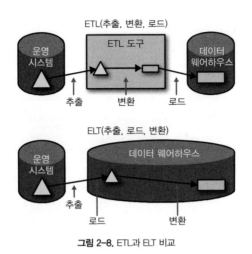

**그림 2-8.** ETL과 ELT 비교

## 연방, EII, 데이터 가상화 도구

데이터가 여러 시스템에서 만들어지고 있다면 데이터 웨어하우스 접근 방식은 모든 데이터를 한군데로 일단 모으고 하나의 순응 스키마로 통합한 다음, 거기에 분석 쿼리를 사용하는 것이다. 또 다른 접근 방식은 여러 시스템을 통합하는 논리 혹은 가상 스키마를 만들어 가상 스키마로 쿼리를 처리하는 것이다. 이런 방식을 지칭하는 이름은 여럿 있는데, 가장 널리 사용하는 것이 연방, 기업 정보 통합[EII], 데이터 가상화다. 이런 접근 방식이 데이터 웨어하우스보다 좋은 대표적인 사례는 다음과 같다.

- 변화에 따라 데이터를 항상 최신 상태로 유지해야 할 경우로, 이런 도구는 원래 소스에 쿼리를 하다 보니 결과가 항상 가장 최근의 정보를 반영하는 반면 데이터 웨어하우스는 얼마나 자주 갱신하느냐에 따라 어느 정도의 지연이 발생할 가능성이 높다.

- 데이터 접근이 드문 경우로, 비용이 많이 드는 데이터 웨어하우스를 1년에 한 번 또는 그보다 더 드물게 사용하는 데이터를 위해 구축하는 것은 비용

적인 측면에서 효율적이지 않다.

- 규정이나 데이터 전속 규정으로 데이터를 한곳에서 다른 곳으로 복사할 수 없는 경우

반면 이런 접근 방식은 다음과 같은 몇 가지 중요한 단점도 있다.

### 노동 집약적 수동 과정

대상 시스템 모두에 가상 테이블을 직접 정의해야 한다.

### 스키마와 논리 변경

스키마가 바뀌면 데이터 웨어하우스를 로딩하는 ETL 잡이 깨질 수도 있지만, 영향을 받는 범위는 가장 최근의 데이터로 한정되기 때문에 대부분의 데이터 는 여전히 분석에 사용할 수 있다. 데이터 가상화 도구를 썼을 때는 스키마가 바뀌게 되면 쿼리 자체가 깨져 쿼리를 수정하기 전까지는 모든 데이터에 접근 할 수 없게 된다.

### 성능

복수의 시스템에 걸친 쿼리(연방 쿼리) 중에는 성능에 상당한 부담을 주는 것들 도 있다. 예를 들어 여러 데이터베이스에 걸친 복잡한 다중 테이블 조인과 연관 서브쿼리[sub-query]는 모든 테이블이 같은 데이터베이스에 있는 경우보다 실행하 는 데 훨씬 오래 걸릴 수 있다. 또한 데이터 웨어하우스는 색인 추가와 튜닝을 통해 분석에 더 최적화할 수 있지만, 운영 시스템은 설계된 목표 기능을 방해하 지 않으면서 분석 쿼리에 최적화할 방법이 없다.

### 빈도

쿼리를 실행할 때마다 전체 통합 작업이 수행된다. 따라서 가상 스키마를 대상 으로 한 쿼리가 여럿 생기면 데이터를 한 번 추출하고 데이터 웨어하우스에 저 장했다가 거기서 쿼리를 하는 것이 훨씬 경제적이다. 이렇게 하면 출처가 되는

시스템에 걸리는 부하가 상당 부분 줄어들고, 쿼리가 들어올 때마다 매번 원본 테이블을 읽어 통합하는 것보다 컴퓨터 자원 측면에서도 훨씬 효율적이다. 데이터 가상화 도구 중에는 데이터 일부를 특정 집결 지역에 캐싱caching해서 낭비되는 자원 중 일부를 아끼게 하는 것들도 있지만, 일반적으로 접근 요청 빈도가 너무 높거나 데이터 신선도가 치명적이지 않다면 데이터 웨어하우스가 더 좋은 선택이 된다.

데이터 용량과 다양성이 커짐에 따라 데이터 가상화 도구는 쿼리 최적화를 개선하거나 인메모리 처리나 캐싱을 추가로 해서 대처한다.

그림 2-9는 데이터 웨어하우스 접근 방식과 데이터 가상화 접근 방식의 차이를 보여준다. 위쪽 그림은 서로 다른 데이터베이스의 테이블 2개가 ETL 처리 과정으로 합쳐져 데이터 웨어하우스에 하나의 테이블로 보관되는 모습을 보여준다. 모든 쿼리는 이 테이블을 대상으로 실행된다. 아래쪽 그림에서 데이터는 물리적으로 원래 데이터베이스에 그대로 있으면서 데이터 가상화를 통해 가상 뷰가 생성하는 과정을 보여준다.

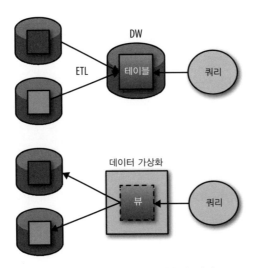

**그림 2-9.** 데이터 웨어하우스와 가상화 접근법 비교

## 데이터 정리와 관리

데이터 웨어하우스는 규모가 크고 복잡하기 때문에 정리하고 데이터의 품질을 확인하고 접근 권한을 관리하기 위한 다양한 도구가 개발됐다. 이번 절에서는 이런 도구의 목적과 기본적인 동작 방법을 설명한다.

## 데이터 품질 도구

데이터 품질은 데이터 관리 분야에서는 상당히 성숙한 영역이다. 품질 규칙을 정의하고 데이터에 이런 규칙을 적용해서 위반 사례, 즉 예외$^{exceptions}$를 찾아 수정하는 과정으로 이뤄진다. 데이터 품질은 자체로도 매우 큰 분야이고, 관련된 책도 많기 때문에 이번 절에서는 보편적인 접근 방식을 설명하고자 간략히 소개만 한다.

데이터 품질 규칙은 다양한 형태와 크기를 갖지만, 일반적으로 크게 다음과 같이 구분할 수 있다.

### 스칼라

특정 값에 적용. 예를 들어 다음과 같은 규칙이 있을 수 있다. Name은 필수 필드며, 값을 가져야 한다. Salary는 숫자여야 한다. Age는 0과 150 사이의 값이어야 한다.

### 필드 수준

특정 필드의 모든 값에 적용: 가장 널리 사용하는 예는 필드 고유성(예를 들어 Customer_ID는 고유한 값이어야 한다), 필드 밀도(예를 들어 Name 필드는 비어 있으면 안 된다) 등이 있고, 그 외에도 "Income은 $X$와 $Y$ 사이의 값이어야 한다"처럼 다른 형태의 규칙도 있을 수 있다. 이런 규칙 중에는 굳이 필요하다고 느껴지지 않는 것도 있을 수 있다. 예를 들어 Name이 비어 있으면 안 된다는 것은 스칼라 테스트로도 표현할 수 있다. 하지만 필드 수준에서 확인할 때의 장점은 어느 정도의 허용 오차를 설정할 수 있다는 점이다. 예를 들어 고객 이름에 대해 10%까지는 비어 있어도 된다고 설정할 수 있다.

## 기록 수준

특정 기록의 모든 필드에 적용: 예를 들어 US_CITIZEN 필드 값이 True이면 Social_Security_Number 필드가 비어 있으면 안 된다고 설정하거나, JSON 파일 Orders 레코드의 루트root 요소는 정확하게 3개의 자식이 있어야 한다고 설정할 수 있다.

## 데이터 세트(테이블/파일) 수준

전체 데이터 세트에 적용: 일반적이지는 않으며, 사용하면 레코드의 수와 연관돼서 사용하는 경우가 대부분이다. 예를 들어 센서sensor 데이터를 저장한 데이터 세트는 "최소 시간당 센서별로 하나의 이벤트는 있어야 한다"와 같은 규칙이 있을 수 있다.

## 복수 데이터 세트 수준

복수의 데이터 세트에 적용: 참조 무결성 규칙은 관계형 시스템에서 매우 일반적이다. 주로 기본키는 고유해야 한다거나 외래키는 기본키에 없는 값을 가져서는 안 된다고 명시한다. 즉, select count(distinct order_id) from orders where fulfilled = 1과 select count(distinct order_id) from shipments의 결과가 같아야 한다. 또는 파일 1의 행수는 파일 2의 행수와 같거나 작아야 한다는 사항을 정의한다.

데이터 품질 규칙 중 일부는 프로그램을 통해 처리할 수 있지만, 사람이 직접 고쳐야 하는 것도 있다. 예를 들어 고객명이 빠졌을 때 마스터 고객 리스트에서 찾아보거나 성별이 누락된 경우 인사말이나 이름에서 유추할 수 있다. 반면 데이터 품질 문제를 프로그램으로 수정할 방법이 전혀 없는 경우도 있다. 이럴 때는 데이터를 직접 수정하거나 사용되는 프로젝트에 따라 수정해야 할 수도 있다. 예를 들어 계좌번호에 숫자 하나가 누락된 경우 데이터를 처리하고 있는 분석가가 계좌 정보를 직접 검색해서 맞는 번호를 찾고 해당 날짜에 그 금액만큼의 거래가 있었는지 확인하고자 계좌 이력을 확인해봐야 할 수도 있다. 고객의 소득 정보가 누락됐고 분석가가 해당 정보를 얻을 방법이 전혀 없다면 진행 중인 프로젝트에 따라 해당 기록 자체를 제외하거나, 소득을 0으로 처리하거나, 누락된 소득 정보를 평균 소득으로 대체할지를 결정할 수 있다.

데이터 프로파일 기법은 데이터 품질 규칙이 없는 경우 데이터의 통계적 수치를 자동으로 수집해 데이터의 품질을 확인할 수 있는 기법이다. 일반적으로 프로파일 도구는 모든 데이터를 읽어 들여 각 필드에 관한 유형별 등장 횟수(문자열 대 수치 대 날짜), 비어 있는 횟수(NULL), 최솟값/최댓값뿐만 아니라 필드별 최빈값이나 필드에 따라 다른 값을 구해주기도 한다. 프로파일을 사용했을 때 장점은 데이터 규칙을 설계하지 않아도 된다는 점과 분석가가 결과를 갖고 현재의 프로젝트에 맞게 데이터의 품질을 확인할 수 있다는 점이다. 예를 들어 **Age** 필드가 대부분 비어 있지만 이번 프로젝트에는 필요 없다면 해당 데이터 세트는 허용될 수 있는 수준의 품질 수준을 가졌다고 볼 수 있다. 프로파일은 대부분의 데이터 품질 도구가 지원하기도 하고, 그 밖에 데이터 준비나 데이터 발견 도구에서도 지원하고 있다.

많이 사용하는 프로파일과 데이터 품질 도구로는 IBM 정보 분석<sup>Information Analyzer</sup>, 인포매티카 DQ, SAS 데이터플럭스<sup>DataFlux</sup> 등 여러 가지가 있다.

## MDM 시스템

마스터 데이터 관리<sup>MDM, Master Data Management</sup> 시스템이라고 불리는 특수한 형태의 데이터 품질 도구는 다양한 엔티티의 마스터 목록을 만드는 데 사용한다. 주로 고객 관련 정보로 하지만 제품(이런 경우는 제품 정보 관리, PIM이라고 부른다), 공급처, 기타 요소를 다루기도 한다. 여러 시스템에서 데이터를 가져와 공통적인 스키마와 표현(측정 단위, 코드, 기타)으로 맞춘 후 **엔티티 결의**<sup>entity resolution</sup>라고 불리는 작업을 수행하는 매우 정교한 시스템이다. 엔티티 결의란 동일한 엔티티에 관한 서로 다른 기록을 찾는 과정을 말한다. 예를 들어 같은 고객에 관한 기록을 여럿 가진 시스템이 있을 수 있다. 중복된 데이터 입력, 인수합병(특정 회사가 다른 회사를 합병했는데, 같은 고객이 있는 경우), 인적 과오 등 여러 가지 이유 때문일 수 있다. 또한 시스템에 따라 고객을 구별하는 데 다른 식별자를 쓸 수 있다. 한 시스템은 세금 ID를 쓰지만 다른 시스템에서는 이름과 주소를 기준으로 하고, 또 다른 시스템에서는 계좌번호를 쓸 수 있다. 이렇게 다른 값을 서로 조화시키는 것은 MDM 시스템의 역할이다.

같은 엔티티에 관한 기록을 전부 찾아내면 주소가 다르거나 이름의 철자가 약간 다르거나 서로 상충하는 정보를 발견하는 경우가 많다. 따라서 MDM 시스템의 또 다른 역할은 이렇게 상충하는 정보를 자동적으로든 사용자에게 직접 수정을 요청하든 해서 해당 엔티티에 가장 정확하면서 모두가 사용할 가장 완벽한 레코드를 만들어내는 것이다.

MDM 공급사로는 IBM, 오라클, 인포매티카와 같은 전통적인 회사 외에도 테이마 Tamr와 같은 새롭게 등장한 공급사도 있다. 테이마에서는 머신러닝을 적용해서 이런 과정을 자동화하고 있다.

## 데이터 모델링 도구

데이터 모델링 도구는 관계 스키마를 만드는 데 사용한다. 이론적으로는 데이터 모델 담당자가 이알윈 Erwin, IBM 인포세피어 데이터 아키텍트 InfoSphere Data Architect 와 같은 도구를 사용해서 물리적, 논리적, 의미론적 모델을 만들 수 있지만, 실제로 이런 도구는 주로 기본키와 외래키를 갖고 데이터의 엔티티 관계 모델(참조 무결성 제약이라고도 함)을 만드는 데 사용한다.

운영 데이터베이스에 있어 스키마 설계는 매우 중요한 활동이다. 잘 설계한 스키마는 데이터베이스 성능을 높여주지만, 잘못 설계한 데이터베이스는 성능이 떨어지며 그 정도가 상당한 경우도 있다. 스키마를 설계할 때는 사용 사례를 고려해야 한다. 운영 스키마면 정규화가 잘되고 작은 단위의 거래에 적합하게 최적화돼야 한다. 데이터 웨어하우스를 위해서라면 분석 쿼리에 적합하게 다차원적인 설계를 해야 한다. 스키마 설계자는 이해 가능성과 확장 가능성도 고려할 필요가 있다. 잘 설계한 스키마는 새로운 열을 추가해서 수정하기 쉽지만, 잘못 설계한 스키마를 수정하려면 상당한 비용이 들어가는 재설계가 필요한 경우가 많다.

참조 무결성과 정규화는 이번 장의 앞쪽에서 다뤘다. 워낙 중요한 개념이기 때문에 모든 관계형 데이터베이스는 참조 무결성을 강제하기 위한 기능을 제공한다. 불행하게도 그러려면 앞에서 들었던 예제의 경우 데이터베이스가 Orders 테이블에 새로운 주문 건이 추가될 때마다 Customers 테이블을 확인해서 Orders 테이블의 Customer_ID가 Customers 테이블에 존재하는지 확인하고, 없다면 거래를 중단하고 해당 주문을 거부해야 한다. 이런 과정은 Orders 테이블 업데이트 성능에 상당한 부담을 주게 된다. 또한 이렇게 거부된 거래를 처리하기 위한 방법이 필요하다 보니 주문 처리에 관여하는 모든 애플리케이션의 복잡성도 높아지게 된다. 실제로 이런 참조 무결성을 강제하는 데이터베이스를 본 적은 없다. 대신 기본키와 외래키에 관한 정보는 데이터 모델링 도구에 보관하고 데이터 품질 도구를 통해 참조 무결성을 확인한다.

## 메타데이터 저장소

메타데이터 저장소는 모든 데이터 자산의 기술적 메타데이터(데이터에 관한 데이터)를 갖고 있다. 메타데이터는 사람이 직접 수집하거나 ETL 도구, BI 도구 등 여러 다양한 도구를 통합해서 얻는다. 메타데이터 저장소를 사용하는 3가지 주요 사례는 다음과 같다.

### 데이터 자산 검색

예를 들어 데이터 아키텍트가 어떤 데이터베이스의 어떤 테이블에 Customer_ID가 포함돼 있는지 알고 싶을 수 있다.

### 이력 추적(유래)

기업이 데이터 자산의 이력, 즉 각 자산의 데이터가 어디서 왔고 어떻게 만들어지거나 전환됐는지 기록으로 남기게 하는 여러 가지 규정이 있다.

### 영향도 평가

개발자가 복잡도 높은 생태계의 무언가를 바꾸면 어딘가는 깨질 위험은 항상 있다. 영향도 평가를 통해 개발자는 무언가를 바꾸기 전에 특정 필드나 통합 잡job에 영향을 받는 모든 데이터 자산을 확인할 수 있다.

메타데이터 저장소를 공급하는 회사로는 IBM, 인포매티카, ASG 로하드ASG Rochade외 여러 곳이 있다. 하지만 이런 도구는 데이터 카탈로그라고 하는 새로운 부류의 제품으로 빠르게 대체되고 있다. 데이터 카탈로그는 8장에서 다룬다.

## 데이터 관리 도구

데이터 관리 도구는 데이터 관리 정책을 기록, 문서화, 또는 때에 따라 관리하기도 한다. 이 도구에 각 데이터 자산의 데이터 관리자가 누구인지 정의된 경우가 많다. 데이터 관리자는 데이터 자산이 정확한지 확인하고 목적과 이력을 문서로 남기며, 해당 데이터에 대한 접근과 수명주기 관리 정책을 정의하는 책임을 진다.

데이터 관리가 담당자의 유일한 풀타임fulltime 역할인 회사도 있고, 데이터와 관련된 비즈니스 책임을 가진 누군가에게 해당 역할을 주는 회사도 있다. 조직 구성도 역시 여러 가지 형태를 가진다. 공식적인 데이터 관리 조직에 속한 데이터 관리자도 있지만 기능 팀이나 비즈니스 부서의 소속인 경우도 있고, 드물게는 IT 부서 소속인 경우도 있다. 공식적인 데이터 관리 조직은 최고 데이터 책임자CDO가 관리하는 경우가 많다. 예를 들어 판매 데이터 담당 데이터 관리자는 판매 운영 팀의 구성원일 수 있다.

데이터 관리는 복잡하고 교차 기능적인 경우가 많다. 예를 들어 각 판매 부서마다 자체적인 고객 관계 관리$^{CRM, Customer Relationship Management}$ 시스템과 데이터 관리자를 갖고 있고, 모든 시스템의 판매와 고객 데이터를 취합한 데이터 웨어하우스 역시 별도의 데이터 관리자를 갖고 있을 수 있다. 데이터 관리 도구의 가장 중요한 기능은 누가 무엇을 담당하는지 식별할 수 있게 해서 필요할 때 자문하거나, 접근 권한이나 기타 데이터 정책을 승인받을 수 있게 하는 것이다.

소유권이 누구에게 있는지 문서로 남기고 나면 데이터 관리 프로그램 배포 과정의 다음 단계는 데이터 관리 정책을 문서로 기록하는 것이다. 넓게 보면 다음과 같은 측면을 포함한다.

### 접근 권한 제어와 민감 데이터 규정 준수 여부

누가 무엇을 볼 수 있는지. 이는 특히 민감한 데이터를 다루거나 민감 데이터 규정 준수 여부를 따질 때 중요하다. 예를 들어 신용카드 업계에는 민감한 신용카드 정보 취급 방법에 관한 지불카드 업계$^{PCI, Payment Card Industry}$ 규정이 있으며, 미국의 의료 업계는 건강보험 이동성과 결과 보고 책무 활동$^{HIPAA, Health Insurance Portability and Accountability Act}$이라는 정부 규정이 적용되고, 유럽 고객을 가진 모든 기업은 유럽 연합 일반 데이터 보호 규칙$^{GDPR, General Data Protection Regulation}$이라고 불리는 새로운 규정을 준수해야 한다.

### 문서화 또는 메타데이터 관리

이력, 규정 준수 여부 등 각 데이터 세트에 관해 어떤 정보를 문서로 남길지. 금융 업계의 경우 규정 BCBS 239에 바젤 III 준수 요구 사항이 있다. 해당 요구 사항은 기업이 보고하는 모든 금융 데이터의 세부적인 이력 정보를 반드시 보관하도록 규정짓고 있다.

### 데이터 수명주기 관리

보관 정책, 백업 정책 등

### 데이터 품질 관리

수용 가능한 품질 수준과 적용할 데이터 품질 규칙

### 비즈니스 용어 사전

데이터가 대변하는 다양한 용어. 용어 사전에는 이런 용어가 정리되고 문서로 기록
돼 있다. 각 용어의 공식적인 명칭과 설명, 데이터 표현 방법이 나와 있다. 예를
들어 'profit'이라는 용어에 관해서는 이익<sup>profit</sup>을 어떻게 계산하는지가 나와 있
거나, 'customer status' 용어에 관해서는 법적인 혼인 상태를 나열하고 상태별
로 어떤 조건을 만족해야 하는지 나와 있을 수 있다.


## 데이터 사용

데이터를 로딩하고 사용할 준비가 되면 분석가는 보고서 작성, 필요한 분석, 대시
보드 생성 등 여러 작업을 할 수 있다. 관련된 도구는 매우 다양하며, 오픈소스이거
나 무료로 사용할 수 있는 것도 많다.

과거에는 이런 도구들을 크리스털 리포트<sup>Crystal Reports</sup>와 제스퍼 리포트<sup>Jasper Reports</sup> 같
이 출력할 수 있는 형태로 보고서를 만들어주는 보고용 도구, 비즈니스 오브젝트
<sup>Business Objects</sup>와 코그노스<sup>Cognos</sup> 같이 필요한 보고서와 도표를 즉석에서 만들어주는
BI 도구, 인메모리 큐브<sup>cubes</sup>를 만들거나 사용자가 데이터를 차원별로 나누고 분석
할 수 있게 해주는 OLAP 도구 등으로 분류했었다. 이런 큐브를 메모리상에서 구현
하거나(예, 에이버소프트/하이페리온) 관계형 데이터베이스에 필요에 따라 만들기
도(ROLAP라고도 함. 예, 마이크로스트레티지) 했다. 시간이 지남에 따라 이런 기능들
이 하나의 도구로 모이기 시작했으며, 이제 마이크로스트레티지<sup>MicroStrategy</sup>와 같은
도구는 이런 기능 모두를 제공한다.

처음 등장했을 때까지만 해도 이런 도구는 개발자가 보고서, 대시보드, OLAP 큐브 등을 만들고 분석가가 그것으로 작업할 수 있게 설계됐다. 2000년대에 들어와서는 태블로$^{Tableau}$와 클릭$^{Qlik}$처럼 IT 팀이 코딩해서 보고서를 작성할 때까지 기다리지 않고 분석가가 직접 데이터 테이블로 작업할 수 있게 해주는 간단한 도구가 등장하기 시작했다. 이런 도구로 인해 셀프서비스 분석의 시대가 도래 했다. 이에 관해서는 6장에서 다룬다.

## 고급 분석

고급 분석이라는 분야는 엔지니어링에서 보험과 금융에 이르기까지 다양한 업계에서 꽤 오래전부터 있었다. 통계 모델과 예측 모델을 사용해 리스크를 측정하고 실생활 사례를 시뮬레이션해 왔다. 인류학에서 물리학까지 다양한 자연 과학 분야에서 측정, 추론, 예측하는 과정에 통계학을 사용한다. 월스트리트$^{WallStreet}$ 금융 시장 분석가들도 몇 십 년 전부터 자동 거래 모델을 구축해오고 있다. 보험 계리인들은 100년 전부터 리스크와 확률 모델링을 해오고 있다. 데이터 마이닝$^{data\ mining}$이라는 별도의 학문도 컴퓨터 과학 분야에서 20년 전에 생겨났다. 통계와 고급 분석을 위한 전문 도구 시장은 수백만 달러 이상으로 커졌으며, SAS, MATLAB, SPSS(이제는 IBM에 속함) 외에도 여러 전문업체가 있다.

예전에는 통계학자나 과학자들만 하던 고급 분석이 이제는 천천히 주류로 자리 잡고 있다. 엑셀$^{Excel}$과 같이 많은 사람이 사용하는 소비자용 프로그램에서도 이제 선형 회귀와 같은 주요 통계 기능을 제공한다. 더 중요한 것은 많은 소비자용 애플리케이션에서 예측과 통계 모델을 지원한다는 점이다. 주택 가치 계산에 통계 모델을 활용하는 zillow.com과 같은 부동산 웹 사이트에서부터 신용 점수 산정 애플리케이션과 저축, 은퇴 소득 모델을 만드는 데 사용하는 자산 관리 프로그램까지 사람들은 예측 분석 결과를 일상에 접목할 기회를 많이 갖기 시작하면서 일에 접목할 방법을 고민하기 시작했다.

통계학자나 전문 데이터 과학자를 고용하지 않고도 자신의 문제에 고급 분석을 적용하는 비즈니스 분석가, 즉 '시민 데이터 과학자'도 많이 언급되고 있다. 이제는 많은 고등학교에서도 프로그램 코딩 방법을 가르치고 있고, 많은 분석가가 엑셀 매크로macros나 SQL 쿼리뿐만 아니라 간단한 스크립트 언어까지 편하게 다루기 시작하면서 고급 분석은 느리긴 하지만 분명히 '고급' 영역에서 대중적인 영역으로 옮겨가고 있다.

## 결론

2010년대 초까지의 데이터와 데이터 관리 기법의 역사를 간단하게 살펴봤다. 3장에서는 빅데이터 현상과 빅데이터가 기존 데이터 관리 방법에 어떤 영향을 미치는지 살펴본다.

# 3장

# 빅데이터와 데이터 과학 소개

빅데이터의 인기는 2004년에 제프리 딘$^{Jeffery Dean}$과 산자이 게마왓$^{Sanjay Ghemawat}$이 발표한 한 편의 논문 <맵리듀스: 대규모 클러스터에서의 데이터 처리 단순화(MapReduce: Simplified Data Processing on Large Clusters)>에서 시작됐다. 13쪽짜리 이 논문에서 구글 엔지니어 2명은 대규모의 병렬 처리 클러스터$^{cluster}$에서 실행되는 새로운 알고리즘을 통해 어떻게 구글에서 필요로 하는 방대한 색인 작업을 현실적으로 처리할 수 있는 수준까지 떨어뜨릴 수 있었는지 설명했다. 맵리듀스$^{MapReduce}$의 기본 개념은 작업을 병렬로 연결된 매퍼$^{mappers}$와 그 결과를 받아 처리하는 리듀서$^{reducers}$로 나눠 처리하는 것이다. 매퍼에서 하는 기능을 '매핑$^{mapping}$'이라고 부르는 이유는 입력 데이터의 각 요소를 특정 함수와 '매핑'하고 결과는 리듀서가 처리하게 남겨 놓기 때문이다.

예를 들어 각 문서를 단일 노드$^{node}$에 저장한다고 가정했을 때 어느 클러스터의 모든 노드에 저장된 모든 문서의 글자 수를 세려면 수천 개의 매퍼를 병렬로 연결해서 각자 문서의 이름과 글자 수가 나열된 목록을 만들게 하고 결과를 리듀서에 보내게 할 수 있다. 리듀서는 모든 문서명과 각각의 글자 수를 기록한 마스터$^{master}$ 목록을 만들어 각 문서의 글자 수를 더해 전체 글자 수를 계산할 수 있다(그림 3-1). 저장 디스크가 네트워크보다는 훨씬 느리고 매퍼가 문서를 읽어 들이는 것이 리듀서에게 결과를 보내는 것보다 훨씬 느리다고 가정하면 이런 프로그램은 의미 있는 성능 저하 없이 대규모 클러스터로 확장될 수 있다.

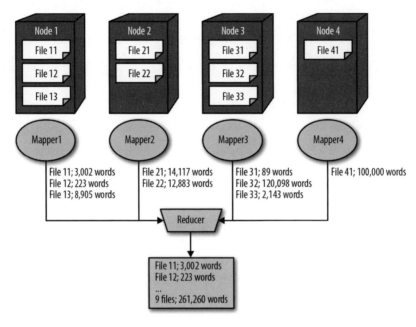

그림 3-1. 맵리듀스의 기본적인 아키텍처

## 하둡: 빅데이터로의 역사적인 움직임을 이끌어내다

구글이 사내에서 사용하던 맵리듀스 도구를 공개하진 않았지만, 발표된 논문에서 자극을 받은 개발자들은 무료 오픈소스open source 도구인 하둡Hadoop을 개발하게 됐다. 하둡은 많은 회사의 빅데이터 처리 기술의 중심으로 빠르게 자리 잡았다.

## 하둡 파일 시스템

맵리듀스에 데이터를 효율적으로 전달하려면 특별한 파일 시스템이 필요하며, 가장 많이 사용하는 것은 하둡 파일 시스템 HDFS, Hadoop File System이다. HDFS는 병렬 처리 성능이 우수하며, 쉽게 구할 수 있고 자가 치료가 가능한 파일 시스템이다. 하지만 관계형 모델 지원을 고려해서 만들어지진 않았다(이후 하둡 위에서 실행되는 SQL과 유사한 인터페이스가 개발되기는 했다). 대신 HDFS는 당시 주목 받던 다른 NoSQL 데이터베이스들과 마찬가지로 정교한 키/값을 기반으로 하는 데이터베이스다.

HDFS는 각 블록의 복사본을 만들어(기본적으로 원본 포함 3개) 각각을 다른 노드에 저장한다. 그래서 하나의 노드에 문제가 생겨도 여전히 2개의 복사본이 남아 있고, 장애를 인식하면 바로 다른 노드에 3번째 복사본을 다시 만들어 전체 개수를 유지할 수 있다. 또한 여러 복사본을 갖고 있으면 필요한 데이터가 있는 노드 중 가장 한가한 노드에 작업을 의뢰할 수 있으므로 부하를 균일하게 유지하는 데도 도움이 된다. 예를 들어 그림 3-2의 파일 11은 여러 노드에 저장돼 있으며, 2개의 블록으로 구성돼 있다. 블록 1은 노드 1, 2, 3에 저장돼 있고, 블록 2는 노드 1, 3, 4에 저장돼 있다. 파일을 다룰 때 블록 1이 필요한 작업은 블록 1이 저장된 노드 중 한곳에서 실행될 수 있는데, 주로 제일 한가한 노드에서 실행된다. 마찬가지로 블록 2가 필요한 작업도 블록 2가 저장된 노드 3개 중 아무 데서나 실행될 수 있다. 노드 중 하나, 예를 들어 노드 3에 문제가 생기거나 다른 이유로 사용할 수 없다면 HDFS는 노드 3에 있던 블록의 복사본 2개를 여전히 다른 노드에서 찾을 수 있고 노드 3 대신 정상 동작하고 있는 다른 노드에 복사본을 추가로 만들게 된다.

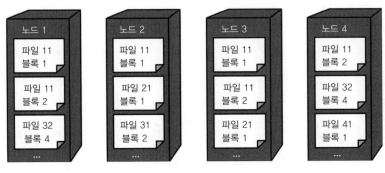

**그림 3-2.** HDFS 분산 저장 예시

## 맵리듀스 잡에서 처리와 저장의 상호작용 방법

앞에서 들었던 글자 수를 세는 예제에서는 모든 파일의 모든 블록에 관한 명단을 가진 잡<sup>job</sup>이 만들어지고, 잡 관리자는 각 블록에 대해 필요한 작업을 해당 블록을 저장하고 있는 노드 중 가장 부하가 적게 걸린 노드에 보내 전체 클러스터의 부하를 균등하게 유지한다. 물론 이런 파일 명단을 만들려면 블록 단위로 흩어진 파일을 다시 모아야 한다. 이런 작업이 단일 노드에게 너무 많은 부하가 된다면 여러 리듀서를 두고 작업을 처리하게 할 수 있다. 특정 파일의 모든 블록에 관한 정보를 같은 리듀서가 받을 수 있게 하려면 맵리듀스에서는 셔플<sup>shuffle</sup>이라고 부르는 단계를 활용한다. 셔플 단계란 키와 값으로 구성된 매퍼의 결과에 같은 키를 가진 모든 작업이 같은 리듀서에게 보내질 수 있도록 키에 특정 셔플 함수를 적용하는 것을 얘기한다. 예를 들어 파일명에서 각 글자의 ASCII 값을 모두 더한 후에 2로 나눠 0 이나 1을 리턴<sup>return</sup>하는 해시 함수가 있다고 하면 해시 결과가 0인 모든 파일은 리듀서 1에 보내고 결과가 1인 파일은 모두 리듀서 2로 보낼 수 있다.

리듀서가 여러 개 있을 때 결과를 하나의 파일로 만들려면 모든 리듀서의 결과를 모아 최종 결과 파일을 만드는 별도의 리듀서가 필요하므로 더 복잡하고 처리 시간도 늘어난다. 그래서 맵리듀스 잡에서는 일반적으로 병렬로 여러 리듀서를 사용할 때 하나가 아닌 여러 결과 파일을 만들어 같은 경로에 저장한다. 그에 따라 대부분의 하둡 컴포넌트component는 파일이 아닌 폴더 단위의 작업을 지원한다. 예를 들어 피그 스크립트Pig script, 하이브Hive 등과 같은 프로젝트project는 입력값으로 파일이 아닌 경로를 기대하며, 지정된 경로 안에 있는 모든 파일을 하나의 '논리' 파일로 취급한다. 그림 3-3에서는 WordCount라는 폴더를 만들어 리듀서 2개의 결과를 서로 다른 이름으로 된 파일에 저장한다. 일반적으로 파일명은 자동으로 생성되기 때문에 특별한 의미를 갖지 않으며, 그것을 입력값으로 사용하는 내부 프로그램 말고는 그대로 사용하지 않는다. 모든 작업은 WordCount 폴더에서 이뤄지며 폴더 전체를 하나의 논리 파일로 취급하게 되는데, 폴더 내의 모든 파일을 순차적으로 연결한 것과 같다.

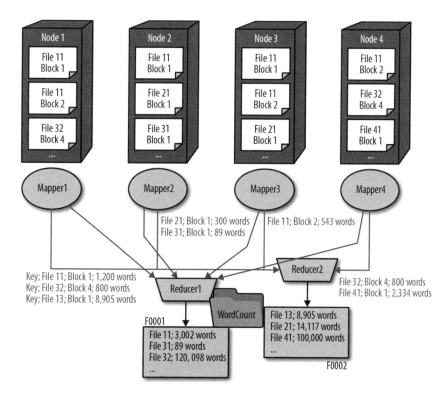

**그림 3-3.** 하둡 매퍼, 리듀서, 파일 저장

대부분 작업을 블록 수준 단위로 하다 보니 하둡은 주로 블록 크기를 크게 잡으며, 기본값<sup>default</sup>은 64 또는 128MB다. 하나의 블록에 하나의 파일만 저장할 수 있어 작은 파일을 저장하는 데 하둡이 효율적이지는 않다. 크기가 1KB인 파일도 하나의 블록, 즉 64 또는 128MB를 전부 사용한다. 그러다 보니 저장 용량을 최적화하고자 순차 파일이 등장하게 됐다. 순차 파일이란 키/값 조합의 집합으로 여러 개의 작은 파일을 하나의 큰 파일에 저장하고자 사용된다. 작은 파일의 이름을 키로 하고 내용은 값으로 저장한다.

맵리듀서 자체는 매우 효율적이고 우아하지만, 그것을 사용하는 개발자는 사용할 논리를 주의해서 만들고 필요한 작업을 적절히 나눌 필요가 있다. 작업량을 제대로 분배하지 못하면 잡 성능이 상당히 떨어질 수 있다. 예를 들어 노드 1,000개로 구성된 클러스터에서 실행되는 매퍼 1,000개가 있는데, 그중 999개의 작업 시간은 5분이지만 마지막 한 개의 작업 시간이 5시간이라면 전체 잡의 작업 시간은 5시간이 된다.

## 읽는 시점 스키마 적용

관계형 데이터베이스에서는 테이블의 스키마(열, 각 열의 이름, 각 열의 유형으로 구성된 목록)를 테이블로 만들 때 정의한다. 데이터를 테이블에 저장할 때 사전에 정의된 구조에 맞게 넣어야 한다. 그러므로 스키마 관리는 매우 엄격하고 조심스럽게 이뤄져야 한다. 데이터가 테이블 스키마에 맞지 않으면 데이터 웨어하우스에 넣거나 저장할 수 없다. 그뿐만 아니라 데이터를 저장하려면 데이터에 맞는 스키마가 필요하므로 적절한 스키마가 정의되기 전까지는 저장할 수 없다.

HDFS는 파일 시스템(사용자에게는 리눅스 파일 시스템과 동일하게 보인다)이므로 다양한 유형의 데이터를 저장할 수 있다. 물론 데이터를 어떤 식으로든 처리하려면 데이터를 스키마나 구조에 맞게 구성해야 한다. 그래서 하둡은 '읽는 시점 스키마 적용' 접근 방식을 채택하고 있다. 즉, 데이터를 읽어야 할 때 스키마를 적용한다. 예를 들어 HDFS에서 사용자는 데이터용 외부 하이브 테이블을 정의할 수 있다. 테이블에 쿼리가 발생하면 하이브는 파일의 데이터를 특정 테이블에 매핑해서 스키마에 맞춘다. 데이터가 스키마에 맞지 않으면 쿼리는 실패한다. 하지만 관계형 데이터베이스와는 달리 데이터는 여전히 HDFS에 저장돼 있어 보존된다. 적절한 스키마를 적용하기 전까지 사용할 수 없을 뿐이다. 이런 접근 방식을 채택하고 있으므로 HDFS에 데이터를 추가하는 것은 최소한의 노력만으로도 가능하다. 확인을 안 해도 되고 스키마를 정의하지도 않아도 된다.

## 하둡 프로젝트

주입에서 관리까지 다양한 기능을 담당하는 프로젝트로 구성된 풍요로운 하둡 생태계가 만들어지고 있다. 표 3-1과 3-2는 예전부터 하둡 배포판에 포함돼 온 인기 프로젝트 중 일부를 나열해 놓은 것이다. 대부분 오픈소스지만, 클라우데라<sup>Cloudera</sup>와 맵알<sup>MapR</sup>의 일부 컴포넌트는 상용 라이선스를 필요로 한다(표 3-1에서 * 표시).

표 3-1. 하둡과 HDFS 관련 인기 설치형 도구

| | 아파치 하둡 | 클라우데라 | 호튼웍스(IBM, 마이크로소프트 애저, 피보탈 포함) | 맵알 |
|---|---|---|---|---|
| 모으기 | 스쿱, 플룸 | 나이파이 | | |
| 관계형 인터페이스/DB | 하이브 | 하이브, 임팔라* | 하이브 | 하이브, 드릴 |
| NoSQL | HBase | HBase, 쿠두 | HBase | 맵RDB(HBase의 일종) |
| 보안 | 레인저 | 센트리* | 레인저 | |
| 거버넌스 | 아틀라스 | 내비게이터* | 아틀라스 | 리세일즈 워터라인* |
| 파일 시스템 | HDFS | HDFS | HDFS | 맵알-FS |

**표 3-2.** 하둡과 HDFS 관련 인기 클라우드 기반 도구

| | AWS | 애저 | 구글 클라우드 플랫폼 |
|---|---|---|---|
| 모으기 | Kinesis | 이벤트 허브 | 클라우드 게시자/구독자 |
| 통합 | 글루 | ADF | 클라우드 데이터플로우 |
| 관계형 인터페이스/DB | 하이브, 프레스토, 레드시프트, 오로라 | 하이브 | 클라우드 스패너 |
| NoSQL | 다이나모DB | 애저NoSQL | 빅테이블 |
| 보안 | | 보안 센터 | |
| 거버넌스 | 글루 | 애저 거버넌스 | |
| 파일 시스템 | EBS, EFS | ADLS | ECFS |
| 오브젝트 스토어 | S3 | 개체 스토리지 | GCS |

하둡 생태계에서 가장 중요한 사건 중 하나는 스파크$^{Spark}$의 등장이었다. 스파크는 맵리듀스가 처음 소개했던 개념을 확장해서 좀 더 빠른 속도와 높은 유연성이 가능하게 했다. 네트워크 속도가 빨라지면서 연산 능력과 저장 공간을 반드시 함께 가져가야 할 필요성이 낮아지면서 등장했다. 스파크는 캘리포니아 대학교$^{UC\ Berkeley}$의 AMP 랩에서 2009년에 처음 소개했으며, 이제는 가장 중요한 아파치 프로젝트의 하나로 자리 잡고 있다. 데이터브릭스$^{Databricks}$에서 상용 지원을 하고 있으며, 모든 하둡 배포판에 포함된다.

스파크의 핵심 개념은 다수의 컴퓨터로 구성된 클러스터 전체에 걸친 대규모 인메모리$^{in-memory}$ 데이터 세트를 구축하는 것이다. HDFS가 클러스터 전체에 걸친 단일 파일 시스템을 만들고자 했다면 스파크는 효율적으로 전체 클러스터를 포함하는 하나의 큰 메모리 공간을 만들게 된다. 스파크를 사용하는 프로그램에게 하나의 데이터 세트로 보이게 되는 탄력 분산 데이터 세트$^{RDD,\ Resilient\ Distributed\ Dataset}$가 스파크의 중심에 있다.

**100**

또한 스파크는 원래의 맵리듀스 모델을 좀 더 일반화했다. 매퍼, 셔플러, 리듀서로 구성된 단일 파이프라인pipeline을 (동시에 여러 개) 사용하는 대신 복합적인 파이프라인을 쓰면 데이터를 같은 단계에 해당하는 여러 곳에 보낼 수 있다. 예를 들어 스파크에서는 한 리듀서의 결과를 다른 리듀서에 쉽게 전달할 수 있다. 하둡에서 이렇게 하려면 복잡하고 번거로운 코딩 작업과 시간이 오래 걸리는 디스크 읽기/쓰기 작업이 필요하다.

스파크는 스칼라 언어로 작성됐지만 인터페이스interface를 통해 자바Java, 파이썬Python, R 등 다른 언어뿐만 아니라 스파크SQLSparkSQL과도 사용할 수 있다. 스파크 SQL은 데이터프레임DataFrame이라는 가상 레이어를 기반으로 한 RDD로의 SQL 인터페이스다.

## 데이터 과학

분석은 서술적인 경우가 많다. 즉, 과거에 일어났던 일을 살펴봐서 전문가가 과거를 바탕으로 미래를 위한 결정을 하게 한다. 사람이 이런 일을 잘하는 경우도 있지만 잘못하는 경우도 있다. 직감이나 개인의 전문성에 의존하는 경우가 많으며, 스스로 한 결정을 검증할 기회는 많지 않다. 반면 어떤 일이 일어나기 전에 그것을 예측할 수 있고 예측한 것을 과거 데이터로 검증할 수 있다면 어떨까? 또한 일부 사용자를 대상으로 실제로 테스트를 해보고 나서 더 많은 사람에게 배포할 수 있다면 어떨까?

데이터 과학data science이 하려는 것은 실제 정보, 즉 데이터를 바탕으로 앞으로 어떤 행동을 하는 것이 좋을지 조언을 하는 것이다. 데이터 과학이라는 명칭조차 이런 근간이 되는 개념을 잘 보여준다. 해당 용어를 처음 만들어낸 DJ 파틸Patil에게 '데이터 과학'이라고 이름을 붙인 이유를 물어봤을 때 파틸은 링크드인에서 새로운 부서를 만든 얘기를 해줬다. 해당 부서는 링크드인의 사용자 경험이나 비즈니스와 관련된 여러 가지 질문의 답을 구하고자 데이터와 고급 분석을 사용하려고 했었다. 이 부서를 무엇이라고 부를지 결정하려고 파틸은 부서에 필요한 사람을 설명하는 공고를 3개 만들었다. 3가지 공고 모두 같은 자리를 위한 것이었고, 같은 요건과 같은 경험을 요구했으며, 동일한 구직 사이트site에 올렸다. 다른 점은 직종의 명칭뿐이었다. 3가지 명칭은 '데이터 과학자', '데이터 분석가', '데이터 엔지니어'였다. 가장 많은 사람이 지원했던 공고가 '데이터 과학자'여서 파틸은 부서의 이름을 '데이터 과학'으로 결정하게 됐다.

이 사례는 흔히 A/B 또는 스플릿split 테스팅이라고 부르는 방법의 좋은 예다. A와 B를 서로 다른 집단에 제공해서 어떤 것이 더 좋은지 철저하게 측정하고 나서 결정하는 방법이다. 링크드인과 구글을 포함한 대부분의 데이터 주도 기업은 코드의 효과성을 측정할 방법 없이는 코드를 배포하지 못하게 하고 있다. 또한 그런 회사에서는 예전부터 새로운 기능을 여러 시장에서 테스트하고 난 다음 전체 사용자에게 배포하고 있었다.

데이터 과학의 중심에는 수학(특히 통계), 컴퓨터 과학(특히 데이터 처리와 머신러닝), 업계나 비즈니스 지식 등이 있다. 데이터 과학자가 해결해야 하는 문제가 무엇인지, 연관된 데이터는 어떤 것이 있는지, 결과를 어떻게 해석해야 하는지 이해하려면 업계 지식이 필요하다. 데이터 과학의 기술적 측면을 다루는 책이나 기사는 많지만, 이 책에서는 규모가 어느 정도 있는 기업에서 실제로 하고 있는 데이터 과학 실행 과정에 초점을 맞추고 있다. 기본적인 개념을 소개하고자 대규모 기업에서 데이터 과학을 어떻게 시작하는 것이 좋은지 컨설팅을 한 경험이 있는 베이지코 쿠르니크Veijko Krunic의 논문을 인용한다.

## 당신의 분석 조직은 어디에 초점을 맞춰야 하는가?

 베이지코 쿠르니크<sup>Veljko Drunic</sup>는 고객이 데이터 과학과 빅데이터를 통해 가장 좋은 비즈니스 결과를 얻을 수 있도록 도와주는 독립 컨설턴트이자 강사다. 포춘 상위 10개 기업에서 초기 스타트업까지 다양한 조직과 일하면서 초기 개념증명 단계에서부터 임무에 반드시 필요한 시스템의 개선까지 빅데이터와 분석 솔루션 전체 수명주기 동안 기업을 인도한 경험이 있다. 고객으로는 VM웨어의 스프링소스<sup>SpringSource</sup> 부서, 호튼웍스<sup>Hortonworks</sup>, 레드햇<sup>Red Hat</sup>의 JBoss 부서 등이 있다. 볼더 시에 있는 콜로라도 주립 대학교에서 컴퓨터 과학 박사 학위와 엔지니어링 관리 석사 학위를 받았으며, 전문 분야는 전략적 계획과 품질 과학 응용 통계다. 6 시그마 마스터 블랙 벨트<sup>Master Black Belt</sup>이기도 하다.

많은 회사가 빅데이터와 데이터 과학에 투자하고 있으며, 마땅히 상당한 비즈니스 효과를 기대한다. 하지만 사용해야 할 빅데이터 시스템과 데이터 과학 기법은 최근 기업용 시장에 등장한 다양한 기술 중 가장 복잡한 것에 속한다. 투입해야 하는 노력이 워낙 크다 보니 조직에서 목표에 맞는 도구와 기법을 선정하기가 어렵다.

이 글을 읽고 있는 독자도 경영자로서 매우 많은 종류의 신규 기술과 개념을 접할 것이다. 딥러닝<sup>deep learning</sup>, HMM, 베이즈 네트워크<sup>Bayesian network</sup>, GLM, SVM 등 감당하기에 너무 많은 용어를 들었을 수도 있다. 빅데이터 기반 시설에 관해서도 스파크<sup>Spark</sup>, HDFS, 맵리듀스, HBase, 카산드라<sup>Cassandra</sup>, 하둡, 임팔라<sup>Impala</sup>, 스톰<sup>Storm</sup>, 하이브, 플링크<sup>Flink</sup> 등 여러 가지 용어를 들어봤을 것이다. 2018년 말 기준으로 호튼웍스 하둡 배포판 하나에만 26개의 아파치 프로젝트가 포함돼 있으며, 아파치 소프트웨어 재단에는 300개 이상의 프로젝트가 등록돼 있다. 또한 생태계에 자리 잡고자 지금도 치열하게 경쟁하고 있는 상용 제품도 수백

가지가 있다. 너무 방대한 정보의 홍수에서 길을 잃기가 쉽다. 기술 수준이 상당한 직원도 감당하기가 쉽지 않다. 이런 영역에 탁월한(아니면 하다못해 실무 수준에서 훌륭한 정도) 지식수준을 가진 데이터 과학자나 아키텍트를 찾기란 쉽지 않다. 시스템 전체에 관한 지식은 팀원들 간에 분산돼 있을 확률이 훨씬 높다. 또한 하려는 것과 유사한 프로젝트를 팀이 해 본 경험이 없을 가능성도 있다.

이 논문은 독자가 경영층 구성원으로서 중요한 질문에만 집중할 수 있도록 도와주고자 썼다. 프로젝트를 최상의 비즈니스 성공의 길로 이끌고 있는지, 아니면 단지 어쩌다 보니 팀이 예전부터 갖고 있었던 지식을 바탕으로 결정된 방향으로만 이끌고 있는지 알 방법은 무엇일까? 프로젝트 전체에 필요한 모든 전문성을 가진 특정한 한 사람이 없을 때 가장 좋은 결과를 낼 영역에 투자하고 있는지 어떻게 알 수 있을까? 또는 프로젝트의 여러 팀에서 성공에 필요한 모든 카드를 갖고 있다고 생각하지만 전체로서 어디까지 알고 있는지, 또는 프로젝트의 전체 범위에 필요한 모든 스킬skill이 있는지 확신할 수 없는 '지식 포커' 게임을 하지 않아도 되는 방법은 무엇일까?

한 가지 확실한 점은 앞에서 언급한 기술들이 많은 프로젝트에 상당히 중요하다는 점이다. 하지만 데이터 과학자나 빅데이터 팀과 얘기를 하는 과정에서 듣는 용어가 이것이 전부라면 시스템 전체를 제대로 보고 있는지, 아니면 당신의 팀이 전체 시스템을 보지 않고 일부 컴포넌트에만 너무 집중하는 것은 아닌지 스스로 물어볼 필요가 있다. 특히 관심 대상이 경영자인 당신에게 필요한 것인지 아니면 당신의 팀이 알고 있는(또는 배우고 싶은) 것인지 다시 한 번 살펴봐야 한다. 전체 시스템 엔지니어링이란 최종 결과를 기준으로 비즈니스와 엔지니어링의 관계를 살펴보는 것이다.

팀이 전체 시스템을 생각하지 않는다고 해서 팀의 잘못은 아니다. 업계 전반적으로 보더라도 지금은 모두가 전체 시스템을 충분히 고려하지 않고 있다고 말할 수 있을 것 같다. 대부분의 발표, 밋업<sup>meetup</sup>, 마케팅 자료는 성공적인 분석을 구성하는 모든 요소 중 극히 일부에 해당하는 기술에만 초점이 맞춰져 있다. 시스템 엔지니어링에는 상대적으로 훨씬 작은 시간을 투자하고 있다. 뿐만 아니라 빅데이터 시스템은 비즈니스 목적에 맞는 엔지니어링 시스템이어야 한다는 단순하지만 근본적인 생각에 대해 업계는 얼마나 얘기하고 있는가?

시스템의 개별 요소에만 초점을 맞추는 현재의 추세를 보여주는 예로, 서로 다른 기법 중 가장 좋은 것을 뽑겠다고 개별 머신러닝 기법의 장단점을 비교하는 논쟁을 들 수 있다. 중요한 결정일 수 있지만 당신의 역할은 전략을 결정하기 전까지는 이런 기술적인 결정에 얽매이지 않도록 하는 것이다.

0에서부터 9까지 손으로 쓴 글자 이미지로 구성돼 컴퓨터가 분류하는 데 사용하는 MNIST 데이터 세트를 예로 들어보자. MNIST 데이터 세트는 현재 컴퓨터 비전<sup>vision</sup> 분야에서 가장 널리 사용하는 데이터 세트일 것이며, 학생들이 하는 실습 프로젝트에서부터 대형 인터넷 기업의 프로젝트까지 다양한 환경에서 개발하는 컴퓨터 비전 알고리즘<sup>computer vision algorithm</sup>을 테스트하는 데 사용한다. 분류의 정확성은 1998년에 에러율 2.4%(상대적으로 단순한 k-최근접 이웃 알고리즘으로 달성)에서 2016년에는 0.21%(여러 심층 신경망을 조합해서 달성)까지 높아졌다(http://yann.lecun.com/exdb/mnist/와 http://rodrigob.github.io/are_we_there_yet/build/classification_datasets_results.html 참고). 18년간 머신러닝 분야의 가장 똑똑한 사람이 에러율을 2.19% 낮추고자 굉장히 열심히 일했다. 이것은 상당한 성과다. 예를 들어 편지 봉투 대부분을 사람이 직접 살펴봐야 했던 과거의 모습에서 컴퓨터 스캐너로 편지 봉투 대부분의 주소를 자동으로 읽어 들일 수 있는 모습으로 발전할 수 있었다.

하지만 당신이 비즈니스 프로젝트를 진행하고 있다면 아무래도 어떤 하나의 분류 알고리즘에 관심을 두지는 않을 것이다. 당신이 물어봐야 할 근본적인 질문은 "그 x% 차이가 프로젝트의 성공에 상당한 영향을 미치는가?"이다. 그럴 경우도 있고, 아닌 경우도 있다. 세상에 알려진 가장 정확한 분류 방법이 필요 없을 때도 있다. 정확성을 조금 올리는 것보다는 단순하게 데이터를 더 수집하는 것이 더 효과가 있을 수 있다.

현실적으로 시스템 엔지니어링의 관점에서는 2개의 대안 중 더 좋은 것을 선택하는 것보다는 회복할 수 없을 만큼의 손실을 주는 요소를 피하는 것이 훨씬 중요하다. 그런 요소는 기법이 될 수도 있고 제품이 될 수도 있다. 시스템의 모든 요소에 가장 좋은 선택을 하지 않는다면 경쟁사에 상당한 이득이 될 수 있고, 그런 선택이 결국에는 당신의 회사를 어쩌면 망하게 할 수도 있다는 것은 분명하다. 하지만 '결국' 어떻게 될지를 생각하기에 앞서 우선은 성공이라는 방향으로 갈 수 있게 해주는 올바른 제품을 개발할 능력을 확보해야 한다.

그리고 빅데이터와 데이터 과학이 중요한 새로운 기술이기는 하지만, 그렇다고 시스템 엔지니어링 베스트 프랙티스best practice를 많이 바꾸지는 않는다. 데이터 과학 팀과 만난 후 다음과 같은 질문을 명확하고 간결하게 대답할 수 있다면 경영자로서 당신은 성공할 수 있는 제품을 만들기 위한 올바른 방향으로 가고 있다고 볼 수 있다.

1. 그들이 얘기하는 데이터 과학이라는 개념이 당신의 비즈니스와 어떤 관계를 갖는가?

2. 당신의 조직은 분석 결과에 따라 행동할 준비가 돼 있는가?(분석을 완료했다고 해서 비즈니스 결과가 마법처럼 나타나지는 않는다. 분석 결과를 바탕으로 필요한 비즈니스적인 행동을 했을 때 나타난다. 프로젝트를 시작할 때와 진행 중일 때 모두 조직이 수행할 수 있는 비즈니스적인 행동은 어떤 것들이 있는지 분명하게 이해하고 있어야 한다)

3. 가장 좋은 '투자 대비 가치'를 얻으려면 머신러닝 시스템의 어디에 투자해야 하는가?

4. 앞의 질문에 답을 하기 위해 팀이 추가 조사를 해야 한다면 정확하게 어떤 조사를 해야 하고, 구체적으로 얻을 수 있는 답은 무엇이고, 조사를 끝내려면 무엇이(기법을 시도해볼 시간, 추가적인 데이터 등) 필요한가?

예측 가능한 결과(또는 가능한 결과 범위)를 제공할 시스템 엔지니어링 작업을 하고 있는지, 아니면 결과는 훌륭하겠지만 그렇다고 예측 가능하거나 판매할 수는 없는 연구 프로젝트를 진행하고 있는지 구별하는 것이 성공의 열쇠다. 두 가지 유형 모두 비즈니스나 산업계에 필요한 곳이 있지만, 분명한 것은 프로젝트가 어떤 유형의 것인지 구별할 수 있어야 한다는 점이다. 또한 팀원이 적절한 프로젝트 유형에 초점을 맞출 수 있도록 당신의 팀을 이끌어야 한다. 앞에서 나열한 질문에 명확하게 대답할 수 없다면 무엇인가 잘못됐다는 것을 인지할 수 있다. 모든 질문에 명확하게 대답을 할 수 있기 전까지는 더 좋은 기법을 적용한다고 해서 당신에게 크게 도움이 되진 않을 수 있다.

전체 시스템 엔지니어링 프로세스는 이 책의 범위를 넘어서지만, 여기서 얘기하고 있는 여러 기법을 적용하면 반드시 필요한 요소 하나는 잘 할 수 있을 것이다. 여기서 말하는 '반드시 필요한 요소'란 당신의 데이터를 이해해야 한다는 것을 공감하게 된다는 점과 데이터를 이해한다는 것은 쉽지만은 않은 과제라는 점이다.

데이터를 데이터베이스나 데이터 레이크에 단지 저장만 한다고 해서 자동으로 데이터 전문가가 된다고 착각하는 팀도 있다. 또한 그러므로 모든 관심을 '다른 더 중요한 문제'에 집중하는 것이 더 타당하게 보일 수 있다. 하지만 실제로는 오늘날 기업에서 데이터를 분류하고 해석하는 것은 매우 복잡한 문제며,

조직은 이런 활동을 하려면 데이터 거버넌스$^{data\ governance}$에 상당한 투자를 해야 한다. 한 가지 분명한 점은 잘못된 데이터를 갖고 있다면 분류 정확도를 2.19% 높이더라도 상황이 좋아지진 않는다는 점이다. 잘못된 데이터를 갖고 일하고 있거나 데이터를 잘못 해석했다면 가능한 한 빨리 방향을 바꿔야 한다. 다행인 것은 그때까지 도구에 투자한 것은 어쩌면 다시 활용할 수도 있을지 모른다는 점이다.

데이터에 맞는 접근 방식을 찾고 적용하는 것은 시스템 엔지니어링의 핵심이며, 프로젝트를 시작하면서 올바른 방향으로 가고 있는지 확인하고자 접근 방식을 평가해볼 필요가 있다.

## 머신러닝

머신러닝$^{machine\ learning}$은 컴퓨터 프로그램을 훈련해서 데이터를 바탕으로 통계 모델을 구축하는 과정을 말한다. 매우 넓고 심도 있는 주제로, 여기서 자세히 다루지는 않는다. 이번 절은 머신러닝이 어떤 것인지 간략하게 소개한다.

머신러닝은 지도학습 또는 비지도학습으로 진행할 수 있다. 지도학습에서는 모델에 학습 데이터를 제공한다. 예를 들어 특정 지역의 주택 가격을 예측하려고 한다면 모델에 과거 주택 판매 데이터를 주고 유사한 주택의 가격을 정확하게 예측할 수 있는 공식을 만들게 된다.

다양한 머신러닝 알고리즘이 예전부터 있었으며, 현재는 많이 이해되고 신뢰받고 있다. 수천 가지의 알고리즘이 있고 그들 모두 언제든지 발전할 수 있다. 선형 회귀와 같이 가장 널리 활용되는 알고리즘은 흔히 사용하는 마이크로소프트 엑셀$^{Excel}$과 같은 프로그램에서도 지원한다. 일반적으로 머신러닝에서 어려운 것은 모델이 아니라 데이터다.

적절한 데이터가 없다면 모델은 당연히 불안정할 수밖에 없다. 테스트 데이터를 대상으로는 좋은 성능을 보여주지만, 실제 데이터를 썼을 때는 정확한 예측을 제공하지 못할 때 그 모델은 불안정하다고 말한다. 많이 사용하는 방법은 과거 데이터를 무작위로 두 개의 데이터 세트로 나눠서 그중 한 개를 사용해 모델을 훈련(훈련 데이터 세트)하고 나머지 한 세트를 갖고 모델이 결과를 제대로 예측할 수 있는 확인(테스트 데이터 세트)하는 방법이다. 이렇게 하면 어느 정도 문제를 잡아낼 수 있지만, 데이터 세트 전체에 편향성이 포함돼 있다면 차후 실제 데이터를 대상으로 모델을 사용했을 때 여전히 불안정할 것이다. 또한 모델을 훈련했을 시점에서의 조건이 바뀌었다면 더 이상 모델을 사용하지 못할 수도 있다. 이런 현상을 '모델 드리프트<sup>model drift</sup>'라고 한다. 예를 들어 앞의 주택 가격 예제에서 새로운 도로나 새로운 상권이 생겨 가격에 상당한 영향을 줄 수 있는데, 그럴 경우 이런 새로운 정보를 고려하도록 모델을 다시 훈련할 필요가 있다.

일반적으로 좋은 모델을 만들려면 올바른 특성을 식별하는 것이 중요하다. 특성은 모델의 입력값으로 결괏값을 판단하는 데 사용된다. 예를 들어 앞의 주택 가격에 관한 예제에서 주변 학교를 고려하지 않았다고 가정해보자. 주소지가 비슷한 주택 2채가 있는데 서로 배정되는 학교가 다른 경우 학교 2곳 중 한 학교가 다른 학교에 비해 월등히 좋다면 주택 가격도 상당한 차이가 날 수 있다. 모델을 학습하는 데 아무리 많은 데이터가 있다고 하더라도 이런 변수를 고려하지 않는다면 가격을 정확하게 예측할 수 없다. 그리고 적절한 특성을 선정했더라도 전체 모집합을 제대로 대변하는 데이터가 있어야 한다. 예를 들어 모든 데이터가 비슷한 수준의 학교를 가진 지역에 관한 것이면 학교 점수가 주택 가격에 영향을 주지 않게 될 것이고 모델은 학교 점수를 무시하도록 훈련될 것이다. 모델을 잘 훈련하려면 수준이 높은 학교를 가진 지역과 수준이 상대적으로 낮은 학교가 위치한 지역이 적절하게 섞인 데이터가 있어야 한다. 특성 엔지니어링<sup>feature engineering</sup>은 모든 데이터 과학자가 수행해야 하는 가장 중요한 임무 중 하나다.

올바른 데이터를 확보하는 것도 중요하지만 데이터의 품질도 중요하다. 문제가 있는 데이터를 쓰면 틀렸더라도 어떤 결과가 나오기 때문에 데이터의 문제를 쉽게 확인할 수 있는 일반적인 분석과는 달리 머신러닝에서는 모델의 안정성에 문제를 일으키지 않는 이상 잘못된 데이터를 찾기가 어려울 수 있다. 예를 들어 배정 학교 정보에 오류가 있었더라도 훈련 데이터 세트와 테스트 데이터 세트 모두에 같은 오류가 반영돼 있었다면 안정적인 모델이 만들어질 것이다. 하지만 학교 배정 정보에 오류가 없는 실제 데이터를 줬을 때는 사용할 수 없는 결과를 얻게 될 것이다.

비학습 지도란 훈련을 하지 않는 머신러닝을 얘기한다. 예를 들어 비지도 머신러닝을 갖고 고객을 분류하는 경우가 많다. 프로그램에게 고객 명단과 많은 고객 정보를 주면 프로그램은 '비슷한' 고객끼리 군집 단위로 분류한다. 지도학습과 마찬가지로 잘못된 데이터로 군집을 분류하면 신뢰할 수 없는 결과를 얻게 되고, 10만 명씩 포함된 7개의 군집을 얻었다면 각 군집에서 무엇이 잘못됐는지 알기 어려울 수 있다. 모델은 매우 복잡해서 사람이 이해하기 불가능하기 때문에 머신러닝에서 설명 가능성이 주요 화제로 떠오르고 있다.

## 설명 가능성

과거에 고객을 분류하기 위해 고용된 데이터 과학자와 흥미로운 대화를 할 기회가 있었다. 고용주에게 자신이 만든 모델의 결과를 제시했을 때 마케팅 부사장은 같은 군집으로 분류된 고객 2명의 기록을 가리키더니 그 2명이 왜 같이 분류됐는지 물어봤다. 데이터 과학자는 그가 사용한 모델 훈련 방법 외에는 다른 설명을 할 수 없었고, 부사장은 분류가 왜 그렇게 됐는지 설명해줄 수 있는 사람이 없다면 그 결과를 토대로 수백만 달러를 투자해야 하는 마케팅 캠페인marketing campaign을 하지는 않겠다고 했다.

설명 가능성<sup>explainability</sup>이 단지 궁금하거나 디버깅을 용이하게 하려고 필요한 것은 아니다. 신뢰에 관한 근본적인 질문이다. 분석 사용자에게 사용하는 모델이 부적절하거나 불법적인 판단을 하지 않는다는 것을 증명하도록 요구하는 경우도 많다. 설명이 난해한 영역에는 차별도 있다. 특정 인종이 다른 인종에 비해 평균적으로 4분의 1 정도의 소득을 올리는 마을이 있다고 가정해보자. 모델이 인종을 하나의 특성으로 여기도록 허용해야 할까? 대부분의 사람(또 차별 금지 법률)은 그러면 안 된다고 할 것이다. 하지만 소득을 기준으로 무언가를 판단하려고 한다면 어떻게 해야 할까? 소득이 많은 사람이 주변 은행이나 가게에서 신용도가 높을 수 있는데, 이런 판단이 나름 공평하고 상식적이라고 생각할 수도 있다. 하지만 사람들이 신용 평가를 받고자 할 때 진짜 소득 수준을 알 수 없다면 어떨까? 가게에서 신용 평가를 위해 소득세나 급여 명세서를 요구하는 경우는 거의 없다. 또한 대상자의 가계 소득은 상당한 수준임에도 임시직이거나 공식적인 소득이 없는 사람일 수도 있고, 검증에 사용할 수 있는 신용 이력이나 점수를 갖고 있지 않은 사람도 있을 수 있다. 그런 경우에는 어떻게 해야 할까?

똑똑한 데이터 과학자라면 이름과 성으로 인종을 추론해 의뢰자가 신고한 소득을 마을의 해당 인종 집단의 평균 소득과 교차 검증해볼 유혹을 느낄 수 있다. 추론한 소득과 신고한 소득의 차이가 크다면 추가적인 신용도 확인 절차를 진행할 수 있다. 이렇게 하는 것이 합법적인가? 인종 차별일까? 신용 평가 담당자는 '컴퓨터'가 추가 신용 확인 절차를 요구하는 이유를 알 방법이 있을까? 데이터 과학자가 의식적으로 인종을 확인하지 않았는데, 알고리즘이 이름과 소득 간의 관계를 의도치 않게 발견했다면 어떻게 해야 할까?

이런 문제 때문에 설명 가능성이 필요하다. 결정하는 과정에서 사용한 변수는 무엇인가? 해당 변수의 값은 무엇이었는가? 설명 가능성은 머신러닝에 있어 어렵지만 전망이 밝은 분야다. 학계뿐만 아니라 FICO와 같은 머신러닝 기업에서도 많은 연구가 이뤄지고 있다.

## 변화 관리

사람들이 살아가는 세상이 똑같이 유지되는 경우는 드물기 때문에 특정 시기의 실제 생활을 제대로 반영했던 모델도 결국에는 예측 능력을 상실하기도 한다. 이런 현상을 모델 드리프트<sup>model drift</sup>라고 한다. 그리고 모델의 결괏값도 예측값이다 보니 실제 사건이 발생하기 전까지는 예측이 얼마나 정확한지, 또 모델이 여전히 가치가 있는지 판단하기 어렵다. 따라서 모델이 계속 정확한 결과를 내려면 지속적인 감시가 필요하다. 드리프트가 보인다면 새로운 데이터로 모델을 다시 훈련할 필요가 있다. 데이터가 드리프트하는 경우도 있다. 예를 들어 정유 업계와 같이 혹독한 조건에서 사용하는 IoT 센서는 망가질 수 있다. 또한 일부가 정확하지 않은 데이터를 보내기 시작할 수 있다. 이런 정보가 모델의 결괏값에 영향을 줘서는 안 된다. 이상한 값이 있는지 확인하고 데이터 드리프트를 감지해서 잘못된 데이터 때문에 모델에 오류가 생기지 않게 해야 한다.

불행한 점은 현재 모델을 새로운 데이터로 다시 훈련하는 것이 항상 안정적인 모델을 가져오지는 않는다는 점이다. 그 원인은 결과에 영향을 줄 수 있는 새로운 변수를 반영하지 못하기 때문이다. 예를 들어 과거에 어느 동네의 주택 가격을 정확하게 예측할 수 있었던 모델은 새로 생긴 고속도로와 해당 고속도로와의 인접성이 가격에 상당한 영향을 준다는 사실을 고려하지 못할 수도 있다. 이 새로운 변수(새로운 고속도로와의 인접성)를 모델에 추가하기 전까지는 모델이 가격을 정확하게 예측하지 못할 것이다. 요약하자면 당시 가장 적절한 머신러닝 알고리즘을 활용해서 계속 새로운 모델을 구축하거나 기존 모델을 다시 훈련할 필요가 있다.

## 결론

고급 분석, 머신러닝, 예측 분석, 추천 시스템<sup>recommendation engines</sup> 등 다양한 새로운 기술이 등장하고 있다. 아직 극복해야 할 과제가 많지만 관련 전망은 매우 긍정적이다. 이런 기술은 자율 주행 자동차에서부터 예전보다 훨씬 개선된 음성 인식과 시각 인식 기술까지, 또한 유전자로 질병을 식별하거나 예방 관리가 가능하도록 IoT 신호를 읽거나, 주택 가격을 예상하는 등 이미 우리 생활의 많은 부분을 바꾸고 있다. 이 모든 과정은 데이터를 바탕으로 진행되는데, 데이터를 얻는 데 엔터프라이즈 데이터 레이크보다 더 좋은 장소가 과연 있을까?

# 4장

# 데이터 레이크 시작

3장에서 언급했듯이 데이터 레이크는 분석가와 데이터 과학자가 가장 쉽게 접근하고 사용할 수 있는 방법으로 기업의 데이터를 저장할 수 있게 해준다. 그렇다면 데이터 레이크를 시작하는 가장 좋은 방법은 무엇일까? 4장에서는 기업이 데이터 레이크를 구축하는 여러 방법을 소개한다.

아파치 하둡<sup>Apache Hadoop</sup>은 데이터 레이크를 구축하는 데 많이 사용하는 오픈소스 프로젝트<sup>open source project</sup>다. 그 외에도 여러 프로젝트가 있고, 특히 클라우드에서 실행되는 것들은 더 많지만, 하둡 기반 데이터 레이크는 데이터 레이크의 장점을 잘 보여주기 때문에 하둡을 기준으로 설명할 예정이다. 우선 하둡은 무엇이며, 또한 데이터 레이크를 지원하는 주요 장점으로는 어떤 것이 있는지 살펴보자.

## 하둡은 무엇이고 왜 사용하는가

하둡은 대규모 병렬 저장소이자 확장성과 가용성이 높은 클러스터<sup>cluster</sup>를 구축할 때 나타나는 여러 어려운 과정을 자동화하는 실행 플랫폼<sup>platform</sup>이다. 자체 분산 파일 시스템, 즉 HDFS를 갖고 있다(맵알과 IBM 등 일부 하둡 배포판은 HDFS 대신 자체 파일 시스템을 제공하기도 한다). HDFS는 클러스터에 있는 데이터의 복사본을 자동으로 만들기 때문에 높은 병행성$^{parallelism}$과 가용성$^{availability}$을 가진다. 예를 들어 디폴트$^{default}$ 사본 인자$^{replication\ factor}$인 3을 사용하면 하둡은 각 블록을 3개의 서로 다른 노드$^{node}$에 저장한다. 그러므로 특정 잡$^{job}$에서 어떤 데이터 블록이 필요하면 스케줄러$^{scheduler}$가 사용할 수 있는 노드는 3개가 있게 된다. 스케줄러는 각 노드에서 실행되는 다른 잡이 무엇인지, 해당 노드에 저장된 다른 데이터는 어떤 것인지 등을 고려해서 어떤 노드를 사용할지 결정한다. 또한 3개의 노드 중 하나에 문제가 생기면 시스템은 남은 2개의 노드 중 한곳에서 현재 잡을 실행하는 한편 동시에 문제가 발생한 노드에 있었던 각 블록의 추가 복사본을 만들도록 스스로 설정할 수 있다.

3장에서 살펴봤듯이 맵리듀스는 HDFS 위에서 실행되도록 구현된 프로그래밍 모델로, 대규모 병렬 애플리케이션을 만드는 데 HDFS가 제공하는 여러 이점을 활용할 수 있다. 맵리듀스는 개발자가 2가지 함수, 즉 매퍼$^{mapper}$와 리듀서$^{reducer}$를 만들수 있게 해준다. 매퍼는 병렬로 실행되면서 각자 데이터를 처리한 결과를 리듀서에게 보내고, 리듀서는 받은 데이터를 조합해서 최종 결과물을 출력한다. 예를 들어 특정 파일의 글자 수를 세는 프로그램은 파일의 특정 블록을 읽어 글자 수를 세고, 파일명과 해당 블록의 글자 수를 결과로 리턴하는 매퍼 함수가 있을 수 있다. 리듀서는 각 매퍼에서 글자 수를 받아 특정 파일을 구성하는 모든 블록의 글자 수를 더해 최종 글자 수를 결과로 리턴$^{return}$한다. 함께 실행되는 서비스인 정렬$^{sort}$과 셔플$^{shuffle}$은 특정 파일에 관한 글자 수 정보가 모두 같은 리듀서로 갈 수 있게 해준다. 하둡의 좋은 점은 데이터의 위치, 각 노드에 어떤 함수를 실행하는 것이 좋을지, 어떤 노드가 문제가 있어 현재 복원 중인지 등은 개별 맵리듀스 잡이 신경 쓰지 않아도 된다는 점이다. 그런 작업은 하둡이 투명하게 관리한다.

모든 하둡 배포판에 포함된 아파치 스파크$^{Apache\ Spark}$는 여러 노드에 걸쳐 많은 데이터를 메모리상에서 바로 처리할 수 있게 하는 실행 엔진을 제공한다. 맵리듀스보다는 스파크가 프로그램을 작성하기 더 효율적이면서 쉽다. 또한 즉흥 처리나 근실시간 처리에 더 적합하며, 랩리듀스와 마찬가지로 HDFS가 주는 데이터 인접성을 활용해 최적의 처리가 가능하다. 스파크는 사용하기 좋은 다양한 모듈을 제공한다. 스파크 프로그램에 SQL 인터페이스를 제공하는 스파크SQL<sup>SparkSQL</sup>도 있고, 데이터프레임<sup>DataFrame</sup>을 통해 다양한 출처의 데이터를 통합 처리할 수 있게 해준다.

그렇더라도 그림 4-1에서 보여주고 있듯이 하둡의 가장 중요한 장점은 다양한 사용 사례를 지원하는 많은 오픈소스와 상용 도구를 지원하는 하나의 플랫폼<sup>platform</sup>이자 생태계<sup>ecosystem</sup>라는 점이다. 가장 핵심적인 프로젝트로는 다음과 같은 것들이 있다.

**하이브**<sup>Hive</sup>

하둡 파일과의 SQL를 닮은 인터페이스

**스파크**<sup>Spark</sup>

인메모리 실행 시스템

**얀**<sup>Yarn</sup>

분산 자원 관리자

**우지**<sup>Oozie</sup>

워크플로<sup>workflow</sup> 시스템

**그림 4-1.** 하둡 아키텍처 예제

하둡이 장기적인 데이터 저장과 관리 플랫폼으로 매력적인 특징은 여러 가지가 있다. 다음은 그중 일부를 나열한 것이다.

### 극단적인 확장성

대부분 기업에서 데이터는 많아지기만 한다. 그리고 그 정도가 기하급수적인 경우가 많다. 이렇게 데이터가 많아진다는 것은 해당 데이터를 처리하는 데 점점 더 많은 연산 처리 능력이 필요하다는 의미를 가진다. 하둡은 노드만 추가하면 계속 확장되도록 설계돼 있다(이것을 흔히 '스케일링 아웃'이라고 한다). 오늘날 야후Yahoo!나 페이스북Facebook과 같은 회사에서는 세계적인 규모를 자랑하는 클러스터를 사용하고 있다.

### 비용 효과성

하둡은 상대적으로 저렴한 기성 하드웨어에서 동작하게 설계됐으며, 운영체제도 리눅스Linux를 사용하고, 별도의 비용이 없는 여러 오픈소스 프로젝트를 활용한다. 그러므로 비용적인 측면에서 매우 효과적이다.

### 모듈 방식

전통적인 데이터 관리 시스템은 분리할 수 없는 하나의 시스템이었다. 예를 들어 전통적인 관계형 데이터베이스는 관계형 쿼리를 통해서만 데이터에 접근할 수 있으며, 누군가 더 좋은 데이터 처리 도구나 더 빠른 쿼리 엔진을 개발했어도 기존 데이터 파일을 활용할 수 없다. 또한 RDBMS에서는 스키마를 철저하게 지켜야 한다. 즉, 데이터를 추가하기 전에 해당 데이터의 구조(스키마)를 먼저 정의해야 하고, 데이터가 변한다면 조심스럽게 구조를 바꿔야 한다. 이런 접근 방식을 '저장 시점 스키마 적용'이라고 한다. 반면 하둡은 처음부터 모듈화를 고려해서 설계됐기 때문에 모든 애플리케이션이 같은 파일을 사용할 수 있다. 예를 들어 관계형 쿼리를 수행하기 위한 하이브나 복잡한 분석용 전용 맵리듀스 잡 모두 같은 파일에 접근할 수 있다. 이런 모듈화로 인해 새로운 데이터 관리 기술도 공개된 인터페이스를 통해 하둡 데이터에 접근할 수 있기 때문에 하둡은 데이터 관리를 위한 장기적인 플랫폼으로 상당히 매력적이다.

**약한 스키마 결함, '읽는 시점 스키마 적용'**

전통적인 관계형 데이터베이스와는 달리 하둡은 데이터를 저장하는 시점에 어떠한 스키마도 강요하지 않는다. 이런 특성 때문에 흔히 말하는 '마찰 없는 주입frictionless ingest'이 가능해진다. 즉, 아무런 확인이나 처리 없이 데이터를 모으는 것이 가능해진다. 저장하는 시점에는 앞으로 데이터가 어떻게 사용될지 모를 수도 있기 때문에 이런 마찰 없는 주입 방식은 사용하지 않을 데이터를 처리하거나 정화하는 데 쓰는 비용을 줄이고, 나중에 나올 신규 애플리케이션에 적합하지 않은 형태로 데이터를 처리하는 오류를 피할 수 있게 해준다. 데이터를 원래 미가공 상태로 보관하다가 나중에 요구 사항과 사용 방법이 확정되고 나서 필요한 작업을 하는 것이 훨씬 효과적이다.

데이터를 위한 장기 저장과 분석 시스템을 구축하고 있다면 당연히 비용 효율적이면서 확장성과 접근성이 좋은 시스템을 구축하길 원하게 된다. 또한 데이터를 추가하는 데 필요한 작업은 최소화하면서 시스템이 나중에 나올 기술, 애플리케이션, 프로젝트를 지원할 수 있는 확장성도 갖길 원할 것이다. 여기서 간단하게 설명했듯이 하둡은 이런 요구 사항을 매우 잘 충족하고 있다.


# 데이터 웅덩이 확산 방지

빅데이터에 대한 관심이 커지고 있다 보니 자신들의 제품이 비즈니스에 당장 도움을 줄 수 있다고 홍보하는 여러 공급사와 시스템 통합 업체들이 나타나고 있다. 그런 업체는 클라우드 기반 솔루션을 통한 빠른 투자 대비 효과를 약속하는 경우가 많다. 프로젝트가 IT 부서의 작업 대기열에 묶여 있어 우선순위와 관심을 받고자 싸우고 있거나, IT 팀이 요청한 작업에 필요한 지식을 갖고 있지 못한 많은 비즈니스 팀에게 이것은 매우 반가운 일이다. IT 팀에게 몇 년 동안 요청해 왔던 프로젝트를 불과 몇 주 혹은 몇 달 만에 받을 수도 있다.

이런 프로젝트 중 상당수는 시작하고 얼마 되지 않아 어느 정도 성공을 거두기 때문에 그것을 보고 다른 팀도 비슷한 프로젝트를 진행하게 된다. 얼마 되지 않아 사내 또는 클라우드에 자신만의 '쉐도우 IT'와 소규모 하둡 클러스터(데이터 웅덩이라고도 함)를 가진 비즈니스 부서가 많아지게 된다. 이런 단일 목적 클러스터는 시스템 통합 업체<sup>SI, System Integrator</sup>나 기업 개발자가 이미 익숙한 기술을 활용해서 구축한 소규모 목적 지향적인 시스템인 경우가 많고, 포함된 데이터는 엄격한 통제하에 수집되기도 하지만 아닌 경우도 있다.

오픈소스 기술의 아쉬운 점은 이런 식의 확산에 부합할 만큼 아직 안정적이거나 표준적이지 않을 수 있다는 점이다. SI 업체가 떠나고 나서 처음으로 주요 기술적 어려움이 나타나면 잡은 실행되지 못하고, 라이브러리는 업그레이드돼야 하며, 기술이 더는 호환되지 않고 만들어진 데이터 웅덩이는 결국 버려지거나 IT 팀에게 다시 떠맡겨진다. 또한 데이터 웅덩이는 독립적인 저장소를 만들기 때문에 하나의 웅덩이에 있는 데이터나 데이터에 대해 작업한 결과를 다시 사용하기가 어렵다.

이렇게 되는 것을 피하려면 기업 입장에서는 첫 번째 단계를 건너뛰고 바로 중앙에 일원화된 데이터 레이크를 구축하는 것을 선호할 수 있다. 그러면 비즈니스 팀에서 하둡이 필요하다고 결정했을 때 프로젝트에 필요한 연산 자원과 데이터는 이미 데이터 레이크에 존재하게 된다. 사전에 저장된 데이터와 함께 관리된 연산 자원을 제공하면서 동시에 사용자에게 셀프서비스를 통한 자율성을 제공하기 때문에 엔터프라이즈 데이터 레이크는 양쪽 모두의 장점을 제공한다. 즉, 관리하기 어려운 요소의 지원과 프로젝트에 필요한 작업(하둡 플랫폼과 데이터 권한 설정을 통해)을 할 때 IT 팀을 기다려야 하는 제약에서 자유로워질 수 있다.

이런 전략이 좋은 방어 수단이고 이런 식으로 접근해야만 할 때도 있겠지만, 빅데이터가 제공하는 모든 이점을 제대로 활용하려면 다음 절에서 설명하는 전략과 함께 사용해야 한다.

## 빅데이터 활용

이번 절에서는 데이터 레이크를 활용하는 대표적인 사례를 살펴본다. 비즈니스 책임자가 다양한 관점에서 빅데이터 적용을 주도하는 기업에서는 데이터 웅덩이(서로 다른 기술로 구축된 소규모 독립적인 클러스터로, 프로젝트에 더는 참여하고 있지 않은 SI가 구축한 경우가 많음)의 확산을 막고자 IT 팀이 주도해서 데이터 레이크를 구축하는 사례가 많다.

빅데이터를 도입하려는 기업이 가장 많이 사용하는 도입 방법에는 다음과 같은 것이 있다.

- 초기에는 기존 기능 중 일부를 하둡으로 넘기고 거기에 데이터를 추가하면서 데이터 레이크로 확장하는 방법

- 데이터 과학 프로젝트로 우선 시작하고 높은 ROI를 보여주고 점차 데이터 레이크로 확장하는 방법

- 처음부터 중앙에 일원화된 형태로 데이터 레이크를 구축하는 방법

독자에게는 어떤 접근 방식이 적절한가? 그 답은 현재 회사의 빅데이터 도입이 어디까지 진행됐는지, 또한 독자의 역할과 이번 절에서 살펴볼 여타 조건에 따라 결정된다.

## 데이터 과학 주도

전체 매출에 영향을 주면서 가시성이 높은 데이터 과학 프로젝트를 선별해서 시작하는 전략은 매우 매력적이다. 데이터 과학이란 데이터에 고급 분석이나 머신러닝을 적용하는 모든 활동을 총칭해서 얘기하는 보편적인 용어다. 데이터 웨어하우스는 주로 전체 비즈니스 효율성의 향상을 약속하는 전략적 프로젝트로 시작되지만, 결국 보고 활동이나 운영 분석을 지원하는 선에서 효과가 제한되는 경우가 많다. 그러다 보니 데이터 웨어하우스는 회사 운영에는 필요하지만, 전략적인 투자라기보다는 어쩔 수 없는 간접비로 보게 된다. 결국 사람들이 감사해 하거나 존중하지 않게 되고, 투자 우선순위에서도 밀린다. 많은 데이터 웨어하우스 담당 팀과 분석 팀에서는 사업과 매출에 의미 있는 영향을 주고 다시 전략적으로 중요한 위치를 차지할 기회로 데이터 과학을 보고 있다.

조직에 데이터 과학자를 들이는 가장 현실적인 방법은 많은 사람이 인지하고 있는 다음과 같은 특징을 가진 문제를 찾는 것이다.

- 잘 정의돼 있고 많이 공감하는 문제

- 빠르고 측정 가능한 결과를 낼 수 있는 문제

- 머신러닝이나 고급 분석으로 해결할 수 있는 문제

- 팀이 쉽게 확보할 수 있는 데이터가 필요한 문제

- 데이터 과학을 적용하지 않고는 해결하기 매우 어렵거나 많은 시간이 필요한 문제

이런 특징을 모두 가진 프로젝트를 찾기가 쉽지 않아 보일 수 있지만, 대부분 조직에는 당장 효과를 확인할 수 있는 가시성이 높은 문제가 많기 때문에 위에 나열한 특징 중 처음 2개는 쉽게 충족시킬 수 있다.

세 번째 특징의 경우 2가지 방법으로 후보를 식별할 수 있다. 즉, 관련 업계 홈페이지나 간행물을 검색해서 머신러닝을 통해 비슷한 문제를 해결한 다른 회사를 찾아보거나, 머신러닝과 고급 분석에 적합한 문제가 무엇인지 선별해줄 수 있는 경험이 많은 컨설턴트의 도움을 받을 수 있다. 하나 이상의 후보 프로젝트를 선정하고 모델이나 기타 머신러닝 기법을 훈련하는 데 필요한 데이터를 식별하고 나면 확보 용이성 측면에서 데이터 세트를 검토해볼 수 있다. 주로 데이터의 소유권이 누구에게 있고, 데이터를 이해하는 사람이 있는지, 데이터를 확보하는 데 기술적 어려움은 어떤 것이 있는지 고려하게 된다.

여러 업계에서 많이 진행하고 있는 데이터 과학 주도 프로젝트에는 다음과 같은 것들이 있다.

**금융 서비스**

거버넌스, 리스크 관리, 준수[GRC] – 포트폴리오 리스크 분석과 관련 규정(바젤 3, KYC, 자금 세탁 금지 등)의 준수 확보 등 포함. 회계 부정 적발, 지사 위치 최적화, 자동 거래 등

**의료 서비스**

거버넌스와 준수, 의료 연구, 환자 치료 분석, IoT 의료기기, 웨어러블[wearable] 기기, 원격 의료 서비스

**제약**

게놈 연구, 프로세스 제조 최적화

**제조업**

IoT 기기 정보 수집, 품질 제어, 예방적 유지 보수, 인더스트리 4.0[Industry 4.0]

**교육**

입학, 학생 성공

**소매**

가격 최적화, 구매 추천, 소비 경향

**애드테크**adtech

자동 응찰, 거래

대상 문제를 선정하고 나면 대부분 조직은 소규모 하둡 클러스터에 우선 투자한다. 이때 클러스터를 데이터 민감도에 따라 사내에 만들거나 클라우드에 만들기도 한다. 그리고 데이터 과학 컨설턴트를 들여와 전체 과정을 수행해보고 데이터 레이크의 가치를 입증하는 결과를 빠르게 만들어낸다.

일반적으로 이런 프로젝트를 2~3개 수행한 후 프로젝트의 성공을 데이터 레이크를 정당화하는 근거로 삼는다. 이런 접근 방식을 '제록스 PARC' 모델이라고 부르기도 한다. 제록스는 '미래 사무실' 연구를 위해 1970년 캘리포니아에 팰로앨토 연구소PARC, Palo Alto Research Center를 설립했다. 1971년에는 PARC 연구원이 향후 몇 년간 제록스 비즈니스의 핵심이 됐던 레이저 프린터를 개발하기도 했다. 이후에도 PARC에서 업계 전체에 영향을 주는 기술을 여러 건 개발했지만, 레이저 프린터만큼 제록스에 성공을 가져다준 기술은 없었다. 데이터 과학을 PARC와 비교하는 이유는 데이터 과학의 결과가 태생적으로 예측 불가능하다는 점을 강조하기 위해서다. 예를 들어 오랫동안 진행한 복잡한 프로젝트가 예측 성공률이 상당히 높은 좋은 모델을 만들어낼 수도 있지만, 기존에 비해 조금밖에 개선되지 않은 모델을 만들어낼 수도 있다. 60%의 확률로 올바른 결과를 예측하는 모델이라면 무작위로 결과를 예측했을 때의 기대 확률인 50%에 비해 10%밖에 개선되지 않은 것이다. 즉, 쉬운 몇 개의 프로젝트에서의 초기 성공이 다른 데이터 과학 프로젝트에서의 혁신적인 성공을 보장하지 않는다.

미래를 위한 투자는 듣기 좋은 말일 수 있다. 대규모 데이터 레이크를 구축해서 데이터를 채우고 성공했다고 모두에게 얘기하고 싶은 유혹이 클 수 있다. 불행한 것

124

은 정확하게 이런 과정을 거쳐 간 몇 곳의 기업과 얘기해 볼 기회가 있었는데, 해당 기업들은 빠르게 놀라운 결과를 내놓는 데이터 과학 파일럿<sup>pilot</sup> 프로젝트를 몇 개 수행했고, 파일럿의 결과를 근거로 수백만 달러의 예산을 확보해 대규모 클러스터를 구축하고 수 페타바이트<sup>petabyte</sup>의 데이터를 저장할 수 있었지만, 그렇게 구축한 데이터 레이크를 현재 사용하거나 추가적인 가치를 얻진 못하고 있었다.

이렇게 분석을 시작점으로 삼는 전략을 따르려고 한다면 다수의 IT와 데이터 과학 선구자들이 공유해준 다음과 같은 권고 사항을 고려해봐야 한다.

- 데이터 레이크를 구축하는 과정 중 계속해서 가치를 보여줄 수 있는 전망 좋은 데이터 과학 프로젝트를 다수 확보하라. 가장 이상적인 방법은 데이터 레이크 전체를 구축하는 전체 기간의 4분의 1 지점마다 중요한 가치를 보여줄 수 있도록 프로젝트를 배치하는 것이다.

- 다른 작업을 데이터 레이크로 옮겨와 가능한 한 빨리 원래 데이터 과학 프로젝트 외의 사용 사례로 데이터 레이크를 확장하라. ETL이나 거버넌스와 같은 운영 작업에서부터 단순 BI나 보고 등에 데이터 레이크를 사용할 수 있다.

- 처음부터 모든 것을 하려고 하지 마라. 가치를 계속 보여주면서 클러스터에 다른 데이터를 계속 추가하라.

- 데이터 레이크를 사용하는 부서, 팀, 프로젝트를 늘려가는 것에 집중하라.

요약해보면 데이터 과학을 발판으로 데이터 레이크로 가는 방법은 매력적이다. 전체 매출에 영향을 주기도 하며, 비즈니스 프로젝트의 가치와 데이터 및 데이터 팀이 제공하는 서비스의 가치로 ROI를 얻을 수 있다. 성공적인 데이터 레이크를 구축하는 데 가장 중요한 점은 데이터 레이크가 더 많은 사용 사례를 확보하거나 더 많은 팀과 프로젝트에 가치를 제공할 수 있을 때까지 팀이 계속해서 가치를 증명할 수 있는 프로젝트를 확보할 수 있느냐 하는 점이다.

## 전략 1: 기존 기능 가져오기

빅데이터 기술의 가장 큰 장점 중 하나는 비용이다. 비슷한 성능과 용량을 가진 관계형 데이터 웨어하우스보다 10분의 1 혹은 그보다 더 적은 비용이 든다. 데이터 웨어하우스는 작아지지 않고 커지기만 하며, IT 예산에 이런 확장이 고려된 경우가 많기 때문에 데이터 웨어하우스를 무작정 키우는 대신 일부의 기능을 가져오는 것이 상당히 매력적일 수 있다. 이런 접근 방식의 장점은, 프로젝트의 성공은 전적으로 IT에 따라 결정되고 관련 비용도 전부 IT 예산에서 나오다 보니 별도의 비즈니스 스폰서가 필요 없다는 점이다. 즉, 이렇게 진행하는 것이 비즈니스 사용자에게는 별다른 영향을 주지 않는다.

일반적으로 빅데이터 시스템으로 보내는 작업은 ETL(추출, 변환, 로드) 중 T(변환) 부분이다.

대규모 병렬 데이터 웨어하우스를 제공하는 기업 중에서는 테라데이터$^{Teradata}$가 선구자다. 테라데이터는 데이터 웨어하우스에 데이터를 로드하는 방식으로 오랫동안 ELT를 지지해 왔다. 즉, 데이터를 추출해서 테라데이터의 데이터 웨어하우스에 로드한 상태에서 테라데이터의 강력한 다중 노드 엔진을 통해 변환하는 방식이다. 보통 ETL 도구가 필요한 만큼의 변환을 처리할 수 있는 확장성을 갖지 못했기 때문에 이런 접근 방식이 널리 도입됐다. 반면 빅데이터 시스템은 용량을 쉽고 비용 효율적으로 처리할 수 있다. 그러다 보니 테라데이터는 이제 빅데이터 프레임워크, 즉 하둡에서 변환한 다음 쿼리와 분석을 위해 테라데이터의 데이터 웨어하우스에 로드하는 방식을 지지하고 있다.

또한 테이블 형태가 아닌 데이터의 처리도 하둡이 하게 하는 경우가 많다. 웹 로그에서부터 트위터$^{Twitter}$ 피드까지 데이터를 만들어내는 최근 시스템 중 상당수는 테이블 형태가 아닌 데이터를 만들어낸다. 열과 행이 고정된 관계형 데이터 대신 복잡한 데이터 구조와 다양한 레코드$^{record}$를 가진다. 이런 유형의 데이터를 관계형 쿼리가 가능하게 관계 형태로 전환하고 데이터 웨어하우스에 로드하는 대신 하둡에서는 매우 효율적으로 원래의 형태로 처리할 수 있다.

일반적으로 빅데이터 플랫폼으로 옮기는 3번째 부류는 실시간 처리 또는 스트리밍 처리다. 메모리상에서의 다중 노드 대규모 병렬 처리가 가능하게 하는 스파크와 같은 신규 기술, 카프카Kafka와 같은 메시지 큐잉 시스템message queuing system은 실시간 분석, 복합 이벤트 처리CEP, Complex Event Processing, 대시보드 등을 위한 대규모 데이터 처리를 메모리상에서 바로 하는 방식의 매력을 높여준다.

마지막으로 빅데이터 솔루션은 예전 기술보다 상대적으로 매우 적은 비용으로 기존 프로젝트를 확장할 수 있게 해준다. 얘기해 본 회사 중에는 복잡한 회계 부정 적발 처리 과정을 하둡으로 옮긴 곳도 있었다. 하둡은 관계형 데이터베이스와 같은 연산 자원으로 10배의 데이터를 10배 빠르게 처리할 수 있었고, 훨씬 더 정확한 모델을 만들기도 하고 탐지 확률도 상당히 높여줬다.

데이터 레이크로 옮겼을 때의 효과를 보여주는 예로 기기를 만드는 대형 제조사를 들 수 있다. 해당 기기는 공장에 매일 자신의 로그log를 보낸다(이런 로그를 '콜 홈 로그'라고 한다). 제조업체는 로그를 처리해서 예측 모델에 사용하고자 전체 중 2%만 관계형 데이터베이스에 저장해 왔다. 모델은 특정 기기에 언제 문제가 생길지, 언제 유지 보수가 필요할지 등을 예측한다. 로그 형태나 내용이 바뀌거나 분석가가 예측 모델을 만드는 데 새로운 데이터가 필요할 때마다 개발자는 처리 로직logic을 바꿔야 했고, 분석가는 분석에 필요한 만큼의 데이터를 확보하고자 길게는 수개월을 기다려야 했다. 이 회사가 하둡을 사용하면 예전에 2%를 저장하는 데 사용했던 비용의 일부만으로도 모든 로그 파일을 저장할 수 있게 된다. 그리고 분석가는 필요한 과거 데이터도 모두 수집할 수 있기 때문에 내부 데이터 품질 프로젝트뿐 만 아니라 고객 응대에 필요한 새로운 분석도 빠르게 진행할 수 있게 된다.

IT가 이런 자동 처리 과정을 빅데이터 프레임워크로 옮기고 대규모 데이터 세트도 모으고 나면 데이터 과학자와 분석가가 모든 데이터를 사용할 수 있게 해줘야 한다. 자동 처리에서 데이터 레이크로 가려면 일반적으로 다음과 같은 단계를 거친다.

- 자동 잡에서 처리하지 않는 데이터를 추가해서 포괄적인 데이터 레이크를 만든다.

- 프로그래머가 아닌 사람도 데이터에 접근해서 데이터 시각화visualization, 보고서, 대시보드, SQL 쿼리 등을 만들 수 있게 한다.

- 분석가가 도입하는 과정이 원활하게 진행될 수 있도록 포괄적이면서 검색이 용이한 카탈로그를 제공한다.

- 데이터 접근, 민감한 데이터 처리, 데이터 품질, 데이터 수명주기 관리 정책 적용을 자동화한다.

- 분석가가 하는 작업이 실행되고 있는 자동 잡의 서비스 수준 협약SLA에 영향을 미치지 않도록 우선순위에 따른 실행과 자원 관리 전략을 세운다.

## 전략 2: 신규 프로젝트를 위한 데이터 레이크

기존 기능의 일부를 옮기기보다는 신규 프로젝트에 빅데이터 플랫폼을 사용하는 기업도 있다. 데이터 과학, 고급 분석, 머신 데이터와 IoT 기기의 로그 처리, 소셜 미디어 고객 분석과 같은 프로젝트가 대상이 될 수 있다. 이런 프로젝트는 데이터 과학 팀이나 비즈니스 담당 팀이 주도하며, 소규모 단일 목적 빅데이터 환경인 데이터 웅덩이로 시작하는 경우가 많다. 사용 사례가 늘어남에 따라 결국 완전한 데이터 레이크로 진화한다.

신규 운영 프로젝트로 시작하는 방법은 기존 프로젝트의 일부를 옮기는 방법과 여러 측면에서 비슷하다. 신규 프로젝트의 장점은 회사에 새로운 가시성을 제공한다는 점이다. 단점은 추가 예산이 필요하다는 점이다. 또한 그 원인이 데이터 레이크에 있지 않더라도 프로젝트가 실패하면 회사가 생각하는 빅데이터 기술과 그 적용에 부정적인 영향을 미칠 수 있다.

## 전략 3: 일원화된 거버넌스 확립

정부와 업계 규정이 많아지고, 그런 규정의 집행이 점점 강화되면서 거버넌스가 많은 기업의 주요 관심 대상이 되고 있다. 거버넌스는 정부와 기업 규정을 잘 준수하는 데이터를 사용자에게 보안과 관리가 잘된 형태로 제공하는 것을 목표로 한다. 주로 민감한 개인정보 관리, 데이터 품질, 데이터 수명주기, 메타데이터, 데이터 이력 등과 관련 있다(관련해서는 6장에서 자세히 살펴본다). 거버넌스는 정부와 기업 규정의 준수를 다루고 규정은 기업의 모든 시스템을 대상으로 하기 때문에 거버넌스는 기업이 일관된 정책을 시행할 수 있게 해준다. 불행한 점은 동일한 거버넌스 정책을 각기 다른 기술로 각기 다른 팀에서 관리하는 여러 시스템에 일관되게 적용한다는 것이 대부분 기업에게 너무 어려운 문제일 수 있다는 것이다.

데이터 거버넌스 전문가들은 빅데이터와 하둡을 먼 미래에 걱정해야 할 문제로 여기기도 한다. 그들은 새로운 기술을 걱정하기 전에 우선 기존 시스템에 데이터 거버넌스 정책을 제대로 시행할 필요가 있다고 생각한다. 이런 생각은 나름대로 의미가 있지만, 기업이 일원화된 거버넌스와 준수를 정착하기 위한 비용 효율적인 플랫폼으로 하둡을 활용할 기회를 놓치게 하는 것일 수도 있다.

과거에는 거버넌스를 위해 시스템 담당 팀을 설득해서 거버넌스 정책에 맞게 시스템을 수정하는 데 제한된 인적 자원을 사용하고, 또한 그런 정책과 관련된 규칙, 검토, 감사를 실행하고자 비싼 연산 자원을 할당하게 해야 했다. 하지만 그렇게 하지 않고 시스템 담당 팀에게 도구를 통해 일관된 거버넌스 정책을 적용할 수 있도록 데이터를 하둡으로 모으게 하는 것이 훨씬 간단하면서도 비용 효율적인 방법일 수 있다. 이런 접근 방식은 다음과 같은 장점을 가진다.

- 일관적인 데이터 품질 기술과 데이터 품질 규칙으로 데이터를 분류하고 처리할 수 있다.

- 같은 데이터 보안 도구들로 민감한 데이터를 식별하고 처리할 수 있다.

- 시스템 전반에 걸쳐 동일한 방법으로 보유하고 전자 디스커버리[eDiscovery] 기능을 실행할 수 있다.

- 하나의 시스템을 기준으로 준수 보고서를 작성할 수 있다.

또한 하둡과 같은 파일 기반 빅데이터 시스템은 바이모달[bimodal] IT에 잘 부합한다. 바이모달 IT에서는 서로 다른 정도의 거버넌스가 적용되는 영역을 설정하도록 권장한다. 미가공 데이터와 처리된 데이터용의 별도 영역을 만들어 유지하기 때문에 데이터 레이크는 하나의 클러스터 내에서도 여러 수준의 거버넌스가 가능하게 한다.


## 자신에게 가장 맞는 전략은 무엇인가?

앞에서 언급한 전략 모두 성공적인 데이터 레이크로 가는 길을 제시해줄 수 있다. 하지만 자신에게 가장 적절한 길은 무엇일까? 일반적으로 자신의 역할, 예산, 확보할 수 있는 인재를 고려할 필요가 있다. 스스로 집행할 수 있는 예산을 활용해 데이터 레이크를 시작하는 방법이 가장 쉬울 수 있다. 하지만 어떻게 시작하든 데이터 레이크가 본격적으로 도입되고 유지되려면 기업의 많은 분석가가 만든 데이터 레이크를 자신의 프로젝트에 사용하도록 설득할 계획을 세워야 한다.

자신이 IT 경영진에 속해 있거나 빅데이터 챔피언[big data champion]이라면 그림 4-2의 결정 트리[decision tree]가 데이터 레이크 전략을 세우는 데 도움이 될 것이다.

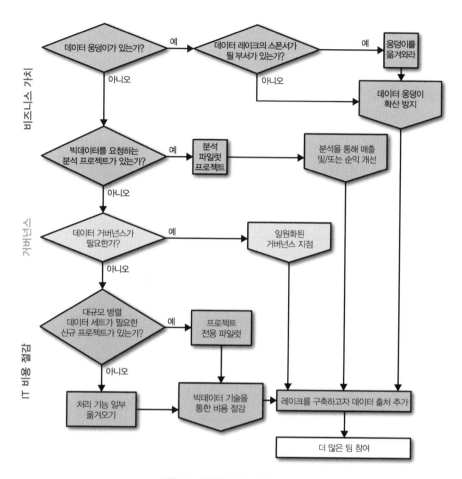

**그림 4-2.** 데이터 레이크 전략 결정 트리

넓게 봤을 때 다음과 같은 절차가 이뤄진다.

1. 데이터 웅덩이가 있는지 파악한다(즉, 각 비즈니스 팀이 자체적으로 하둡 클러스터를 사용하고 있는가?).

   a. 있다면 일원화된 클러스터로 옮기는 것에 찬성할 프로젝트가 있는가?

   i. 그런 프로젝트가 있다면 일원화된 중앙 클러스터를 만드는 근거로 해당 프로젝트의 예산을 활용하라.

ii. 그런 프로젝트가 없다면 데이터 웅덩이 확산 방지를 데이터 레이크의 근거로 삼아라. 기존 확산 사례(예, 데이터 마트, 보고용 데이터베이스)를 예제로 활용하라. 승인받지 못하면 데이터 웅덩이에 문제가 생길 때까지 기다려라. 오래 걸리진 않을 것이다.

　b. 데이터 웅덩이가 없다면 빅데이터나 데이터 과학을 요청한 부서가 있는가? 없다면 스폰서가 돼 달라고 설득할 수 있는 부서가 있는가?

2. 결과를 얻기가 상대적으로 수월한 프로젝트를 찾아라. 리스크는 낮으면서 가시성은 높은 프로젝트를 식별하라.

3. 팀당 둘 이상의 프로젝트, 또한 팀도 둘 이상 찾아 성공 확률을 높여라.

4. 데이터 과학/분석 전략을 따르라.

　a. 빅데이터 프로젝트의 스폰서를 맡아 줄 만한 부서가 없다면 데이터 거버넌스는 필요한가? 필요가 있다면 일원화된 거버넌스 지점으로부터 승인받아라.

　b. 모든 것이 없다면 진행되고 있는 주요 프로젝트를 검토해서 대규모 병렬 처리나 대규모 데이터 세트가 필요하고 하둡을 사용했을 때 비용적인 측면에서 이득을 볼 수 있는 프로젝트를 식별하라.

5. 마지막으로 데이터 레이크로 옮길 수 있는 작업을 찾아내라.

## 결론

데이터 레이크에 도달할 방법은 여러 가지가 있다. 모든 경우가 다르겠지만 성공적으로 배포된 사례가 공통적으로 갖는 몇 가지 특징이 있다. 명확하면서 세부적인 계획, 열정을 가진 초기 습득자 채용, 즉각적인 가치 제공 등이 그것이다.

# 5장

# 데이터 연못/빅데이터 웨어하우스에서 데이터 레이크로

30년 전 처음 등장했을 때만 하더라도 데이터 웨어하우스는 기업의 모든 데이터를 미래의 다양한 분석에 사용할 수 있도록 보관하는 수단을 목표로 구성됐지만, 지금은 대부분 가장 중요한 소수의 분석에만 사용할 수 있는 고품질 데이터만 저장하는 공간으로 활용되고 있다. 저장해야 할 데이터가 너무 많고 다양하다 보니 감당할 수 없는 경우가 많았다. 데이터 웨어하우스 중 테라데이터와 같은 일부 고급 시스템은 상당한 수준의 확장성을 제공하긴 했지만, 결국 상당한 비용이 있어야 가능했다. 많은 시간과 노력이 데이터 웨어하우스 시스템의 성능을 조정하는 데 투입됐다. 새로운 쿼리를 만들거나 기존 스키마를 바꾸는 것 모두 철저한 아키텍처 검토와 많은 단계로 구성된 승인과 테스트 과정을 거쳐야 가능했다. 데이터 웨어하우스에 데이터를 채우기 위한 ETL 잡<sup>job</sup>도 마찬가지로 조심스럽게 구성하고 조정했으며, 기존에 없었던 새로운 형태의 데이터가 등장하면 기존 잡을 수정해야 했기 때문에 결국 비슷한 수준의 검토와 테스트 절차가 이뤄져야 했다. 그러므로 즉흥적인 쿼리나 스키마 변경은 힘들었으며, 결국 데이터 웨어하우스의 유연성은 낮을 수밖에 없었다.

데이터 레이크는 혁신적인 확장성, 유연성, 미래 대응성, 최종 사용자의 셀프서비스 등을 통해 기업 데이터 저장소가 처음에 약속했던 사항을 충족시킨다. 5장에서는 빅데이터 기술로 구현한 데이터 웨어하우스인 데이터 연못<sup>data pond</sup>을 먼저 살펴보고, 연못(혹은 연못으로 구성된 데이터 레이크)이 기존 데이터 웨어하우스를 통해 기업이 하고 싶었던 기능을 어떻게 제공하는지 설명한다.

데이터 레이크는 다양한 유형의 데이터를 적절한 방식으로 저장하기 때문에 기업 데이터를 보관할 이상적인 저장소가 될 수 있으며, 또 하나의 대규모 병렬 상호 운용 시스템 내에서 여러 처리 시스템을 함께 사용하기 적합하다. 데이터 웨어하우스에는 추가하기 힘들거나 불가능한 데이터를 데이터 레이크에 추가하는 방법, 데이터를 만드는 여러 시스템과 데이터 레이크를 통합하는 방법, 다른 시스템에서 데이터 레이크의 데이터를 사용하는 방법을 다룬다.

## 데이터 웨어하우스의 핵심 기능

데이터 레이크는 기존 데이터 웨어하우스를 보완하거나 대체하는 것을 목표로 하는 경우가 많고, 기업 데이터를 수집하기에는 데이터 웨어하우스가 가장 좋은 장소다. 그러므로 데이터 웨어하우스가 특정 기능을 왜 그런 방법으로 수행하는지, 데이터 레이크는 그런 기능을 수행하는 데 있어 어떤 제약이 있는지, 그런 제약을 극복하려면 어떤 빅데이터 기술을 활용할 수 있는지 이해하는 것이 중요하다.

원래 데이터 웨어하우스의 비전은 과거 데이터를 미래에 사용할 수 있도록 모두 보관하는 것이었다. 개념이 점차 확립됨에 따라 데이터 웨어하우스는 철저히 통제된 스키마와 오랜 변경 과정으로 구성된 높은 수준의 관리가 필요한 시스템이 돼 갔다. 현재의 데이터 웨어하우스는 다양한 시스템의 많은 과거 데이터를 읽어야 하는 분석을 지원하는 데 초점을 맞춘 경우가 많다. 그러다 보니 데이터 아키텍트는 다음 사항을 확인해야 한다.

- 데이터는 고성능 분석이 가능하도록 정리돼 있어야 하는데, 주로 차원 모델을 구성해서 정리하며 그 결과 스타 스키마가 만들어진다. 또한 비용이나 성능과 관련된 제약으로 인해 데이터 웨어하우스에 과거 데이터를 모두 보관하기 어렵기 때문에 오래된 데이터는 압축하거나 별도의 아카이브 archive에 보관한다.

- 여러 시스템의 데이터를 일관된 방법으로 분석할 수 있어야 한다. 차원 통일, 조화, 정규화 등의 방법을 통해 여러 시스템의 데이터를 일관된 형태로 전환해서 달성한다.

- 과거 분석의 정확성을 유지하는 방법으로 변경을 관리해야 한다. 주로 2장에서 설명한 느린 변경 차원 기법을 통해 달성한다.

- 데이터가 깨끗하고 일관적인지 확인해야 한다. 데이터 품질 도구와 기법을 활용해 달성한다. 관련 내용은 2장에서 언급했었다.

4장에서 설명한 것처럼 데이터의 출처가 되는 소스source 시스템의 데이터를 데이터 웨어하우스에 저장할 수 있는 형태로 만들고자 ETL(추출, 변환, 로드) 작업을 사용한다. 이런 전환 작업은 데이터 웨어하우스 안에서 이뤄지거나 외부에서 이뤄질 수도 있다. 외부에서 진행할 경우 여러 ETL 도구를 사용할 수 있으며, 도구의 상당수는 출시된 지 수십 년이 더 된 것들이다. 안에서 진행하는 경우 먼저 미가공 데이터를 창고에 로드load하고 나서 데이터 웨어하우스의 SQL 스크립트를 통해 변환한다. 이런 기법을 ELT(추출, 목표 데이터 웨어하우스에 로드, 변환)라고 한다. 두 가지 모두 데이터 품질 도구를 ETL 도구에 통합해 처리 과정에 포함해서 실행하는 경우가 많다.

빅데이터 기술을 기반으로 하는 데이터 연못과 레이크는 확장성과 비용 효율성이 상당히 좋기 때문에 데이터 웨어하우스의 성능과 용량 제약을 쉽게 극복할 수 있다. 그러다 보니 데이터 웨어하우스와는 달리 성능을 높이고자 과거 데이터에 대한 차원 모델을 구축하거나 압축(요약)할 필요가 없다. 하지만 과거 데이터 분석의 측면에서 봤을 때 데이터 웨어하우스가 겪었던 어려움 중 상당수는 여전히 존재한다. 다음은 그중 대표적인 것들이다.

- 분석용 데이터 모델 구성

- 여러 시스템의 데이터를 일관된 형태로 전환

- 데이터 이력을 잃어버리지 않고 변경 관리

데이터를 나중에 사용하고 대규모로 분석하기에 이상적인 보관 장소로만 데이터 연못과 레이크를 생각할 수 있다. 하지만 하둡 같은 빅데이터 기술을 활용하기 때문에 연못과 레이크는 많은 데이터를 변환하기에도 좋은 장소가 될 수 있다. 데이터 웨어하우스 스키마를 만들기 위한 변환 작업(ETL 오프로딩이라고 함)을 하다가 데이터 연못을 만들기 시작하는 경우가 많다. 미가공 데이터와 데이터 웨어하우스의 변환된 데이터 모두 분석에 적합한 형태로 전환하면서 데이터 연못으로 발전하게 되고, 이후 원래는 데이터 웨어하우스에 연결되지 않았던 내부 소스 시스템과 외부 시스템까지 연결된 완전한 데이터 레이크로 확장된다.

데이터 연못이 앞에서 언급한 여러 가지 과제를 어떻게 극복하는지 살펴보기 전에 먼저 데이터 웨어하우스의 관점에서 이런 과제를 다시 한 번 살펴보자.


## 분석용 차원 모델링

2장에서 살펴봤듯이 관계형 데이터베이스를 기업 자원 관리[ERM, Enterprise Resource Management] 시스템이나 고객 관계 관리[CRM, Customer Relationship Management] 시스템 같은 운영 시스템과 애플리케이션을 지원하는 데 사용하는 경우 주로 고도로 정규화된 데이터 모델에 데이터를 보관한다. 운영 시스템은 작은 단위의 읽기와 쓰기 작업을 여러 번 나눠서 하는 경향이 있다. 이것이 정규화된 데이터 모델을 사용하는 이유 중 하나다. 정규화된 데이터 모델은 최소한의 중복과 필드 개수를 유지하려 한다. 정규화는 데이터 갱신과 읽기 속도를 매우 빠르게 할 뿐만 아니라 데이터가 일관되지 않을 위험성을 줄여준다.

반면 대부분의 데이터 웨어하우스는 모든 테이블이 가능한 한 많은 관계 특성을 저장하는 비정규화 데이터 모델을 선호한다. 그러면 분석 애플리케이션은 필요한 모든 데이터를 한 번에 처리할 수 있다. 또한 일반적으로 데이터 웨어하우스에는 서로 스키마가 다른 다양한 소스와 애플리케이션의 데이터를 저장하다 보니 모든 소스의 데이터를 공통적인 스키마로 바꿔야 한다.

관련 내용은 2장에서 구체적으로 살펴봤지만, 핵심만 다시 얘기하자면 데이터 웨어하우스에서 많이 사용하는 데이터 모델은 스타 스키마star schema다. 스타 스키마는 분석 대상 요소(예, 고객, 시간, 제품)를 대변하는 차원 테이블과 그런 차원과 관련된 활동(예, 주문 내역)을 대변하는 하나 이상의 팩트fact 테이블로 구성된다.

문제가 되는 점은 데이터 소스에 따라 같은 정보를 표현하는 방법이 다른 경우가 많다는 점이다. 예를 들어 한쪽 시스템에서는 주소를 도로명, 도시, 주 등 여러 필드에 나눠 저장하지만, 다른 시스템에서는 하나의 필드에 주소 전체를 저장하고 있을 수 있다. 마찬가지로 고객의 생년월일을 보관하는 시스템이 있는 반면, 고객 나이를 가진 시스템도 있을 수 있다. 이런 경우 데이터를 데이터 웨어하우스가 기대하는 형태에 맞도록 변환하는 작업이 필요하다. 예를 들어 모든 주소 관련 필드를 합치거나 고객의 생년월일로 현재 나이를 계산해야 할 수 있다. 모든 소스 시스템에서 데이터를 기대하는 것과 동일한 차원 테이블에 같은 형태로 보관하고 있다면 테이블은 순응conforming 테이블이라고 한다.

## 다양한 소스의 데이터 통합

현재 사용하는 대부분의 ETL 도구는 대략 20년 전 데이터 웨어하우스 움직임의 일환으로 개발됐다. 이런 ETL 도구는 다양한 운영 시스템과 서로 다른 스키마와 유형의 데이터를 하나의 공통 스키마로 전환하려는 목표로 만들어졌다. 따라서 이런 ETL 도구들이 가장 먼저 해결하고자 했던 문제는 앞 절에서 얘기한 운영 시스템이 선호하는 정규화된 스키마로 된 각 레코드를 데이터 웨어하우스가 기대하는 비정규화 스키마로 전환하는 것이었다.

그다음으로 해결하려고 했던 문제는 여러 운영 프로그램의 데이터를 하나의 공통 스키마와 형태로 전화하는 문제, 즉 앞 절에서 얘기한 것처럼 데이터가 '순응'하게 하는 것이었다. 2장에서는 ETL 잡으로 운영 시스템의 고객 데이터 형태를 데이터 웨어하우스의 고객 차원 테이블에서 기대하는 형태로 전환하는 예제를 살펴봤다 (그림 2-7 참조).

일반적으로 데이터 웨어하우스에는 각자의 스키마로 된 다양한 소스와 애플리케이션의 데이터가 저장되다 보니 각 소스의 데이터를 해당 소스 시스템에 맞는 별도의 ETL 처리 과정을 통해 데이터 웨어하우스가 기대하는 스키마로 변환해야 한다. 그러므로 버전 관리가 필요한 ETL 스크립트의 수는 매우 빠르게 늘어날 수밖에 없다.

## 느린 변경 차원을 통한 이력 보존

데이터 웨어하우스에 저장돼 있는 차원 데이터는 일반적으로 쉽게 바뀌지 않는다 (고객 데이터, 소매점 정보, 지리적 위치 정보 등). 하지만 시간이 지남에 따라 데이터도 바뀔 수 있으며, 정확한 데이터 분석을 하려면 데이터의 이력을 관리해야 한다. 과거 데이터의 차원 변경을 대변하고자 느린 변경 차원slowly changing dimensions이라는 특수한 구성 개념construct이 만들어졌다. 이를 통해 어떤 데이터에 변경 사항(결혼 상태,

취업 상태, 주소 등)이 발생하더라도 분석 과정에서 올바른 상태를 반영할 수 있게 됐다. 데이터 웨어하우스에서 느린 변경 차원을 사용하는 데 관련된 내용은 2장에서 자세히 살펴봤다.

## 과거 데이터 저장소로 데이터 웨어하우스가 갖는 한계

과거의 시스템이나 데이터 웨어하우스는 저장과 처리에 필요한 비용이 상대적으로 높았기 때문에 기업 입장에서는 최근에 비해 데이터를 상대적으로 낮은 빈도로 보관해야 했다. 예를 들어 데이터 웨어하우스에 최근 3년간 데이터는 개별 거래 단위로 저장하지만, 7년까지는 일일 소계만 보관돼 있거나 7년보다 오래된 거래 건에 대해서는 월별 합계 데이터만 보관돼 있을 수 있다. 하지만 이런 경우 다음과 같은 몇 가지 문제가 발생할 수 있다.

- 데이터 압축 과정에서 필요한 정보가 상당 부분 유실될 수 있기 때문에 가능한 분석의 종류가 줄어들게 된다.

- 과거 분석은 보관된 데이터가 지원할 수 있는 수준 내에서만 할 수 있다. 즉, 앞의 예제에서 7년까지는 일별 단위로 분석할 수 있고, 그보다 더 거슬러 올라가면 월별 단위로만 분석할 수 있다.

- 다양한 수준의 밀도를 고려한 보고와 쿼리를 작성하는 것은 복잡하기 때문의 오류가 생길 가능성도 커진다.

- 시스템을 관리하고 데이터를 기간에 따라 서로 다른 밀도로 보관하려면 연산과 관리 간접비가 늘어나게 된다.

고급 분석 프로그램은 주로 과거 데이터가 많을수록 좋은 결과를 낸다. 간단한 분석이나 단순 과거 경향 분석조차도 과거 데이터가 많을수록 완전한 그림이 그려질 가능성이 높다. 여기서 과거 데이터가 많다는 것은 더 오랜 기간의 데이터를 의미하거나 더 많은 특성을 포함한 데이터가 있다는 것을 의미할 수도 있다.

하둡과 같은 확장성과 비용 효율성이 좋은 저장 실행 시스템은 기업이 자신의 과거 데이터를 가장 높은 밀도로 보관하고 분석할 수 있게 해주고, 분석 결과가 더 풍족하고 정확해질 수 있게 해준다.

예를 들어 부정거래 식별 알고리즘은 어떤 거래가 부정거래인지 식별하려면 많은 거래 정보를 분석해야 한다. 널리 알려진 연구 사례로는 비자$^{Visa}$가 하둡을 사용해서 기존에는 단일 모델로 특성 40개를 갖고 전체 고객 거래 건수의 2%만 분석하던 상황에서 18개의 모델로 500개의 특성을 갖고 고객 거래 건수 전체를 분석할 수 있게 돼 수십억 달러의 부정거래를 식별할 수 있었던 사례가 있다.

## 데이터 연못으로

전통적인 데이터 웨어하우스를 사용할 때 발생하는 여러 가지 어려움을 살펴봤고 이제는 데이터 연못으로 완전히 전환하거나 데이터 연못을 데이터 웨어하우스와 함께 사용해 그런 어려움을 해결하는 방법을 살펴보자. 이번 절에서는 효율적인 저장과 처리를 위해 데이터를 정리하는 여러 방법과 (과거에는 차원 테이블을 통해 했던) 이력 보관 방법을 살펴본다.

## 데이터 연못에 이력 보관

우선 데이터 연못에서 파티션$^{partitions}$을 사용해 이력을 보관하는 방법과 이런 접근 방식이 느린 변경 차원을 처리하는 데 갖는 한계를 살펴보자. 해결 방법으로 스냅샷$^{snapshots}$을 활용하는 새로운 접근법을 제시한다.

데이터 연못에서는 데이터를 모을 때 주로 복수의 파일이나 파티션에 보관한다.

한 번에 저장하는 데이터는 일반적으로 같은 폴더에 저장한다. 모든 폴더의 모든 파일을 하나의 '논리' 파일이나 테이블로 취급한다. 하둡 데이터를 대상으로 가장 많이 사용하는 SQL 인터페이스인 하이브에는 이런 파일을 처리할 때 사용하는 파티션 테이블이라는 특별한 구성 개념이 있다. 파티션 테이블은 하이브가 파티션 구조에 따라 쿼리를 똑똑하게 최적화할 수 있게 해준다.

그림 5-1은 거래 데이터를 매일 저장할 때 많이 사용하는 파티션 스키마를 보여준다. 모든 거래 정보는 transactions 폴더에 저장된다. 파일은 먼저 연 단위(예를 들어 /transactions/Year=2016)로 정리되고, 그다음 같은 연도 안에서는 월(예를 들어 /transactions/Year=2016/Month=3에 2016년 3월의 모든 거래 정보 보관) 단위로, 같은 월 안에서는 일별(/transactions/Year=2016/Month=3/Day=2에 2016년 3월 2일 거래 정보 보관)로 정리된다. 하둡에서는 병렬 처리가 많으므로 하나의 파일에 여러 번 동시 접근하는 것을 막고자 /transactions/Year=2016/Month=3/Day=2 폴더에 여러 개의 파일을 만든다. 이후 이렇게 만들어진 파일 여러 개를 하나로 합쳐 해당 날짜의 모든 거래 정보를 저장한다.

그림 5-1. 하이브 파티션 테이블의 폴더 구조

하이브에서는 사용자가 하나의 테이블(예, all_transactions)을 만들어 transactions 폴더와 연결하고, 파티션 키(Year, Month, Day)를 지정한다. 이 all_transactions 테이블에는 transactions 폴더에 있는 모든 파일의 모든 데이터가 저장된다. 예를 들어 select * from all_transactions라는 SQL 명령문은 테이블의 모든 열을 리턴한다. 즉, transactions 폴더에 있는 모든 하위 폴더의 모든 파일에 있는 모든 레코드를 리턴하는데, 여기에는 폴더에 있는 가장 오래된 파일(예를 들어 /transactions/Year=2014/Month=1/Day=1/99312312311333.json)에서부터 가장 최신 파일(예를 들어 /transactions/Year=2016/Month=3/Day=2/722121344412221.json)까지 모두 포함된다.

또한 Field=Value(예, Year=2016) 방식으로 폴더명을 정하기 때문에 하이브가 쿼리에 필요한 파일에 따라 쿼리를 똑똑하게 처리할 수 있다. 예를 들어 select * from all_transactions where Year = 2016 and Month = 3 and Day = 2라는 SQL 쿼리가 들어왔을 때 먼저 모든 폴더의 파일을 전부 읽어 들여 2016년 3월 2일 거래 정보를 걸러내는 것이 아니라 /transactions/Year=2016/Month=3/Day=2 폴더의 파일만 바로 읽을 수 있게 된다.

## 데이터 연못에 느린 변경 차원 구현

이제 고객의 결혼 상태나 기타 개인정보와 같은 차원 데이터, 또는 참조 데이터라고도 하는 데이터를 처리해야 한다. 느린 변경 차원을 사용한 데이터 웨어하우스에서 차원 테이블을 가져오고 있다면 고객 상태 변화 식별과 처리에 필요한 모든 작업이 이미 이뤄져 있기 때문에 새로운 고객 레코드와 고객 상태 변화로 인해 바뀐 레코드를 별도의 파일에 가져오거나 고객 데이터 파일 뒤에 합칠 수 있다.

그렇지 않고 운영 시스템에서 데이터를 직접 가져온다면 바뀐 부분이 있는지 식별할 수 있는 별도의 방법이 필요하다. 그러나 데이터 웨어하우스에서 도움이 되기 때문에 사용하는 기법인 느린 변경 차원은 데이터 연못에 데이터를 모으고 분석하는 과정을 복잡하게 한다. 데이터를 읽을 때마다 주 데이터 테이블뿐만 아니라 차원 테이블에도 레코드가 추가될 수 있다. 더 안 좋은 점은 이후에 어떤 분석을 하고자 데이터를 읽는 과정에서 테이블에 있는 임시 데이터를 다른 테이블에 있는 관련 레코드와 합치는 작업이 추가로 필요하게 된다는 점이다.

## 상태 보관을 위한 특성 비정규화

또 다른 방법은 데이터를 비정규화해서 주요 특성을 모두 거래 데이터 파일에 합치는 것이다. 예를 들어 운영 시스템의 거래 기록을 가져올 때 거래 당시의 고객 정보, 결혼 상태 등도 함께 가져오는 방법이다. 이렇게 하면 비싸고 복잡한 조인join 작업이 필요 없게 된다. 공간과 처리에 필요한 자원을 절약하고자 상태 정보가 필요할 때만 추가하는 방법을 통해 최적화도 할 수 있다. 즉, 데이터 웨어하우스라면 느린 변경 차원을 적용할 필드만 추가하는 방법이다.

특성을 거래 데이터와 함께 데이터 세트에 저장하는 이런 접근 방식의 가장 큰 문제점은 특성 정보를 해당 데이터 세트 데이터와는 함께 사용할 수 있지만 다른 데이터 세트와는 사용할 수 없다는 점이다. 예를 들어 환불과 보증 서비스 등에 대한 데이터 세트가 개별적으로 존재할 수 있다. 여기서 이런 접근 방식을 적용하면 각 데이터 세트에 모든 고객 특성을 추가해야 하므로 저장과 처리 비용은 올라가고 주입 과정 자체도 더 복잡해지게 된다. 또한 새로운 고객 특성을 추가하거나 기존 특성을 사용하는 방법을 바꿀 경우 모든 데이터 세트를 갱신해야 한다는 점도 잊지 말아야 한다.

## 스냅샷을 활용한 상태 보존

다른 방법은 매일 최신 데이터를 모으는 것이다. 이때는 특정 날짜의 폴더에 데이터 세트의 일부 데이터만 보관(파티션)하지 않고 전체 데이터 세트의 모든 데이터가 매일 해당 날짜의 폴더에 저장(스냅샷)되도록 차원 데이터 폴더 구조를 설계한다. 즉, 앞에서 얘기한 거래 정보를 저장하는 과정을 사용해 고객의 바뀐 데이터를 저장하는 구조를 만들 수 있다. 따라서 그림 5-2에서처럼 /customers/Year=2016/Month=3/Day=2 폴더에 있는 파일을 합치고 나면 2016년 3월 2일 고객 데이터 세트를 얻을 수 있다.

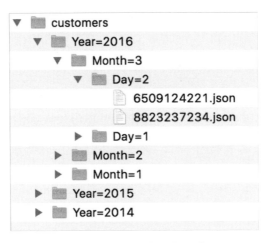

그림 5-2. 차원 테이블용 파티션 폴더

필요한 고객 레코드를 얻으려면 같은 날짜의 거래 레코드와 고객 레코드를 합쳐야 한다. 예를 들어 거래와 고객 데이터 세트 각각을 위해 하이브 테이블을 만들었다면 고객 ID와 거래 일자 모두를 묻는 SQL 쿼리를 통해 거래 당시의 고객 상태를 조합해 거래 당시의 고객 상태를 얻을 수 있다(예, all_transac tions.customer_id = customers.customer_id and transactions.Year = customers.Year and transactions. Month = customers.Month and transactions.Day = customers.Day).

모든 데이터를 보는 가장 쉬운 방법은 폴더의 모든 파일을 포함한 하이브 테이블을 만드는 방법이다. 하지만 어떠한 이유로든 하이브나 그와 비슷한 도구를 사용할 수 없다면 거래 데이터 세트의 각 파티션과 연관된 고객 데이터 세트의 스냅샷을

144

연계하는 코드를 별도로 작성해 거래 당시의 올바른 고객 상태를 고려하고 있는지 확인해야 한다.

전체 고객 데이터를 매일 저장하다 보니 변경 사항을 추적하려면 상당히 비싼 방법 일 수 있지만 느린 변경 차원을 사용하는 데 비해 여러 가지 장점이 있다. 첫째, 모 으는 과정이 직관적이기 때문에 스쿱$^{Sqoop}$과 같은 비교적 간단한 도구를 사용할 수 있다. 둘째, 스냅샷은 고객의 모든 특성에 관한 이력을 보존할 수 있게 해준다(느린 변경 차원은 일부 특성만 추적할 수 있다). 또한 이 접근법을 쓰면 주요 특성이 바뀔 때마다 새로운 고객 키를 할당하지 않아도 되기 때문에 고객 분석 중 실행하기가 더 쉬운 것도 있다. 예를 들어 시간에 따른 실제 고객 수 산정이 가능해진다. 스냅 샷 접근 방식이 가진 마지막 장점으로는 미래에 저장 용량을 늘리는 것이 너무 비 싸진다면 전체 스냅샷 구조를 느린 변경 차원을 사용하는 데이터 세트로 전환할 수 있다는 점이다.

## 데이터 연못을 데이터 레이크로 키우기: 데이터 웨어하우스에 없는 데이 터 가져오기

오늘날 활용할 수 있는 비즈니스 사례가 아직 없다 보니 기업의 데이터 중 많은 부 분이 버려지고 있다. 명확한 비즈니스 가치가 없다면 해당 데이터를 보관하기 위 한 예산도 없고, 사용 사례가 떠오르지 않는다면 데이터를 저장하기 위한 스키마 를 만들거나 데이터를 변환하거나 정화할 방법을 명확하게 정의할 수 없다. 데이 터 레이크 체계는 이런 데이터를 큰 비용 없이 보관하고 하둡 맵리듀스나 스파크의 확장성이 높은 처리 모델을 통해 효과적으로 처리할 수 있게 해준다.

# 미가공 데이터

앞에서 얘기한 것처럼 데이터 웨어하우스는 정화되고 정규화된 데이터만 보관한다. 불행한 점은 정규화 과정 중에 주요 정보의 상당 부분이 유실된다는 점이다. 다음과 같은 문제가 있다.

### 데이터 폭

일반적으로 운영 시스템은 데이터 웨어하우스가 저장할 수 있는 것보다 많은 수의 특성이 있다. 가장 중요하고 보편적인 특성만 데이터 웨어하우스에 보관된다. 가장 큰 이유는 모든 특성을 저장하고 처리하는 데 필요한 비용의 절감이지만, 관리나 ETL 개발 등 데이터 웨어하우스에 데이터를 로드하는 것과 관련된 비용 모두 영향을 미친다.

데이터 레이크가 주는 확장성과 비용 효율성은 훨씬 더 많은 정보를 저장하고 처리할 수 있게 한다. 그리고 마찰 없는 주입으로 인해(즉, 새로운 데이터는 처리하지 않고 저장) 데이터를 써야 하는 시점이 올 때까지는 ETL 개발 비용이 발생하지 않는다.

### 원본이나 미가공 데이터

데이터 웨어하우스는 모든 데이터를 같은 방식으로 처리해서 같은 형태로 변환한다. 예를 들어 연봉으로 NULL이나 -1처럼 맞지 않은 값이 저장돼 있어서 연봉을 알 수 없는 시스템이 있을 수 있는데, NULL 값을 통합할 수 있는 데이터베이스가 많이 없고 -1은 맞는 금액이 아니기 때문에 ETL 과정이나 별도의 데이터 정화 단계에서 이런 값을 0과 같은 디폴트default 값으로 대체하게 된다. 데이터 과학자의 입장에서는 정말로 소득이 없는 사람과 소득을 알 수 없는 사람을 구별하고 싶어 할 수 있기 때문에 소득을 모르는 경우에는 해당 지역의 평균 월급으로 값을 대체하고 싶어 할 것이고, 그랬을 때 더 정확한 모델을 만들 수 있게 된다(이런 식의 변경은 데이터 보간data interpolation이라 하며 분석에서 많이 한다).

데이터 레이크는 일반적으로 원본, 미가공 데이터와 처리된 데이터까지 모두 보관하기 때문에 분석가는 선택해서 사용할 수 있다.

### 표가 아닌 형태

빅데이터 중 상당수(예를 들어 트위터 피드와 같은 소셜 미디어 데이터)는 표 형태가 아닌 문서(예, JSON, XML), 열 단위(예, 파켓Parquet), 로그 파일(예, 아파치 로그), 또는 기타 여러 가지 특수한 형태를 가진다. 그러다 보니 관계형 데이터 웨어하우스 스키마로는 쉽게 전환할 수 없다.

데이터 레이크는 일반적으로 하둡과 같은 빅데이터 기술로 구축되기 때문에 표가 아닌 형태의 데이터도 쉽게 받아들일 수 있다. 실제로 이런 유형의 데이터는 많이 사용되며, 하이브, 스파크, 기타 여러 빅데이터 프로젝트를 통해 처리할 수 있다.

## 외부 데이터

외부 데이터external data는 오래전부터 존재한 수십억 달러 규모의 산업이다. 닐슨Nielsen 등급에서 에퀴팩스Equifax, 트랜스유니언TransUnion, 익스피리언Experian 신용 보고서에 이르기까지, 또한 모닝스타Morningstar 등급과 던 앤 브래드스트리트Dun and Bradstreet 비즈니스 정보에서 블룸버그Bloomberg와 다우존스Dow Jones 금융 거래에 이르기까지 기업은 오래전부터 외부 데이터를 구입하고 활용해 왔다. 최근 이런 데이터를 제공하는 기업으로 트위터와 페이스북 같은 소셜 미디어 기업들이 가세했으며, Data.gov와 기타 사이트를 통해 제공되는 무료 정부 데이터도 등장했다.

기업은 외부 데이터를 활용하는 데 있어 많은 어려움을 겪고 있다. 그중 일부는 다음과 같다.

### 데이터 품질

품질 문제로는 잘못되거나 누락된 데이터뿐만 아니라 서로 다른 공급처 간의 데이터 불일치도 있다. 이런 데이터 품질 문제가 결정 과정에 외부 데이터를 쉽게 사용하지 못하게 하는 원인의 하나다.

### 라이선스 비용

데이터는 비싸다. 더 심각한 점은 서로 다른 부서에서 같은 데이터를 중복해서 구매하는 기업이 많다는 점이다. 데이터 세트를 공유하거나 회사가 특정 데이터 세트를 이미 구입했는지 쉽게 알 방법이 없다.

### 지적 재산권

데이터 제공업체는 데이터 피드 정기 구독권을 판매하기도 하는데, 구독을 중단한 고객은 모든 시스템에서 자신의 데이터를 제거하도록 요구할 수도 있다. 이때 구입한 원래 데이터 세트뿐만 아니라 해당 데이터로 만든 세트까지 제거하도록 요구하는 경우가 많다. 그러므로 기업은 데이터가 어디에 있고 어디에 사용됐는지 알 수 있어야 한다.

그림 5-3에서 보여주듯이 서로 다른 2개 팀이 같은 외부 데이터 세트를 구매해서 공급사에 비용을 중복 지급할 수도 있다. 또한 각 팀은 품질 문제를 서로 다른 방식으로 해결해서 정화된 데이터를 여러 데이터 세트와 보고서에 사용할 수 있다. 그랬을 때 전체 생태계에 서로 상충하는 정보가 존재한다. 더 안 좋은 점은 손실되는 이력 정보가 많기 때문에 기업은 데이터가 사용된 모든 사례를 찾거나 원래 데이터 세트로 추적할 수도 없다는 것이다.

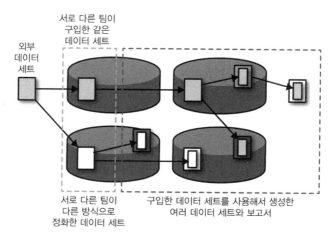

서로 다른 팀이
구입한 같은
데이터 세트

외부
데이터
세트

서로 다른 팀이
다른 방식으로
정화한 데이터 세트

구입한 데이터 세트를 사용해서 생성한
여러 데이터 세트와 보고서

그림 5-3. 같은 외부 데이터 세트를 구입하고 사용하는 서로 다른 2개 팀

하둡 데이터 레이크는 외부 데이터에 대한 저장, 관련 품질 문제 해결, 원본과 정화
된 데이터에 대한 접근 관리, 데이터 사용 사례 추적 등을 할 수 있는 단일 저장소가
될 수 있다. 간단한 방법으로는 /Data/External/〈공급사명〉/〈데이터 세트명〉처럼 외부
데이터를 보관할 폴더 체계를 만드는 방법이 있다. 예를 들어 회사가 크레딧세이
프CreditSafe에서 신용 등급 데이터를 구입했다면 해당 데이터는 /Data/External/
CreditSafe/CreditRatings에 저장하고 세부 분류를 위해 추가로 폴더를 만들 수 있
다. 예를 들어 2016년 영국 데이터는 /Data/External/CreditSafe/CreditRatings/UK/
2016에 저장할 수 있다. 그러면 조직원 중 누군가가 2016년 영국 신용 등급 데이터
가 필요하다면 데이터 세트를 또 구입하기 전에 어디를 먼저 봐야 하는지 알 수 있
다. 그림 5-4는 이런 과정을 보여준다.

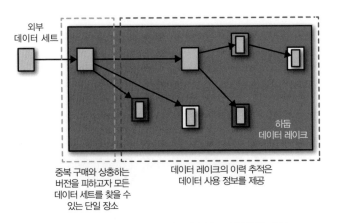

외부
데이터 세트

하둡
데이터 레이크

중복 구매와 상충하는
버전을 피하고자 모든
데이터 세트를 찾을 수
있는 단일 장소

데이터 레이크의 이력 추적은
데이터 사용 정보를 제공

그림 5-4. 중복 구매 방지를 위한 외부 데이터를 보관할 단일 저장소

이런 접근 방식의 단점으로는 서로 다른 데이터 공급사가 비슷한 정보를 제공할 수 있다 보니 특정 연도의 영국 신용 등급 데이터를 찾는 분석가는 필요한 데이터가 이미 있는지 확인하려면 각 공급사의 폴더를 일일이 확인해야 한다는 점이다. 데이터를 주제에 따라 정리(예, /Data/External/CreditRatings/UK/2016/CreditSafe)하면 다른 문제가 발생한다. 판매되는 데이터 세트에는 주제와 다른 특성이나 추가적인 특성도 포함돼 있을 수 있다. 예를 들어 크레딧레이팅 데이터 세트에 개인정보도 포함돼 있을 수 있다. 다른 분석가가 크레딧레이팅에서 개인정보를 구입하고자 한다면 회사 입장에서는 같은 데이터를 위해 비용을 두 번 지급하게 될 수도 있다. 누군가가 회사에 그 데이터가 이미 있다는 것을 알아차리더라도 두 개의 파티션에 나눠 보관해야 한다는 어려움이 생긴다.

또한 데이터 소유자(데이터 세트를 처음으로 구입한 회사 부서)가 데이터 세트를 구별하고자 공급사 ID나 이름과 같은 다른 정보를 표시하고 싶어 할 수 있는데, 이런 정보는 고정된 단일 폴더 체계로는 표현하기 힘들 수 있다.

더 효과적이고 생산적인 접근 방식은 외부 데이터에 관한 카탈로그를 만들어 특징, 태그tags, 설명 등을 통해 데이터의 여러 측면을 묘사하는 것이다. 예를 들어 카탈로그의 모든 데이터 세트는 공급사나 소유 부서와 같은 공통적인 특징뿐만 아니라 국가나 연도와 같이 데이터 세트에 따라 필요한 추가적인 특징까지 나열하고 있을 수 있다. 이렇게 하면 데이터 세트는 조직에서 원하는 어느 장소에든 물리적으로 위치할 수 있으며, 관련 특징을 통해 언제든 찾을 수 있다. 또한 카탈로그는 데이터 세트의 모든 특징과 필드를 나열하다 보니 분석가는 목적이 무엇이든 원하는 데이터 세트를 쉽게 찾을 수 있게 된다.

## 사물인터넷과 기타 스트리밍 데이터

데이터 레이크는 특히 소셜 미디어나 웹 로그 중 인간 대면 데이터에 적합하다. 이런 데이터는 양과 복잡도 면에서 일반적인 거래 데이터를 훨씬 능가하는 경우가 많다. 디지털 IoT$^{Internet\ of\ Things}$ 기기 데이터의 경우 데이터 레이크가 더욱 필요하다. 기기는 인간보다 훨씬 빠르게 데이터를 생성할 수 있다 보니 기기가 만드는 데이터는 인간이 만드는 데이터보다 양이 상대적으로 훨씬 많다. 앞으로는 이런 기기가 가장 중요한 데이터 소스$^{data\ source}$가 될 것으로 예상된다. 컴퓨터 장비에서 비행기, 의료 기기, 엘리베이터까지 대부분의 복잡한 기기는 문제가 생겼을 때 공장으로 보내는 로그 파일을 만들게 된다. 또한 실시간 자동 모니터링$^{monitoring}$을 위해 이런 데이터를 공장으로 스트리밍$^{streaming}$하는 경우도 많아지고 있다. 이런 데이터는 문제 발생 여부 관찰과 문제 해결에 사용될 뿐만 아니라 기기를 더 똑똑하게 하는 데도 사용된다. 자율 주행 자동차에서 자동 온도 제어 장치까지 스마트 기기는 자신의 동작을 스스로 제어하고자 데이터와 분석을 점점 더 많이 활용하고 있다.

모니터링은 실시간으로 이뤄지지만 과거 데이터와 비교하지 않고는 해야 할 행동을 판단하기 힘들다. 예를 들어 예상하지 못한 비정상적인 행동을 식별하려면 먼저 정상적인 행동이 무엇인지 기준을 세워야 하는데, 그러려면 과거 데이터를 분석하고 지금 보고 있는 데이터와 비교해야 한다. 그리고 고장이 발생하면 적절한 방법으로 처리해야 하며, 차후 비슷한 문제를 식별하고 예방하고자 고장이 발생하기까지의 행동을 분석해 이해할 필요가 있다. 이때 며칠, 또는 때에 따라 수개월, 수년 전의 데이터를 살펴봐야 할 수도 있다. 이런 과거 데이터를 보관하기에 이상적인 장소가 데이터 레이크다. 따라서 레이크에서 실시간 데이터 처리와 과거 분석을 조합할 수 있는 여러 접근법과 아키텍처가 개발됐다.

다음 논문에서 빅데이터 선구자 중 한 명인 마이클 하우젠블라스[Michael Hausenblas]는 이런 실시간 데이터 레이크의 모범 사례 몇 가지를 설명하고 있다.

---

## 실시간 데이터 레이크

 **마이클 하우젠블라스**[Michael Hausenblas]는 오래전부터 빅데이터 분야에서 활동해온 선구자이자 실무자이며, 2008년부터 하둡과 기타 빅데이터 기술에 참여해 오고 있다. 현재 메소스피어[Mesosphere]에서 데브옵스[DevOps] 관계를 담당하고 있다. 또한 아파치 메소스와 드릴 프로젝트에 기여했으며, 맵알 EMEMA(유럽, 중동, 아프리카) 지역 최고 데이터 엔지니어였다.

전통적으로 데이터 레이크는 과거 데이터와 관련돼 있었다. 기기가 생성한 것 (예, 로그 파일)이든 스프레드시트처럼 사람이 직접 만든 데이터이든 기본적인 생각은 셀프서비스 형태의 데이터 탐색 접근 방식을 도입해 비즈니스와 연관된 데이터 세트에 조직원 누구나 접근할 수 있게 하는 것이었다.

스트리밍 데이터도 고려해야 할 필요성이 커지고 있다. 모바일 기기나 센서처럼 속박된 기기, 또는 단순하게는 사람의 온라인 행동과 관련된 데이터(예를 들어 사이트에 내장된 고객 지원 채팅 프로그램을 생각할 수 있다)를 생각할 수 있는데, 이런 경우에는 주로 데이터를 도착하는 대로 처리해야 할 필요가 있다. 묶음 단위로 데이터 세트를 만들어 처리하는 비교적 정적인 방식과는 차이가 있다.

그러면 필요한 질문은 이런 실시간 데이터 레이크(아직은 더 적합한 용어가 없기에)를 어떻게 구축할 수 있을까 하는 것이다. 즉각적으로 적용할 수 있는 결론을 도출할 수 있는 실시간 데이터 레이크를 구축하는 과정에서 지침으로 삼을 만한 설계 고려 사항으로 무엇이 있을까?

최근에 정적인 데이터와 동적인 데이터를 대단위로 처리할 수 있도록 하기 위한 설계 원리 몇 가지가 등장하고 있다. 대표적으로 나단 마즈<sup>Nathan Marz</sup>는 백타입<sup>BackType</sup>과 트위터<sup>Twitter</sup>의 분산형 데이터 처리 시스템에서 일했던 자신의 경험을 바탕으로 람다 아키텍처<sup>Lambda Architecture</sup>라는 보편적이면서 확장성은 높고 오류에 강한 데이터 처리 아키텍처를 개발했다. 람다 아키텍처는 하드웨어와 사용자 오류에 강하면서 다양한 수준의 부하를 견딜 수 있고 저지연 읽기와 업데이트가 필요한 여러 사용 사례를 지원하는 강건한 시스템을 목표로 한다. 모든 (과거) 팩트를 다루는 배치 레이어<sup>batch layer</sup>와 실시간 데이터용 스피드 레이어<sup>speed layer</sup>를 함께 사용한다. 이에 관해서는 http://lambda-architecture.net를 참고할 수 있다.

또 다른 아키텍처로는 2014년에 제이 크렙스<sup>Jay Kreps</sup>가 소개한 카파 아키텍처<sup>Kappa Architecture</sup>가 있다. 한마디로 정리하면 카파 아키텍처는 람다 아키텍처와 유사하지만 중심에 분산 로그를 갖고 있다. 실시간 데이터 레이크 설계 아키텍처의 추가적인 정보는 마틴 켈프맨<sup>Martin Kleppmann</sup>의 『Designing Data-Intensive Applications』(O'Reilly, 2017)를 읽어보길 추천한다.

어떤 아키텍처를 선택하든 결국 구현 부분에 사용할 좋은 기술을 선택해야 한다. 여기서는 3가지 그룹으로 관련 기술을 분류했는데, 결국 그룹당 최소 하나의 기법을 선택해야 할 가능성이 높다.

- **데이터 가게:** HDFS, HBase, 카산드라, 카프카

- **처리 엔진:** 스파크, 플링크, 빔

- **상호작용:** 제플린/스파크 노트북, 태블로/데이터미어

마지막으로 데이터 레이크를 사용할 경우 이력이 굉장히 중요해진다. 데이터 세트(또는 데이터 스트림)가 어디에서 왔으며 어떤 정보를 포함하고 있는지 알고, 관련된 기타 메타데이터에 접근할 수 있도록 하는 것이 데이터 과학자가 데이터를 올바르게 선택하고 해석하며 결과와 함께 신뢰할 수 있는 측정치를 제공하는 데 필수다.

실시간 데이터 레이크는 여러 산업에서 성공적으로 구축한 사례가 있으며, 대표적으로 금융 업계(부정거래 식별, 보너스 프로그램 등), 통신 업계, 소매 업계가 있다. 많은 조직에서는 규모가 작고 목적은 제한적인 모습으로 우선 시작하고 그것의 결과를 통해 배워 결국 이렇게 특정 목적용 데이터 세트를 여러 부서와 애플리케이션에서 사용하는 데이터 레이크로 확장하게 된다. 그리고 이런 데이터 레이크는 조직에 기술과 사용자 측면 모두에서 확장성이 높은 데이터 인프라<sup>data infrastructure</sup>를 제공하게 된다. 확장성의 기술적인 측면은 기성 하드웨어를 사용해 확장할 수 있는 능력과 처리 및 저장 시스템이 기본적으로 갖는 분산적인 성격을 가진 데이터 인프라 특성을 통해 충족된다. 반면 사용자 측면은 좀 더 어려울 수 있다. 메타데이터가 없이는 데이터 레이크는 데이터 늪이 될 위험이 있다. 또한 데이터 과학자, 데이터 엔지니어, 개발자 등이 원활하게 협업하려면 많은 관심이 필요하다. 데브옵스의 생각과 유사하게 서로 정보를 공유하고 함께 책임을 지는 문화가 필요하다.

## 람다 아키텍처

마이클 하우젠블라스가 얘기한 람다 아키텍처를 좀 더 자세히 살펴보자. 람다는 그림 5-5가 보여주듯이 같은 데이터에 관한 실시간 처리와 배치 처리를 조합한다.

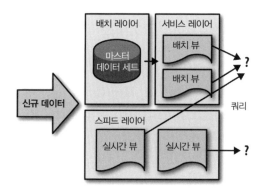

**그림 5-5.** 람다 아키텍처

들어오는 실시간 데이터 스트림은 마스터 데이터 배치 레이어와 스피드 레이어의 메모리 캐시에 함께 저장된다. 그런 다음 마스터 데이터 세트의 데이터는 분류돼서 배치 뷰를 통해 접근할 수 있게 되며, 스피드 레이어의 실시간 데이터는 실시간 뷰를 통해 사용할 수 있게 된다.

배치 뷰와 실시간 뷰는 함께 또는 각각 쿼리될 수 있기 때문에 과거 질문이나 실시간 질문에 대한 답을 제공할 수 있다. 이런 아키텍처는 하둡 데이터 레이크와 잘 맞는다. HDFS가 마스터 데이터 세트를 저장하는 데 사용되고 스파크나 스톰으로 스피드 레이어를 만들 수 있으며, 서비스 레이어로는 HBase를 사용하고 쿼리를 할 수 있는 뷰 생성에는 하이브를 쓸 수 있다.

람다 아키텍처를 더 자세히 알고 싶으면 나단 마즈[Nathan Marz], 제임스 워렌[James Warren]의 『Big Data: Principles and Best Practices of Scalable Realtime Data Systems』 (Manning, 2015)를 추천한다.

# 데이터 변환

운영 데이터를 분석에 사용할 때 변환해야 하는 여러 가지 이유가 있다.

### 조화<sup>Harmonization</sup>

여러 소스의 데이터를 공통 형태나 스키마로 전환한다. 그러려면 데이터 아키텍트는 데이터를 이해하고 각 소스 시스템의 특성을 공통 스키마로 조심스럽게 매핑<sup>mapping</sup>해야 한다. 데이터 조화에 필요한 일의 양이 많다 보니 실제로는 대부분 분석 스키마에 모든 특성 중 일부만 포함되며 많은 특성은 버려진다.

### 엔티티 구별과 결합

여러 시스템 소스에서 보내는 같은 엔티티(예, 고객)에 대한 서로 다른 데이터가 같은 엔티티에 관한 것이라는 것을 인식해야 한다. 예를 들어 특정 고객의 이름이나 주소는 다른 시스템에 약간씩 다르게 저장돼 있을 수 있기 때문에 이런 데이터를 식별하고 통일해야 한다. 하나의 엔티티에 관한 모든 데이터를 분류하고 나면 정보의 불일치를 해결해야 한다. 예를 들어 특정 고객의 주소를 서로 다른 소스가 다르게 기록하고 있을 수 있으며, 이런 불일치 해결 과정은 그중 어떤 주소를 유지할지 결정하는 과정이 될 수 있다.

### 성능 최적화

관계형 데이터베이스와 같은 시스템에서는 스키마 유형에 따라 분석 쿼리에 더 빠르게 응답할 수도 있다. 5장 앞쪽에서 언급한 스타 스키마는 많이 사용하는 최적화 방법이다.

다행히도 데이터 레이크에서는 데이터를 읽을 때 스키마를 적용하기 때문에(그리고 3장에서 설명한 것처럼 데이터를 저장할 때는 강제하지 않기 때문에) 다양한 소스에서 운영 데이터를 원래 상태로 모으고 분석에 필요한 대로 통합할 수 있다. 지금 통합할 수 없는 특성을 버리지 않고, 이후 그런 특성이 필요해져 관련 작업을 할 명분이 생기기 전까지는 그냥 데이터 레이크에 보관할 수 있다.

엔티티 구별도 동일한 방식으로 접근할 수 있다. 다양한 시스템의 모든 엔티티 데이터를 결합하거나 일치하지 않는 특성을 처리하는 데 노력과 비용을 쓰는 대신 현재 프로젝트에 필요한 엔티티만 결합하고 상관있는 불일치만 해결하면 된다. 그러면 프로젝트에 가장 적합한 방법대로 이런 문제를 해결할 수 있다. 예를 들어 일반적인 엔티티 식별 과정은 고객의 현재 주소를 찾고자 할 수 있다. 하지만 샌프란시스코 미식 축구팀인 포티나이너스로 진행하는 마케팅 캠페인의 대상 고객을 식별하고자 하는 경우 과거 주소를 아는 것이 큰 도움이 될 수 있다. 여기서는 현재 주소 식별보다는 그 사람이 샌프란시스코에서 살았던 적이 있는지가 불일치 해결의 목적이 된다.

마지막으로 하둡은 워낙 강력한 변환 엔진이기 때문에 분석에 상당한 변환이 필요한 대규모 쿼리를 효과적으로 실행할 수 있으므로 성능 때문에 데이터를 분석에 적합한 스키마로 변환해야 할 필요성이 상대적으로 낮아진다.

흥미로운 점은 데이터 웨어하우스와 같은 다른 시스템에 데이터를 전달하는 데 필요한 변환 작업을 하는 데도 하둡을 많이 사용한다는 점이다. 앞에서 얘기한 것처럼 데이터 웨어하우스가 필요로 하는 분석 스키마 형태로 운영 데이터를 변환하는 과정은 일종의 ETL 오프로딩으로 볼 수 있다. 운영 데이터는 원래 형태대로 하둡에 모인 다음 변환돼 데이터 웨어하우스에 저장된다. 데이터 웨어하우스를 위해 필요한 데이터뿐만 아니라 운영 데이터 전부 또는 상당 부분을 데이터 레이크로 모으는 방법이 좋을 수 있다. 그러면 모은 데이터 일부는 데이터 웨어하우스를 채우는 데 사용되지만, 나머지는 분석이나 데이터 과학에 사용될 수 있도록 레이크에 저장하게 된다. 또한 남은 데이터 중 일부를 나중에 데이터 웨어하우스에 추가하려고 하면 필요한 데이터가 이미 데이터 레이크에 있게 된다.

그림 5-6에서 5-9는 순수한 ETL 오프로딩이 좀 더 보편적인 데이터 레이크로 확장

되는 모습을 보여준다. 그림 5-6은 ETL 도구를 통해 운영 시스템의 데이터를 추출해 데이터 웨어하우스 스키마에 맞게 변화하고 결국 데이터 웨어하우스에 옮기는 전통적인 데이터 웨어하우스 디자인을 보여준다.

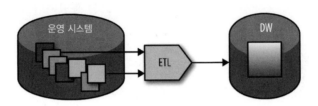

**그림 5-6.** 전통적인 ETL 과정

오랫동안 고급 데이터베이스 공급사들은 외부 ETL 도구를 사용하지 않고 자신의 데이터베이스 엔진으로 변환 작업을 하도록(2장에서 얘기한 ELT 모델, 그림 5-7) 고객을 설득해 왔다. 이런 공급사는 자신이 제공하는 확장성이 좋은 시스템만이 자신의 데이터 웨어하우스를 채우는 데 필요한 만큼의 용량과 복잡도를 처리할 수 있다고 주장해 왔다.

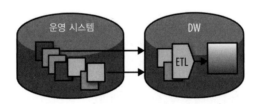

**그림 5-7.** ELT 과정

ETL 오프로딩을 하면 맵리듀스와 스파크, 또는 하이브, 피그, 스쿱 등 이미 존재하는 프로젝트 중 하나를 활용하면서 만든 하둡 기반 ETL 잡은 ETL 도구나 ELT 과정에서 데이터 웨어하우스가 하는 일을 대체한다. 그림 5-8은 이런 개념을 보여준다. 운영 데이터는 원래 형태대로 하둡에 모인 다음 필요한 스키마로 변환돼 데이터 웨어하우스에 저장된다.

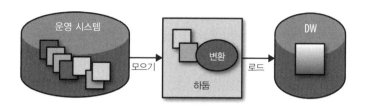

그림 5-8. ETL 오프로딩에 하둡 활용

이때 하둡에는 데이터 웨어하우스를 채우는 데 사용된 소스 데이터의 원본이 이미 저장돼 있다. 남은 운영 데이터 원본까지 추가하면 원본(미가공) 데이터는 진입 영역에 있고 정화되거나 변환된 데이터는 처리 영역이나 골드 영역에 있는 데이터 레이크의 초기 모습을 하게 된다. 그림 5-9는 이런 개념을 보여준다.

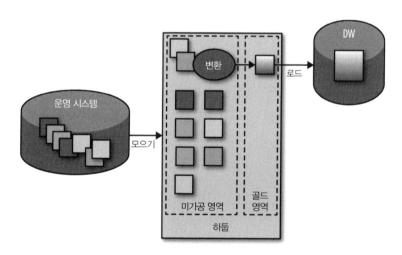

그림 5-9. 미가공, 정화, 변환 데이터를 가진 하둡 ETL 오프로딩 프로젝트

## 목적 시스템

데이터 레이크의 데이터는 다양한 목적으로 시스템을 사용할 수 있다. 주로 데이터 웨어하우스, 전용 분석 데이터베이스, 데이터 마트인 경우가 많지만, ERP나

CRM과 같은 운영 프로그램이나 실시간 애플리케이션도 사용할 수 있고, 자신의 모델을 만드는 데 미가공 데이터를 사용하기 원하는 데이터 과학자가 사용하기도 한다.

다음과 같은 목적 시스템이 데이터 레이크를 어떻게 사용하는지 살펴보자.

- 데이터 웨어하우스

- 운영 데이터 가게<sup>ODS, Operational Data Stores</sup>

- 실시간 애플리케이션과 데이터 제품

## 데이터 웨어하우스

앞 절에서는 ETL 오프로딩을 다뤘다. 레이크에서 동작하는 오프로드 ETL 잡이 만드는 데이터는 일반적으로 데이터베이스에 있는 기능을 통해 대단위로 로드할 수 있는 파일을 만들거나 변환 없이 데이터를 바로 로드할 수 있는 단순한 ETL 잡 여러 개를 만들어 데이터 웨어하우스에 로드한다.

## 운영 데이터 스토어

운영 데이터 스토어<sup>ODS, Operational data stores</sup>는 데이터를 통합, 정화, 정규화하는 데 사용한다. ETL 접근 방식의 단점, 즉 ETL 잡이 분석 잡을 방해하거나 성능을 떨어뜨리는 것을 해결하고자 사용한다. 모든 처리 과정을 별도의 ODS로 옮겨 기업은 분석 쿼리가 ELT 잡 때문에 느려지는 것을 막을 수 있다. 데이터 레이크를 사용해 처리된 데이터를 ODS로 전달할 수도 있지만 레이크가 ODS 자체의 매력적인 대안이 될 수 있으며, 결과 데이터를 데이터 레이크에도 보관해 거기서 바로 분석할 수 있다는 부수적인 효과도 있다. 하둡이나 기타 빅데이터 플랫폼을 ODS로 사용하는 것은 여러 측면에서 ETL 오프로딩이 자연스럽게 확장된 모습이라고 볼 수 있다. 이때 데이

160

터 품질이나 마스터 데이터 관리와 같은 부수적인 기능도 하둡으로 오프로딩돼 그 결과가 전에는 ODS에서 데이터를 받았던 기타 데이터 시스템에도 전달된다.

## 실시간 애플리케이션과 데이터 제품

실시간 애플리케이션은 들어오는 데이터 스트림을 처리한다. 자동 재고 보급에서 부터 건강 모니터링까지 실시간 정보 처리의 사용 사례는 여러 산업에 존재한다. 데이터 제품이란 데이터 과학자가 만든 통계 모델을 제품으로 배포한 것을 얘기한다. 데이터 제품은 데이터를 실시간 단위 혹은 배치 단위로 처리할 수 있다.

그림 5-10이 보여주는 것처럼 실시간 애플리케이션과 데이터 제품의 결과는 여러 유형으로 분류할 수 있다.

### 대시보드

시스템의 현재 상태를 보여준다. 주식 시세 표시기, 실시간 선거 결과, 공항 내 출발 도착 디스플레이 등을 실시간 대시보드의 예로 들 수 있다. 실시간 정보를 처리하면서 상태를 계속 갱신하게 된다.

### 자율 행동

이런 시스템은 정보를 처리하면서 특정 조건에 맞춰 자동으로 반응한다. 이런 과정을 **복합 이벤트 처리**CEP, Complex Event Processing라고도 하며, 공장 운영에서부터 재고 관리, 자동 보급, 수송 계획, 기후 제어 등 여러 행동을 제어하는 데 사용한다. 이런 데이터 제품은 자동 주식 거래나 광고 경매 응찰 등 초 단위로 수백만 건의 응찰이 이뤄지는 사례에 사용하는 경우가 많다.

### 경보와 알림

직원이 계속 대시보드를 관찰하는 것처럼 사람의 노력이 많이 필요한 작업을 대신하거나 모든 조건을 고려해야 하는 복잡한 자동 프로그램의 대안으로 사용하는 시스템이다. 알림이 필요한 조건을 명시해 해당 조건이 충족됐을 때 사용자에게 알림을 띄우는 방식과 같은 자동화를 통해 사람의 지능을 보조하기 위한 시스템인 경우가 많다. 조건으로는 단순한 조건(예, 특정한 값에 온도가 도달하면 제어판에 경보를 띄운다)과 과거 및 실시간 데이터를 조합해야 하는 복잡한 조건(예, 웹 사이트의 트래픽이 해당 날짜와 해당 시간의 평균 트래픽을 넘어서면 관리자에게 이메일을 보낸다)이 있을 수 있다.

### 데이터 세트

데이터 제품은 고객 분류를 통해 이메일 캠페인 대상 고객 목록 생성이나 주택 가격 예측 보고서 생성 등 대단위 데이터를 사용하는 작업을 하는 경우가 많고, 그 결과로 데이터 세트가 만들어진다.

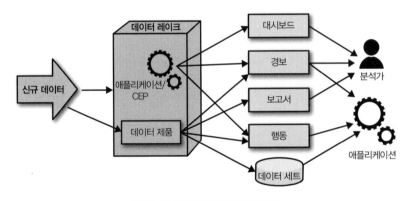

그림 5-10. 데이터 레이크에서 처리 결과

## 결론

5장에서 살펴봤듯이 데이터 레이크는 매력적인 데이터 웨어하우스 대안이 될 수 있고, ETL나 ODS처럼 기존부터 있었던 시스템이나 처리 과정도 포괄할 수 있다. 하지만 데이터 레이크의 진정한 힘과 가치는 고급 분석, 즉흥 분석, 비즈니스 사용

162

자 셀프서비스 등 기업에서 새롭게 발생하고 있는 다른 요구 사항을 해결하는 데 사용될 때 나타난다. 이에 관련해서는 다음 장들에서 살펴볼 예정이다. 가는 길이 쉽지는 않지만, 데이터 레이크의 처리 능력, 데이터와 연산 자원을 일원화하고 공유하는 것의 효과, 빅데이터의 경제성 등은 매력적이기 때문에 그 길을 갈만한 가치가 있다.

# 6장

# 셀프서비스용 최적화

데이터의 진정한 가치는 결정권자가 행동을 결정할 때 결정 근거로 데이터를 사용해야만 나타난다. 과거에는 전문가가 데이터를 준비해서 분석할 때까지 비즈니스 사용자는 기다려야만 했다. 그러다 보니 필요한 쿼리를 실행할 수 없었고, 지연, 오류, 잘못된 해석 등이 반복해서 나타났다.

일주일 휴가를 내 SQL 강의를 들으러 온 어떤 의사와 얘기할 기회가 있었다. 그는 최신 의학을 연구하는 병원에서 근무하고 있었는데, 어떤 의학 치료 프로토콜protocol의 효험에 의심이 갔지만 프로토콜을 바꾸려면 새로운 프로토콜의 안전성을 먼저 입증해야 하는 상황이었다. 그는 1년도 넘게 IT 팀에게 원하는 것을 설명하려 했다. 데이터 세트를 받기까지 몇 주씩 기다렸다가 원하던 데이터 세트가 아니라는 것을 알아내 다시 데이터를 요청해서 기다리다가 또다시 시간을 들여 그것도 원하던 데이터가 아니라는 것을 알게 되는 상황을 반복하고 있었다. 결국 너무나 답답해서 원하는 데이터를 직접 찾으려고 SQL 강의를 들으러 왔다고 했다. 새로 배운 지식을 적용하기 시작하고 나서 2주도 안 돼 그는 원하던 데이터를 찾아 치료 프로토콜을 바꿀 수 있었다. 이는 셀프서비스의 가치와 분석가가 직접 데이터를 탐색할 수 있을 때 나타나는 굉장한 효과를 보여주는 많은 사례 중 하나다.

6장에서는 조직이 비즈니스 사용자에게 더 많은 권한을 주는 셀프서비스 모델로 가려면 다시 고려해봐야 하는 데이터의 수집, 라벨링, 공유 방법을 다룬다. 사용자가 데이터 레이크에서 필요한 데이터를 찾을 수 있도록 도와주는 방법, 찾은 데이터가 정확하고 가치가 있다는 것을 신뢰하게 하는 방법, 사용자가 스스로 필요한 분석을 할 수 있게 하는 방법을 다룬다. 데이터에 대한 신뢰가 쌓이기 전까지는 비즈니스 분석가는 결정을 내릴 때 해당 데이터의 사용을 꺼리거나 때에 따라 틀린 결정을 내릴 수도 있다.

## 셀프서비스의 시작

과거에 데이터 웨어하우스의 요구 사항 초안은 항상 잘못된 것이라고 생각했었다. 즉, 흔히 얘기하는 데이터 웨어하우스 1.0 문제가 있었다. 올바르게 동작하는 데이터 웨어하우스로 가는 여정을 시작하려면 먼저 IT 팀이 스키마 초안과 그것을 바탕으로 한 보고서를 만든다. 그리고 보고서를 바탕으로 사용자는 자신이 진짜 원하는 것이 무엇인지 알게 되고 IT 팀은 그 결과로 '진짜' 요구 사항을 도출했다. 일부 전문 사용자를 제외하고 대부분의 분석가는 데이터를 직접 사용하는 데 필요한 기술과 도구를 갖지 못했다.

앞 사례의 의사와 같은 많은 사용자가 경험했던 IT 팀의 긴 응답시간은 데이터에 관한 커진 관심과 늘어난 요청 횟수로 인해 발생한다. 애플리케이션 데이터와 외부 데이터가 폭발적으로 증가하고, 데이터를 거의 실시간으로 사용하기를 원하는 비즈니스 사용자의 기대치도 폭발적으로 늘어나는 것을 경험했다. 이렇게 데이터의 양과 사용자 기대치가 모두 늘어난 상황을 IT 팀 혼자서 따라잡기는 불가능하다.

하지만 최근 등장하고 있는 신세대 분석가, 관련 분야 전문가[SME, Subject Matter Experts], 결정권자들은 디지털 시대에서 성장해왔고 대부분 고등학교나 대학 과정 중 어느 정도 프로그래밍 경험을 해서인지 이전 세대보다 관련 기술이나 컴퓨터와 친숙하다. 이 새로운 세대는 데이터를 '셀프서비스'하기를 원한다. 즉, 데이터를 스스로 찾고 이해하고 사용하기를 원한다. 또한 클라우드의 등장은 비즈니스 사용자가 IT 부서를 거치지 않고 직접 분석에 필요한 인프라를 확보할 수 있게 하고 있다.

6장에서는, IT 부서는 비즈니스 분석가에게 분석 서비스를 제공하고, 비즈니스 분석가는 비즈니스 사용자가 요구한 분석 작업을 하던 과거 방식과 비즈니스 사용자가 자신에게 필요한 분석을 직접 하는 새로운 셀프서비스 접근 방식을 비교해본다. 설명이 복잡해지는 것을 피하고자 분석 작업을 하는 모든 사람은 분석가라고 지칭하겠다. 여기에는 공식적인 분석가뿐만 아니라 직접 필요한 분석을 하는 비즈니스 사용자, 고급 분석을 하는 데이터 과학자까지 포함한다.

ETL에 사용하는 예전 데이터 모델링과 비즈니스 지능[BI, Business Intelligence] 도구들은 프로그래머나 아키텍트[architect]를 사용자로 생각하고 만들었지만, 새로운 도구들은 파워유저[power user]가 직접 데이터에 접근할 수 있도록 설계되고 있다. 예전에는 각 분야별 전문가가 다음과 같이 대부분의 일을 했다.

- 데이터 웨어하우스에 필요한 스키마는 데이터 모델링 전문가가 설계했다.

- 소스 애플리케이션에서 데이터를 추출하고, 변환해서 데이터 웨어하우스에 로드하는 ETL 잡은 ETL 개발자가 만들었다.

- 데이터의 정확성을 확인하는 검증 잡은 데이터 품질 분석가가 만들었다.

- 보고서 작성과 사용자의 데이터 분류에 사용할 수 있는 온라인 분석 처리[OLAP, Online Analytical Processing] 큐브[cube]는 BI 개발자가 만들었다.

- 각 데이터 요소가 무엇을 의미하는지 묘사하기 위한 비즈니스 용어집과 기업의 데이터를 추적하는 데 필요한 메타데이터 저장소는 메타데이터 분석가가 만들었다.

분석가가 할 수 있는 유일한 형태의 분석은 비즈니스 오브젝트 유니버스[Business Objects Universes]와 같은 시멘틱[semantic] 레이어를 통한 분석이었다. 비즈니스 오브젝트 유니버스는 최종 사용자가 실제 데이터 가공 과정의 복잡성은 걱정하지 않고 사전에 구성된 상위 수준 구성 개념(고객이나 주문과 같은 비즈니스 오브젝트)을 통해 데이터를 조합할 수 있게 해준다. 예를 들어 사용자는 보고서에 고객과 주문에 대한 비즈니스 오브젝트를 각각 추가해 고객별 주문을 확인할 수 있었다. 이런 접근 방식은 매우 편리하지만, IT 직원이 사전에 만들어 놓은 비즈니스 오브젝트가 있어야 한다는 제약이 있었다. 또한 무언가를 수정하려면 많은 사람의 검토와 승인이 필요하며, 이런 과정은 수개월이 걸리기도 했다.

데이터 셀프서비스 혁명은 이런 문제를 해결했다. 분석가가 눈으로 보면서 데이터를 탐색해 직접 필요한 도표를 만들 수 있게 해준 태블로[Tableau], 파워 BI[Power BI], 클릭[Qlik]과 같은 셀프서비스 데이터 탐색과 시각화 도구는 과거의 BI 도구들을 빠르게 대체하고 있다. 분석가는 이제 엑셀[Excel], 트리팩타[Trifacta], 팍사타[Paxata]와 같은 셀프서비스 데이터 준비 도구를 사용해 원하는 형태로 데이터를 가공할 수 있다.

또한 워터라인 데이터[Waterline Data]나 IBM 왓슨 카탈로그[Watson Catalog]와 같은 셀프서비스 카탈로그 도구는 분석가가 IT 팀에게 요청하지 않고 직접 데이터 세트에 주석을 달거나 필요한 데이터 세트를 검색하고 이해할 수 있게 해준다.

그림 6-1은 분석가가 IT 팀에 의존하면서 IT 팀에 부하가 걸리던 모습이 어떻게 셀프서비스 분석을 통해 상당 부분 완화될 수 있는지 보여준다. 오늘날 제공되는 셀프서비스 도구는 대부분 분석가를 사용자로 생각하고 개발된 것이며, 도구를 배우고 사용하는 데 IT 팀의 도움이 없어도 되는 경우가 많다(한 가지 예외는 IT 팀과 비즈니스 팀을 연결해주는 카탈로그 도구며, 이런 도구는 일반적으로 IT 팀이 관리하고 사용은 분석가가 하게 된다). 그런데도 근간이 되는 데이터 인프라는 여전히 IT 팀이 관리하며, 그러므로 안정적일 수 있다.

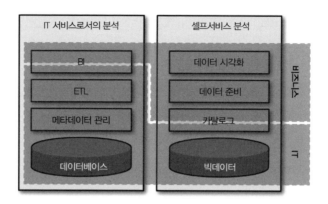

**그림 6-1.** 셀프서비스 분석을 통한 IT 부하 감소

## 비즈니스 분석가

불행한 점은 오늘날 대부분의 기업에서 셀프서비스 모델을 지원하지 못하고 있다는 점이다. 사용하는 데이터 웨어하우스가 다수의 즉흥적인 쿼리와 분석을 지원하도록 설계되지 않았기 때문이다. 앞에서 얘기한 것처럼 이런 데이터 웨어하우스는 철저하게 사업에 필요한 보고와 분석에 사용하고자 조정돼 있다. 수백에서 수천 명의 사용자가 무작위로 형식에 맞지 않는 쿼리를 시도하면 의도했던 기능이 동작하지 않을 수 있다. 또한 분석을 하려고 데이터 웨어하우스 데이터와 다른 데이터 세트를 조합하는 경우도 많은데, 데이터 웨어하우스에 무언가를 추가하려면 상당한 설계가 필요하며, 거쳐야 하는 아키텍처와 보안 승인 과정도 많을 뿐만 아니라 ETL 개발 작업까지 많이 비싸고 시간도 오래 걸리는 과정이다.

결국 기업이 데이터 레이크를 두는 큰 이유 중 하나는 셀프서비스가 가능하게 하려는 것이다. 셀프서비스를 이해하려면 비즈니스 분석가가 일반적으로 하는 작업 공정을 먼저 살펴볼 필요가 있다(그림 6-2).

**그림 6-2.** 비즈니스 분석가 작업 공정

1장에서 살펴봤듯이 분석가는 먼저 필요한 데이터를 찾아 이해해야 한다. 다음 단계는 데이터를 확보하는 것이다. 이때 데이터는 사용할 수 있는 형태여야 한다. 그런 다음 분석에 적합하도록 데이터를 전처리해야 한다. 이때는 데이터에 대한 조합, 필터$^{filter}$, 합계, 데이터 품질 문제 해결과 같은 작업이 필요할 수 있다. 데이터를 원하는 형태로 준비하고 나면 분석가는 데이터 식별 도구와 시각화 도구를 통해 데이터를 분석할 수 있다.

이 작업 공정의 앞쪽 3개 단계를 더 자세히 살펴보고, 또 다른 중요한 문제인 식별된 데이터의 신뢰성 확보에 관해서도 살펴볼 예정이다.

## 데이터 식별과 이해: 기업을 문서로 기록

분석가는 자신이 익숙한 비즈니스 용어로 데이터를 찾고자 하지만(예를 들어 "연간 소비액, 나이, 위치를 포함한 고객의 인구 통계 정보가 필요하다") 실제로는 의미를 알기 어려운 기술적 용어로 데이터 세트나 필드를 찾아야 하는 경우가 많다. 이런 점은 분석가가 데이터를 찾거나 이해하는 데 상당한 어려움으로 다가온다. 이런 문제를 해결하려고 많은 기업에서는 비즈니스 용어와 태그를 데이터 세트나 필드명과 연결해주는 데이터 카탈로그에 투자하고 있다. 분석가는 이런 태그로 데이터 세트를 빠르게 찾을 수 있고, 필드명과 관련된 태그를 보고 데이터 세트를 이해할 수 있다. 일반적으로 분석가가 찾는 데이터가 포함된 데이터 세트는 여럿 있기 때문에 다음 단계는 그중 어떤 것을 사용할지 선택하는 것이다. 분석가는 이런 선택을 할 때 데이터 세트가 얼마나 완전, 정확, 신뢰할 수 있는 데이터를 갖고 있는지 판단한다(신뢰 쌓기는 다음 절에서 다룬다).

170

비즈니스 분석가의 셀프서비스가 가능하게 하려면 카탈로그가 필요하지만, 카탈로그를 만들거나 유지하기는 쉽지 않다. 데이터가 어디에 있고, 어떤 데이터 세트를 어디에 써야 할지, 데이터가 가진 의미는 무엇인지 등과 같은 지식은 많은 기업에서 사람들의 머릿속에만 있기 때문이다. 이를 흔히 '부족 지식tribal knowledge'이라고 한다.

카탈로그 없이 어떤 문제에 필요한 데이터 세트를 찾으려면 분석가는 필요한 데이터가 어디 있는지 아는 사람이 나타날 때까지 찾아다니면서 계속 물어봐야 한다. 그리고 그런 사람을 찾는다면 그 자체가 행운이다. 실제 SME를 찾기는 쉽지 않기 때문에 많은 경우 분석가는 비슷한 문제에 특정 데이터 세트를 사용했다고 말해주는 누군가를 발견하고 데이터 세트가 어디에서 왔는지, 어떤 처리가 이뤄졌는지 이해하지 않고 해당 데이터 세트를 사용하게 된다.

어떻게 보면 프로젝트로 일종의 러시안 룰렛Russian Roulette을 하는 것과 같다. 즉, 오른쪽에 어떤 통증이 있어 이유를 알만한 의사를 찾다가 의사는 아니지만 비슷한 증상에 어떤 약을 먹었다는 사람을 찾아 무작정 그 사람을 믿고 먹었다던 약을 먹는 것과 같다. 그 약이 맞지 않을 수도 있고, 어떤 약인지, 어디에서 왔는지, 얼마나 오래됐는지 알 수 없다. 증상을 안다는 의사를 만나더라도 의사가 증상을 볼 자격이 있는 의사인지도 알 수 없다. 이런 과정은 신체에 관한 것이든 데이터에 관한 것이든, 매우 고통스럽고 시간이 오래 걸리며 오류가 생길 가능성도 높다.

한 가지 다행인 것은 구글Google, 엘프Yelp, 위키피디아Wikipedia의 예를 통해 알 수 있듯이 지금은 크라우드소싱crowdsourcing을 통해 지식을 저장하는 데 익숙한 시대라는 점이다. 기업에서도 같은 접근 방식을 통해 데이터에 대해 분석가가 가진 지식을 크라우드소싱하고 있으며, 이런 과정을 통해 분석가의 머릿속에만 있던 정보를 용어집이나 메타데이터 저장소로 옮겨오고 있다. 하지만 이런 과정은 시간이 오래 걸리며, 다음과 같은 2가지 문제가 생긴다. 첫째, 필수 데이터 요소CDE, Critical Data Elements라고 하는 가장 중요한 데이터에 관한 정보만 문서로 남겨지는 경우가 많다. 고객,

제품 특성과 같은 마스터 데이터 목록에서 찾을 수 있는 설명 필드, 주문 번호, 날짜, 금액과 같은 핵심 거래 필드가 주로 여기에 포함된다. 둘째, CDE만 저장한다고 하더라도 데이터 세트, 비즈니스 프로세스process, 규칙 등이 바뀌고 기술이 발전함에 따라 이런 저장소는 빠른 속도로 채워진다.

이런 문제를 해결하는 가장 좋은 방법은 다음과 같다.

- 모든 부족 지식을 크라우드소싱해서 모두에게 제공

- 데이터 세트 주석 처리 자동화

10년 전만 하더라도 분석은 보통 담당자를 따로 두고 했다. 이런 사람은 온종일 데이터만 갖고 일했기 때문에 데이터에 관한 지식은 분석 팀과 데이터 아키텍처 팀에 집중될 수밖에 없었다. 오늘날 기업에서는 무언가 결정을 하는 사람 모두가 분석을 한다. 이런 점은 데이터의 급증과 함께 데이터를 잘 아는 관련 분야 전문가SME를 찾는 것을 더 어렵게 한다. SME는 풀타임full-time 혹은 공식적인 직책이 아닌 경우가 많다. 기업 중에는 공식적인 데이터 관리 프레임워크를 개발한 곳도 있다. 이런 프레임워크에서는 데이터 관리 담당자를 지정하는데, 주로 풀타임보다는 파트타임part-time으로 지정한다. 데이터 관리 담당자는 데이터가 올바르게 사용되고 있는지, 관련 정부와 내부 규정을 준수하는지, 품질은 유지되고 있는지 등을 관리한다. 하지만 SME뿐만 아니라 공식 데이터 관리자조차도 다른 팀을 도와주더라도 그 시간을 별도로 인정받지 못하고 원래 맡은 업무는 업무대로 처리해야 한다. 그에 따라 SME는 이런 역할에 거부감을 느끼게 되고 여러 부서에 같은 자료를 반복 설명하는 것을 기피하게 된다. 따라서 분석가는 SME에게 점심을 사거나 다른 방법을 통해 그들의 시간과 지식을 사는 경우가 많다. 하지만 점심을 대접하더라도 필요한 지식의 일부만 얻는 경우가 많다. 운이 좋다면 필요한 나머지 지식을 얻을 수 있는 다른 SME를 찾기 위한 단서를 얻을 수도 있는데, 그러면 또 비싼 점심을 사야 한다.

기업에서 SME와 그들이 가진 지식의 가치를 인정하기 시작하면서 크라우드소싱에 대한 보상을 제공하기 위한 여러 방법을 실험하고 있다. 가장 효과적인 방법에는 다음과 같은 것들이 있다.

- SME가 자신의 지식을 문서로 남기는 과정을 가능한 한 쉽고 효율적으로 할 수 있게 만든다. 별도의 용어집이나 분류체계를 만들어 SME가 각 필드에 대한 설명을 자세히 쓰지 않아도 정의된 용어를 사용해 데이터 세트에 바로 태그를 붙일 수 있도록 하는 방법이 많이 사용된다.

- '포크소노미folksonomy'를 통해 태그를 붙이는 작업을 더 용이하게 하기도 한다. 포크소노미에서는 SME가 정해진 분류가 아닌 자신에게 익숙한 용어를 태그로 사용할 수 있다(익숙한 용어란 SME가 예전부터 사용했던 용어이거나 금융 서비스의 FIBO처럼 업계 표준 용어일 수도 있다). 예를 들어 미국 분석가는 'first name(이름)'과 'last name(성)'에 익숙한 반면 유럽 분석가는 'given name(주어진 이름)'과 'family name(가족 성씨)'에 익숙할 수 있다. 비슷하지만 때에 따라 뉘앙스가 달라 의도하는 바가 다른 용어도 있다. 예를 들어 한쪽에서는 'due date(만기일)'와 'default date(디폴트 날짜)'를 같은 의미로 사용하지만 다른 쪽에서는 별도의 'grace period(유예 기간)'가 있어 'default date'는 'due date'에 유예 기간을 더한 것을 의미할 수도 있다. 지리적인 위치, 비즈니스, 기능, 인수 방법 등의 차이로 인해 나타나는 다양성과 복잡도는 놀랍다.

- SME가 한 일을 공개적으로 인정해서 SME가 자신의 지식을 공유하도록 유도하는 방법도 있다. 공개적인 인정에는 게임화gamification, 배지 수여도 있고, 간단하게는 SME가 도와준 프로젝트에서 단순하게 인정을 하는 것도 포함할 수 있다.

- 데이터 세트에 대해 누구에게 물어봐야 하는지 쉽게 찾을 수 있게 하는 방법이 있다. 이 방법은 분석가가 물어봐야 할 사람을 쉽게 찾을 수 있도록 할

뿐만 아니라, SME도 매번 새로운 사용자에게 자신의 데이터 세트를 다시 설명하지 않아도 되도록 관련 정보를 기록하게 장려한다. 예를 들어 구글에서는 사용자가 각 데이터 세트의 SME를 찾을 수 있는 검색 가능한 카탈로그를 만들고 나서 자주 사용되는 데이터 세트에 관한 문서가 빠르게 작성된다는 것을 발견했다. 많은 사람이 사용함으로써 담당 SME는 아무래도 같은 질문에 계속 답하는 것이 피곤했을 것으로 보인다.

- SME에 자문한 분석가가 배운 것을 태그나 주석으로 작성하기 쉽게 하는 방법이 있다. 나중을 위해 태그나 주석을 남겨 놓으면 같은 SME를 계속 귀찮게 하지 않아도 된다. 이 방법이 아마 가장 효과적인 방법일 것이다. 지식은 빠르게 퍼지며 일상적인 정보가 된다.

셀프서비스로 가는 길에 SME의 지식을 크라우드소싱하는 것이 매우 중요한 단계이기는 하지만, 기업의 데이터가 워낙 많으므로 모든 것을 수동으로 기록하는 것은 불가능하다. 그에 따라 데이터 세트 중 많이 알려지고 자주 사용되는 일부에 관한 문서는 잘 작성되지만, 나머지 대부분 데이터 세트는 여전히 설명해주는 자료가 없게 된다. 또한 새로운 데이터 세트도 비슷한 문제를 겪을 수 있다. 관련 문서가 바로 작성되지 않아서 분석가가 새로운 데이터 세트가 있는지 알지 못할 수도 있다.

이런 문제의 답은 자동화다. 크라우드소싱과 자동화를 효과적으로 혼합해 '자동 데이터 식별'이 가능한 새로운 도구가 있다. 자동 데이터 발견이란 SME나 분석가가 제공하는 태그를 기반으로 자동으로 데이터 세트에 맞는 태그나 주석을 만드는 것을 말한다. 이런 도구는 인공지능<sup>AI</sup>과 머신러닝<sup>machine learning</sup>을 활용해서 아직 관련 문서가 없는 데이터 세트의 개별 요소를 식별하고 필요한 태그를 붙여 분석가가 나중에 찾아 사용할 수 있게 해준다. 워터라인 데이터<sup>Waterline Data</sup>의 스마트 데이터 카탈로그<sup>Smart Data Catalog</sup>와 IBM의 왓슨 데이터 카탈로그<sup>Watson Data Catalog</sup>가 이런 방식을 사용하는 대표적인 도구다. 카탈로그는 8장에서 더 자세히 다룬다.

## 신뢰 구축

분석가가 적절한 데이터 세트를 찾고 나면 다음은 해당 데이터를 신뢰할 수 있는지 묻게 된다. 분석가가 드물게는 깨끗하고 신뢰할 수 있는 정화된 데이터 세트를 찾기도 하지만, 대부분은 데이터를 신뢰할지 스스로 판단해야 한다. 신뢰는 일반적으로 다음 3가지를 기반으로 형성된다.

- **데이터 품질:** 데이터 세트가 얼마나 완전하고 깨끗한가?

- **이력(또는 유래):** 데이터가 어디에서 왔는가?

- **관리:** 데이터 세트를 누가 만들었고 왜 만들었는가?

## 데이터 품질

데이터 품질은 넓고 복잡한 주제다. 실무에서 품질은 데이터의 관련 규칙 준수 정도로 정의할 수 있다. 단순한 규칙(예, 고객명 필드는 비어 있으면 안 된다)에서부터 복잡한 규칙(예, 구매 위치에 따라 판매세는 올바르게 계산돼야 한다)까지 있다. 가장 대표적인 데이터 품질 규칙은 다음과 같다.

### 완전성

필드는 비어 있지 않다.

### 데이터 유형

필드가 올바른 유형이다(예, 나이는 숫자여야 한다).

### 범위

필드의 값은 특정 범위에 속해야 한다(예, 나이는 0과 125 사이여야 한다).

### 포맷

필드가 특정 포맷$^{format}$으로 돼 있어야 한다(예, 미국 우편번호는 5자리, 9자리, 5자리-4자리여야 한다).

### 집합의 크기

필드에 포함된 고윳값의 개수가 특정한 수여야 한다(예, 미국의 주 이름 필드에 속한 값이 50개를 넘으면 문제가 있다는 것을 알 수 있다. 모든 값이 실제 주 이름인지는 알 수 없겠지만, 이미 모든 주 이름이 포함돼 있었다면 집합의 크기만 확인하는 새너티 테스트$^{sanity\ test}$로 충분할 수 있다. 존재하지 않는 주 이름을 사용했다면 집합의 크기는 50을 넘어갈 것이다).

### 선택성

필드의 값은 고유한 값이어야 한다(예, 고객 리스트$^{list}$의 고객 ID는 고유한 값이어야 한다).

### 참조 무결성

필드 값이 참조 값 리스트에도 있다(예, 모든 고객 상태 코드는 허용된 값 중에 있고, 주문 리스트의 각 고객 ID는 고객 리스트에도 있는 값이다. 주 이름처럼 집합 크기 검사만으로도 충분한 것도 있겠지만 고객 상태 코드처럼 해당 고객을 어떻게 응대할 것인지, 또 얼마나 청구할지에 상당한 영향을 미치기 때문에 상태 코드 유효성 검사를 할 때 모든 값을 일일이 확인해야 하는 것도 있다).

데이터 품질을 확인하는 가장 일반적인 방법은 데이터 프로파일링$^{data\ profiling}$이다. 각 필드의 데이터를 읽어 비어 있는 필드 수(완전성), 고유한 값 개수(집합 크기), 고유한 값 비율(선택성)과 같은 측정 지표뿐만 아니라 데이터 유형, 범위 등을 확인하고 참조 무결성 검사까지 진행하는 것이 데이터 프로파일링이다.

기본적인 데이터 프로파일링 외에 데이터의 특정 측면을 확인하는 데 필요한 별도의 전용 규칙도 추가로 정의할 수 있다. 프로파일링의 장점은 모든 필드를 대상으

176

로 자동 실행할 수 있다는 점이다. 데이터 세트 사용 여부를 결정하려는 분석가는 결과를 검토해서 품질 수준을 판단할 수 있다. 반면 전용 규칙은 검토 대상 데이터 세트에 맞게 직접 설계, 구현, 적용해야 한다.

## 이력(유래)

데이터 품질 검사는 분석가에게 데이터가 얼마나 좋은지 알려주고 이력은 데이터가 어디에서 왔는지 알려준다. 예를 들어 CRM 시스템의 고객 데이터는 특수 데이터 마트의 고객 명단보다 신뢰할 수 있다. 전자는 고객 데이터를 보관하는 시스템이지만 후자는 특정 지역이나 인구 통계 정보를 기준으로 전체 중 일부 고객만 추린 세트일 수 있어서 변형되거나 과거 고객 데이터를 갖고 있을 수 있다.

금융 서비스처럼 규정을 준수하려면 이력이 필요한 업계도 있다. 예를 들어 바젤 은행 감독 위원회Basel Committee on Banking Supervision의 239번 규정은 금융 서비스 기업이 금융 보고에 사용한 데이터의 이력을 감사에게 증명하도록 하고 있다. 골드 영역 데이터를 금융 보고에 사용한다면 관련 이력을 기록하고 항상 최신 상태로 유지하는 것이 중요하다.

데이터 이력을 표현하는 데는 여러 가지 어려움이 있는데, 특히 시스템 정체system identity나 변환 로직transformation logic으로 인해 어려운 경우가 많다. 데이터가 많은 시스템과 도구를 거침으로써 서로 다른 도구가 같은 시스템을 얘기하고 있는지, 아니면 다른 시스템을 참조하는지 알기 어려운 경우가 많다. 또한 도구에 따라 변환 방법을 다르게 표현함으로써 적용된 모든 변환 작업을 공통적인 방식으로 표현하기가 힘들다. 시각적으로 표현하는 것들도 있고, 프로그래밍 언어로 표현하거나 쿼리 언어 혹은 스크립트로 표현하는 것도 있다.

먼저 정체에 관해 알아보자. 관계형 데이터베이스 쿼리를 실행하고 파일에 결과를 저장하고자 자바 데이터베이스 커넥티비티JDBC, Java Database Connectivity를 사용하는 스쿱<sup>Sqoop</sup>이라는 오픈소스 하둡 유틸리티로 만든 하둡 파일이 있다고 가정해보자. 또한 오픈 데이터베이스 커넥티비티<sup>ODBC, Open Database Connectivity</sup>를 사용하는 ETL 도구로 같은 데이터베이스의 같은 테이블에서 데이터를 읽어 만든 두 번째 하둡 파일이 있다. 2개의 파일이 같은 데이터베이스에서 추출됐다는 것을 프로그램을 통해 확인할 방법은 없을 수 있다. 또한 스쿱은 형태가 일정하지 않은 쿼리도 실행할 수 있기 때문에 ETL 도구와 같은 테이블을 참조하는지 알 수 없다.

ETL 도구의 강점으로 내세우는 것 중 하나가 이런 정체성에 관련된 문제는 모든 변환이 하나의 도구에서 이뤄질 경우 도구가 해결해주며, 해당 ETL 도구가 사용하는 표현 방법으로 쉽게 기술적인 이력을 표현할 수 있다는 점이다. 하지만 대부분 그렇듯이 당신의 기업에서도 여러 ETL 도구를 사용하고 있다면 이런 정체성과 표현 방법에 관한 문제는 여전히 해결 대상이 된다. 대상이 누구냐에 따라 이력을 표현할 방법은 여러 가지가 있다. 예를 들어 비즈니스 분석가는 비즈니스 용어와 간단한 설명으로 구성된 비즈니스 수준으로 데이터가 어떻게 만들어졌는지 설명하는 것을 선호한다. 반면 기술 배경을 가진 사용자는 목적 데이터 세트를 만들 때 사용한 코드나 코드를 정교하게 표현한 시각적인 방법을 선호한다.

데이터 세트는 다양한 프로그램, 프로그래밍 언어, 스크립트, 도구 등으로 구성된 여러 단계를 거쳐 만들어질 수 있기 때문에 기술적 이력을 표현하는 것이 어려울 수 있다. 기술 이력에 관해서는 밀도와 변환 표현 등 2가지 측면을 고려해야 한다.

밀도는 다음과 같은 2가지 수준에서 생각할 수 있다.

### 데이터 세트 수준 밀도

여러 데이터 세트 간의 이력 관계는 일반적으로 방향성 있는 그래프 형태로 포착하고 표현한다. 즉, 데이터를 수집하고 변환한 각 단계는 노드나 박스로 표현하고, 이런 노드 간에 데이터의 흐름은 화살표로 표현한다. 데이터 세트를 만드는 데 사용한 프로그램을 표현하기도 하지만 구체적인 코드보다는 그래프의 노드로 표시한다.

## 필드 수준 밀도

각 필드의 이력은 방향성 있는 그래프의 형태로 포착하고 표현하는데, 이때 각
변환 작업은 별도의 노드로 표현하는 경우가 많다. 필드 수준 이력을 데이터 세
트 수준과 합쳐 하나의 그래프로 그리기도 한다. 사용자는 대상 데이터 세트의
전용 인터페이스를 통해 데이터 세트 수준에서 필드 수준으로 내려갈 수 있다.

변환 표현 방법에도 다음과 같은 2가지가 있다.

## 정규화된 표현 방법

모든 변환을 공통 형태로 표현한다. 데이터 세트를 만드는 데 여러 절차적 언어
와 선언형 언어를 사용할 수 있기 때문에 이렇게 공통적인 형태로 표현하는 것
이 어려울(때에 따라 불가능하기까지) 수 있다.

## 원래대로 표현 방법

모든 변환을 원래 언어나 스크립트로 표현하는 방법이다. 데이터 세트를 만들
때 복잡한 소프트웨어를 사용했을 경우 데이터 세트를 만드는 데 사용한 로직
<sup>logic</sup>만 프로그램으로 추출하는 것이 어려울 수 있기 때문에 이 접근 방식도 쉽지
않다.

한 가지 예를 들어보자. 하둡 파일 2개가 있다고 가정한다. 하나는 데이터 웨어하
우스에서 다운로드한 것으로 고객 주소를 포함한 전체 고객 명단을 갖고 있고, 나
머지 하나는 Data.gov라는 공개 웹 사이트에서 가져온 것으로 각 지역의 평균 소득
수준 정보를 우편번호<sup>zip code</sup> 단위로 명시하고 있다.

파일을 다운로드해서 파일을 저장한 경로를 기준으로 2개의 하이브 테이블(즉,
Cust와 IncomebyZip)을 만들어 관계형(SQL) 인터페이스를 제공한다. 그런 다음 Cust
테이블에서 캘리포니아 고객을 추려내고 IncomebyZip 테이블과 조인<sup>join</sup>해서 최종

CalCustRelIncome 테이블을 만든다. CalCustRelIncome은 우편번호 단위로 해당 지역의 평균 소득 대비 고객의 가구 소득 수준을 제공한다.

이런 과정으로 표현한 비즈니스 이력 흐름은 그림 6-3과 비슷하다. 중간 단계는 모두 건너뛰고 주요 단계마다 무엇이 달성되는지 영어(또는 사용할 언어)로 된 문서로 제공한다. 물론 말로 전달하는 비즈니스 수준의 설명은 누군가가 기록해야 한다는 문제가 있고, 더 어려운 것은 코드가 바뀜에 따라 문서를 계속 갱신해야 한다는 점이다. 반면 이런 설명이 실질적으로 비즈니스 분석가에게 데이터 세트가 어떻게 만들어졌는지 설명할 수 있는 유일한 방법이다.

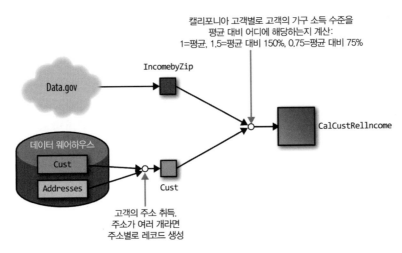

그림 6-3. 비즈니스 수준 이력

그림 6-4는 좀 더 기술적인 데이터 세트를 표현하는 방법을 보여준다. 주요 단계가 무엇이고 데이터가 어디에서 오는지를 개요 수준에서 보여준다. 하지만 관련 작업의 구체적인 정보까지는 보여주지 않는다. 예를 들어 목적 테이블인 CalCustRelIncome 을 호출[call]하지 않고는 데이터 세트 수준 이력에서 Cust 테이블 중 캘리포니아 고객만 추려낸다는 것을 알 방법이 없다.

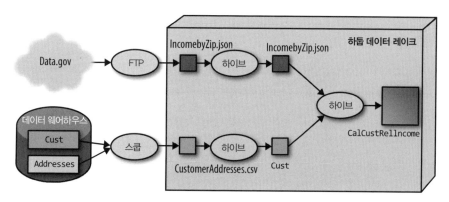

**그림 6-4.** 데이터 세트 수준 기술 이력

이런 이력에 더 많은 세부 정보를 담을 수 있는 경우도 있다. 예를 들어 스쿱 쿼리를 보여주는 스쿱 노드나 하이브 쿼리를 보여주는 하이브 노드로의 콜아웃^callout이 이런 경우다. 그림 6-5는 이런 상황을 보여준다.

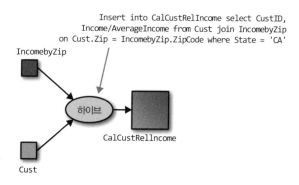

**그림 6-5.** 데이터 세트 수준 변환 노드에 세부 정보 추가

이제 그림 6-6이 보여주는 것처럼 이런 단일 하이브 쿼리를 정규화된 표현 방법을 이용해 그래프에 필드 수준 이력으로 시각적으로 표현하는 방법을 살펴보자.

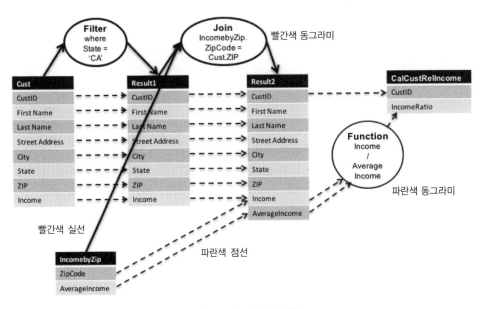

**그림 6-6.** 필드 수준 기술 이력

그림 6-6에서 필드 수준 운용은 파란색 점선으로, 데이터 세트 운용은 빨간색 실선으로 표현하고 있다. 파란색 점선은 필드를 소스에서 목표로 복사하기만 하는 경우로, 소스 필드에서 목적 필드로 연결돼 있다. 어떤 운용이든 관련돼 있다면 파란색 동그라미로 그려져 있고, 운용의 입력과 출력은 파란색 점선으로 표현하고 있다. 세트 수준에서의 운용(빨간색 동그라미)의 입력과 출력은 해당 운용과 특정 데이터 세트 간의 빨간색 실선으로 표현하고 있다. 단순 하이브 SQL 쿼리는 3가지 단계 혹은 노드로 표현하고 있다.

### 필터 노드

Cust 하이브 테이블에 필터를 적용해 캘리포니아 고객만 선별한다.

### 조인 노드

첫 번째 작업의 결과와 IncomebyZip 하이브 테이블을 조합해서 우편번호를 기준으로 고객별 평균 소득(AverageIncome) 값을 추가한다.

182

### 함수 노드

`CalCustRelIncome` 하이브 테이블의 필드를 추출하고 고객의 소득을 평균 소득으로 나눠 고객별 소득 비율(`IncomeRatio`)을 계산한다. 계산이 쿼리의 일부로 이뤄지기 때문에 함수는 별도의 이름이 없고 필요한 계산을 하는 코드로 표현하고 있다.

이런 그림을 그리려면 이력 시스템은 하이브 SQL을 파싱하고 이해할 수 있어야 하며, 작업 단위로 나눌 수 있어야 한다. 이는 만만한 일이 아니다. 특히 사용자가 SQL과 같은 선언형 언어가 아닌 자바 맵리듀스<sup>Java MapReduce</sup> 프로그램이나 피그 스크립트<sup>Pig script</sup>를 작성할 수도 있고, 아니면 정규화된 방법으로 표현하기 힘들거나 경우에 따라 불가능하기까지 한 여타 방법을 사용할 수도 있다.

### 관리

신뢰에는 사회적인 요소도 많은 영향을 준다. 분석가는 신뢰할 수 있는 SME를 찾으려고 다른 사람의 의견을 참고한다. 블로거, 유튜버, 업계 전문가 중에서도 신뢰를 쌓거나 팔로워<sup>follower</sup>가 많아 두드러지는 사람이 있듯이, 오늘날 데이터 레이크에서도 다른 사람보다 붙인 주석이나 설명이 더 신뢰받는 사람이 있다. 이런 신뢰받는 사용자는 조직에서 데이터를 책임지고 있는 사람이나 공식 데이터 관리자일 수도 있고, 널리 인정받고 존경받는 전문가일 수도 있다. 성숙한 관리 구조와 공식적으로 지정된 데이터 관리자가 있는 조직에서도 다른 관리자보다 더 다양한 지식을 가진 관리자가 있을 수 있고, 공식 데이터 관리자보다 분석가가 더 다양한 지식과 통찰력을 가진 경우도 있다. 후자의 경우 데이터를 만들었거나 항상 사용하는 분석가면 더 그럴 가능성이 크다. 전문성이란 정성적인 기준이고 여러 사람에게 분산되는 특성이 있다. 그에 따라 이런 문제를 해결하고자 트립어드바이저<sup>TripAdvisor</sup>, 옐프<sup>Yelp</sup>와 같은 소비자 웹 사이트를 참조해서 어떤 정보가 얼마나 도움을 줬는지, 얼마나 정확했는지 사용자가 평가할 수 있게 해서 믿을 수 있는 리뷰<sup>review</sup> 작성자를 식별할 수 있도록 한 기업들도 있다.

## 프로비저닝

적절한 데이터 세트를 식별하고 나면 분석가는 그것을 사용할 수 있게 해야 한다. 즉, '프로비저닝<sup>provisioning</sup>'해야 한다. 프로비저닝은 2가지 측면을 가진다. 첫 번째로 데이터를 사용할 권한을 확보해야 하고, 두 번째로 데이터에 대한 물리적인 접근을 확보해야 한다.

데이터 레이크에서 가장 어려운 문제의 하나는 어떤 분석가에게 무슨 데이터에 대한 접근 권한을 줄지 결정하는 것이다. 업계에 따라 모두에게 전체 데이터에 관한 권한을 줄 수 있어 첫 번째 문제는 자연스럽게 해결되는 경우도 있다. 하지만 대부분 업계에서는 민감한 데이터도 많이 다룬다. 데이터 세트에는 개인 식별 정보<sup>PII, Personally Identifiable Information</sup>, 신용카드와 계좌 번호 같은 금융 정보, 주문 수량과 할인율 같은 비즈니스에 민감한 정보도 포함돼 있다.

접근 권한을 설정하는 전통적인 방식은 사용자별로 독립적인 계정을 만들어 하나 이상의 그룹에 넣고 데이터 세트나 필드별로 접근 권한을 특정 사용자나 그룹에 할당하는 방식이다. 예를 들어 미국 마케팅 분석가는 미국 판매 데이터에 접근할 수 있지만, 유럽 판매 정보는 사용할 수 없다. 미국에서 새로운 마케팅 분석가를 고용하면 미국 마케팅 분석가 그룹에 추가해 미국 판매 데이터에 접근할 수 있게 한다. 누군가 다른 팀이나 프로젝트로 옮겨가면 그 사람의 접근 권한과 그룹 설정은 다시 검토해봐야 한다. 새로운 데이터 세트를 받으면 보안 팀과 데이터 관리자는 누가 해당 데이터 세트에 접근할 수 있어야 하는지 결정한다. 이런 접근 방식에는 여러 가지 문제가 있다.

- 시간이 매우 오래 걸린다. 큰 기업은 수시로 사람을 고용하고, 항상 프로젝트 간에 인원을 옮기고 있다. 누구에게 어떤 접근 권한을 줄지 결정할 사람이 필요한데, 이런 사람은 주로 임금도 비싸고 책임도 많이 지게 된다.

- 과거에 얽매이기도 한다. 다른 프로젝트로 옮겨간 사람도 일정 기간은 예전 팀에서 어떤 역할을 계속할 때가 있다. 자기 일과 더는 관련이 없어 권한이 없어도 되는 데이터에 대한 접근 권한을 여전히 가진 분석가도 생기게 된다.

- 데이터는 많다. 그러므로 누가 어떤 데이터에 대한 권한을 가져야 하는지 알기 어려운 경우도 생긴다.

분석가가 필요한 데이터에 대한 권한을 요청하는 것이 이상적이다. 하지만 권한이 없어 필요한 데이터를 찾지 못하는 경우 모순이 생기게 된다.

해결 방법은 일부 기업에서 도입하기 시작한 유연한 접근 권한 제어다. 이 경우 분석가가 접근하지 않고도 필요한 데이터 세트를 찾을 수 있도록 메타데이터 카탈로그<sup>Metadata catalog</sup>를 만든다. 필요한 데이터 세트를 식별하고 나면 분석가는 그에 대한 권한을 요청하고 데이터 관리자나 소유자는 권한을 줄지, 또한 준다면 기간은 언제까지로 하고 접근 범위는 어디까지 할지 결정한다. 권한을 받은 기간이 끝나면 권한을 자동으로 회수하거나 연장을 요청하게 할 수 있다.

이런 접근 방식은 다음과 같은 여러 가지 장점이 있다.

- 누군가 데이터 세트에 대한 권한을 요청하기 전까지는 데이터 세트에 민감한 데이터가 있는지 찾거나 보호하는 데 노력을 들이지 않아도 된다.

- 분석가는 접근 권한 없이도 새롭게 추가된 데이터 세트를 포함한 전체 데이터 레이크의 어떠한 데이터라도 찾을 수 있다.

- 데이터 관리자와 소유자는 실제 프로젝트에서 요청하기 전까지는 누가 어

떤 데이터에 대한 권한을 가져야 하는지 결정하는 데 시간을 쓰지 않아도 된다.

- 접근 권한 요청에 근거를 제시하게 하면 나중에 누가 어떤 데이터 세트를 왜 요청했는지 추적할 수 있다.

- 데이터 세트의 일부에 대해 일정 기간만 권한을 부여할 수 있다.

- 현재 어떤 데이터 세트가 사용되고 있는지 항상 볼 수 있어 데이터 품질과 거버넌스governance 노력도 거기에 집중할 수 있다. 예를 들어 ETL 잡은 현재 사용되는 데이터 세트만 업데이트하게 할 수 있고, 민감한 데이터에 대한 비식별화와 데이터 품질 규칙도 마찬가지로 사용되는 데이터 세트에만 적용하게 할 수 있다.

카탈로그는 8장에서 다루고, 접근 권한 제어와 프로비저닝은 9장에서 더 자세히 다룬다.


## 분석용 데이터 준비

있는 그대로 사용할 수 있는 데이터도 있지만, 대부분의 경우 어떤 방법으로든 일정한 사전 준비 과정이 필요하다. 사전 준비에는 간단하게 데이터 중 필요한 부분만 선택하는 것에서부터 데이터를 올바른 형태로 바꾸기 위한 복잡한 정화와 변환 작업까지 포함한다. 가장 많이 사용하는 데이터 준비 도구는 마이크로소프트 엑셀 Microsoft Excel이다. 하지만 불행히도 엑셀은 크기가 큰 데이터 레이크 파일에 사용하기 부적합하게 만드는 여러 제약이 있다. 다행스러운 것은 알터릭스Alteryx, 데이터 미어Datameer, 팍사타Paxata, 트리팍타Trifacta와 같은 신규 기업뿐만 아니라 인포매티카 Informatica, 탈렌드Talend와 같은 규모가 있는 데이터 통합 공급사들이 확장성 좋은 새로운 도구를 시장에 공급하고 있다는 점이다. 태블로Tableau, 클릭Qlik과 같은 데이터

186

시각화 도구 공급사도 자신의 도구에 많이 사용하는 데이터 준비 기능을 포함하고 있다. 엑셀도 진화하고 있다. 마이크로소프트는 애저Azure에서 실행되는 엑셀용 하둡 인터페이스를 개발하고 있다.

전통적인 데이터 웨어하우스는 제한적이면서 명확하게 정의된 분석을 하고자 설계됐기 때문에 IT가 개발한 잘 검증되고 최적화된 ETL 잡을 통해 데이터를 공통 스키마로 변환한 후 로드load했다. 데이터 품질 문제는 대상과 상관없이 항상 같은 방식으로 해결한다. 모든 데이터를 공통 측정과 표현 방법으로 변환하기 때문에 분석가는 이런 공통적인 접근법을 활용할 수 있기만 하면 됐다.

현재의 셀프서비스 분석, 특히 데이터 과학은 더 유연하고 탐색적이다. 분석가는 데이터 웨어하우스의 데이터를 더 잘 활용할 수 있게 됐고, 자신의 상황과 사용 사례에 맞게 준비할 수 있도록 원본이나 미가공 데이터를 찾는 경우가 많아지고 있다.

이런 '목적에 맞는' 데이터를 만들고자 하는 욕구를 IT 팀에서 모두 감당하기가 불가능하다. 다행스럽게도 데이터 준비나 데이터 랭글링data wrangling 도구라고 불리는 새로운 도구가 널리 보급되면서 분석가가 전문 기술 없이도 분석에 적합한 형태로 미가공 데이터를 전환하기가 쉬워지고 있다. 이런 데이터 준비 도구는 분석가가 사용할 줄 아는 스프레드시트와 유사한 시각적인 인터페이스를 제공한다. 다음 논문에서 베트랜 카이유Bertrand Cariou는 데이터 랭글링의 다양한 사용 사례를 설명하면서 최신 데이터 준비 도구인 트리팩타가 제공하는 고급 머신러닝 인터페이스를 설명한다. 머신러닝은 사용자의 데이터 선택을 기반으로 작업 추측과 건의 사항을 제공한다.

# 데이터 레이크의 데이터 랭글링

 베트랜 카이유<sup>Bertrand Cariou</sup>는 트리팍타의 파트너 마케팅 이사<sup>Senior Director of Partner Marketing</sup>다. 인포매티카 외의 여러 미국과 유럽 기업에서 데이터 접근과 사용에 관한 일을 한 경험이 있다.

'데이터 랭글링'이라는 용어는 비즈니스 분석가, 데이터 분석가, 데이터 과학자와 같은 비즈니스 전문가가 데이터를 분석에 적합한 형태로 변환하기 위해 하는 기본적인 준비 행위를 지칭하고자 사용한다. 따라서 데이터 랭글링을 이 책에서 얘기하는 '셀프서비스'의 일환으로 볼 수 있다. 하지만 데이터 엔지니어가 자기 일을 더 원활하게 진행하고 비즈니스 사용자와의 협업을 개선하는 데 데이터 랭글링을 하는 경우도 늘어나고 있다. 누가 하든 간에 데이터 랭글링은 비즈니스 지능, 통계 모델링 도구, 머신러닝, 비즈니스 애플리케이션에 데이터를 공급하고자 여러 곳의 데이터를 미가공 상태에서 구조화된 소비가 가능한 형태로 변환하는 과정을 얘기한다. 필자가 근무하는 트리팍타와 같은 기업에서 공급하는 도구처럼 머신러닝을 적용한 최신 도구는 추천 의견을 제공하고 사용자와 협업해서 사용자별 데이터 활용 사례에 필요한 데이터 랭글링 작업을 가속하고 자동화해서 결국 데이터 준비 과정에 필요한 노력의 상당 부분을 줄여준다.

## 하둡에서의 데이터 준비 과정

데이터 준비 과정은 데이터 저장소와 처리 레이어에서 이뤄진다. 처리 레이어에는 하둡, 스파크, 기타 데이터 연산 엔진과 같은 도구가 있다. 준비된 데이터는 이후에 배치된 시각화나 통계 애플리케이션에서 사용된다.

그림 6-7에서 보여주는 것처럼 데이터 랭글링은 전체 분석 작업 공정의 여러 단계에서 이뤄진다.

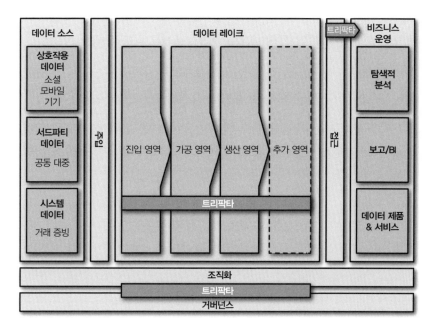

**그림 6-7.** 트리팩타 생태계

## 탐색적 준비

데이터 레이크에서의 데이터 랭글링은 일반적으로 특정 영역 안에서 또는 영역 간 데이터가 움직일 때 발생한다. 사용자는 미가공 데이터나 가공된 데이터를 조합하거나 구조화해 자신의 탐색적 작업이나 자동화해서 정기적으로 실행하려고 하는 신규 변환 규칙을 정의할 때 사용한다.

데이터 준비는 또한 가벼운 주입에도 사용할 수 있다. 즉, 탐색과 정화를 위해 이미 데이터 레이크에 있는 데이터를 확장하고자 외부 데이터 소스(예, 스프레드시트 또는 관계형 데이터)를 가져올 수 있다.

**소비**

랭글링은 비즈니스 통찰 레이어에 데이터를 전달하고자 생산 영역에서도 이뤄진다. SQL 기반 BI 도구를 사용하거나 태블로, SAS, R과 같은 분석 도구에서 사용하는 데이터 형태(예, CSV, JSON, 태블로 데이터 추출 형태)로 데이터를 추출할 수 있다.

**조직화**

데이터를 변환하는 작업 외에도 데이터 준비 도구는 팀이 정기적인 데이터 준비 잡을 설정하고 그것의 실행을 제어할 수 있는 조직화 레이어에서도 사용된다.

과정 중 모든 데이터 접근, 변환, 상호작용에 관한 로그는 기록돼 데이터 거버넌스 도구에 제공되기 때문에 관리자는 데이터의 이력을 이해할 수 있다.

## 데이터 준비의 대표적인 사용 사례

데이터 준비 도구의 사용은 비즈니스 팀이나 IT 팀이 하는 자동화의 효과를 볼 수 있는 3가지 주요(그리고 다수의 부수적인) 사례로 분류할 수 있다. 다음은 데이터 랭글링의 대표적인 사용 사례 3가지와 연관된 트리팍타의 고객 예제다.

### 사용 사례: 분석과 비즈니스 애플리케이션을 위한 셀프서비스 자동화

이런 사례에서는 비즈니스 팀이 초기 데이터 주입에서부터 결국 데이터 소비까지 데이터 준비를 포함한 모든 분석 과정을 관리한다. 주로 최종 목적인 준수 여부 확인을 위한 '마스터 보고서'를 만들거나 분산된 데이터를 합치는 것을 목표로 한다. 이런 사례에서는 IT 조직이 데이터 레이크의 구축과 데이터 주입을 설정하는 책임을 지며, 주입된 후에는 비즈니스 팀이 직접 자체 데이터 요구 사항을 처리하고 IT의 도움 없이 필요한 데이터 준비 과업 일정을 세운다.

## 고객 예제

펩시코$^{PepsiCo}$는 소매점의 포스$^{POS, Point-Of-Sales}$ 데이터와 내부 거래 정보를 조합해서 진행되는 소매 판매 예측 기능을 최적화하고자 했다. 펩시코가 겪고 있던 문제는 자동 생성 보고서나 이메일 첨부 파일로 들어오는 데이터의 형태가 소매점별로 달랐다는 점이다. 트리팩타를 사용하면 비즈니스 분석 팀이 소매점 데이터의 펩시코 데이터 레이크 주입 과정에 대한 소유권을 가지며, 데이터를 탐색하고 어떤 식으로 변환해야 하는지 정의할 수 있고, 이어지는 애플리케이션이나 프로세스에서 소비 가능한 결과를 제공하고자 필요에 따라 잡을 실행할 수 있다. 이때 잡은 즉흥적으로 이뤄지거나 사전에 정의된 계획에 따라 실행할 수 있다. 트리팩타는 사용자와의 상호작용에서 배워 한꺼번에 많은 양의 데이터를 정리하고, 풍족하게 하고, 검증하는 데 도움을 주는 즉각적인 피드백$^{feedback}$을 제공한다.

## 사용 사례: IT 조직화 준비

이 사례에서는 데이터 전문가(주로 데이터 분석가나 데이터 엔지니어)는 준비 작업을 직접 설계해서 원하는 결과를 얻기 위한 규칙을 대규모로 테스트, 검증, 실행한다. 최종 사용자가 운영 작업 흐름을 만들고 나면 IT 팀은 그것을 기업의 작업 공정에 통합한다.

## 고객 예제

유럽의 대형 은행 한곳에서는 고객 서비스의 질을 높이고 제품과 필요한 서비스를 분석하고자 자기 웹 사이트의 채팅 로그를 추출하고자 했다. 은행에서는 트리팍타를 사용해 여러 복잡한 형태의 데이터를 복수의 데이터 채널을 아우르는 Customer 360 프로젝트의 개별 특성에 맞도록 변환할 수 있었다. 이 사례에서는 관련 팀들이 자신이 만든 데이터 랭글링 규칙을 IT 부서에 제공해 IT 팀이 여러 데이터 흐름을 계속 합쳐 나갈 수 있었다.

## 사용 사례: 탐색적 분석과 머신러닝

이름에서 알 수 있듯이 탐색적 분석은 데이터를 통해 비즈니스의 여러 가지 측면을 탐색하는데, 이때 필요하면 바로 데이터에 대한 탐색, 사용 사례 조사, 관련 외부 데이터 식별, 가설 검증, 데이터 패턴pattern 발견, 데이터 과학 모델링에 필요한 데이터 세트 생성을 위해 데이터 준비 도구를 사용한다.

## 고객 예제

널리 인정받는 마케팅 분석 공급사에서 소비자 데이터를 취합하고 분석한 결과를 고객에게 제공해서 고객이 마케팅의 영향을 측정, 예측, 최적화할 수 있도록 도와주고 있다. 고객별로 데이터 소스와 포맷format이 다르다. 트리팍타는 고객 데이터를 식별하고 변환해서 잘 정리된 깨끗한 데이터 세트로 만드는 과정이 더 빠르게 진행될 수 있도록 도와준다. 예를 들어 트리팍타는 데이터를 자동으로 식별해서 사용자가 친숙한 격자무늬 인터페이스로 정리하고, 유효하지 않은 데이터를 식별하고 데이터의 정화와 변환에 가장 좋은 방법을 추천하는 데 머신러닝을 사용하고 있다.

## 분석과 시각화

훌륭한 셀프서비스 데이터 시각화 도구와 분석 도구는 여럿 있다. 태블로와 클릭은 시장에 등장한 지 몇 년 됐으며, 그 외에도 아카디아 데이터$^{Arcadia Data}$와 에이티스케일$^{AtScale}$ 같은 소규모 기업에서도 사용성이 높은 고품질의 빅데이터 환경 전용 기능을 제공하고 있다. 도날드 파머$^{Donald Farmer}$는 다음 논문에서 비즈니스 지능 분야에서의 셀프서비스 추세를 얘기하고 있다.

## 셀프서비스 비즈니스 지능의 신세계

 도날드 파머$^{Donald Farmer}$는 클릭의 혁신과 설계 부사장이다. 지난 30년간 고급 분석과 혁신 전략을 개발하고 관련 논문을 써 왔으며, 여러 국가에서 발표를 통해 데이터 전략의 경계를 허물고자 노력해 왔다.

최근 비즈니스 사용자들은 IT와의 관계를 급격하게 바꾸고 있다. 그리고 이런 변화는 최근 일어나는 대부분의 변화와 마찬가지로 아이폰$^{iPhone}$과 아이패드$^{iPad}$의 등장과 함께 나타나고 있는 '자기 기기 휴대' 현상 때문에 생겨나고 있다. BYOD$^{Bring Your Own Device}$로 줄여서 부르기도 하는 이런 현상은 IT에서 제공하는 것보다 좋은 기술과 빠른 업그레이드를 쉽게 사용할 수 있다는 것을 사용자들이 깨닫기 시작하면서 나타나는 전략적 반응이나 조정으로 볼 수 있다. 이런 현상은 데이터 분석 세계에도 나타난다. BYOD에 비례해서 비즈니스 분석가들이 셀프서비스 비즈니스 지능을 받아들이고 있다는 것은 명확한 사실이다. 분석 회사인 가트너에 의하면 사용자는 셀프서비스 때문에 'IT 팀의 허가와 관계없이' 스스로 솔루션을 만들고, 필요하면 도구도 직접 선택하고 있다.

과거에는 IT 부서에서 기업이 필요로 하는 보고 인프라, 대시보드, 분석 등을 제공했다. 필요한 저장소와 연산 능력을 확보하는 데는 큰 비용이 필요했기 때문에 IT 팀만 그런 것들을 배포할 수 있었다. 또한 데이터의 추출과 통합이나 분석 모델을 구성하는 데 관련된 기술적 사항을 IT 팀만 이해할 수 있었다. 매우 중요한 또 다른 점은 IT 팀만이 적합한 사람에게 적합한 정보를 전달하는 데 필요한 데이터와 분석 결과를 확보할 수 있었다는 점이다. BI에 사용되는 작업 공정은 전통적인 수명주기 모델과 비슷했다. IT 팀이 요구 사항을 수집하고 솔루션을 구축하고 나서 생산 부서 쪽으로 배포하고 다시 다음 주기를 위한 요구 사항을 수집했다.

사실 이런 IT 팀 주도 모델에는 항상 '어두운 면'이 존재한다. 점점 더 유연해지는 비즈니스에 필요한 만큼 이런 수명주기를 더 빨리 진행하고자 개발자가 노력하는 동안 금융 부서나 마케팅 부서의 분석가는 엑셀이 만족스럽지는 않았지만 그래도 필요한 역할은 해줬기 때문에 엑셀을 사용했다. 보고서에서 데이터를 추출해 추가로 분석을 더 하게 되는 경우도 많았다. 또한 소스 데이터를 직접 사용하는 경우도 있었다. 엑셀은 효과적이지만 그렇다고 강력한 도구는 아니다. 보안 부족과 비즈니스 사용자의 사용 습관이 만나면서 저품질 분석이나 비밀 데이터가 조직 내의 아무도 보지 않는 어두운 곳에 쌓이는 경우가 급증했다.

셀프서비스 BI 도구는 이런 어두운 면이 밝은 곳으로 나오게 할 뿐만 아니라 기업의 분석 과정의 중심에 자리 잡게 해준다. 2000년대 중반 64비트 연산이 주류로 자리 잡으면서 클릭뷰$^{QlikView}$, 태블로$^{Tableau}$, 마이크로소프트 파워피벗$^{PowerPivot}$과 같은 애플리케이션은 모든 비즈니스 사용자가 고도의 분석을 할 수 있게 해줬다. 이런 도구는 ETL과 데이터 모델 구축 수명주기를 간단한 하나의 통합 환경으로 구성할 수 있게 해준다. 또한 우아한 시각화를 통해 사용자가 패턴을 발견하거나 통찰을 쉽고 효과적으로 전달할 수 있게 한다. 인메모리 저장과 압축을 통해 이런 도구는 한때는 철저히 관리된 서버룸$^{server room}$에만 있었던 데이터 저장 용량과 연산 능력을 개인 데스크톱 컴퓨터로 옮겨 올 수 있었다. 힘에는 막중한 책임 따른다. 하지만 잘 설계된 셀프서비스 프로그램은 여기에도 도움이 될 수 있다.

비즈니스 사용자가 할 수 있는 영역이 넓어지면서 많은 변화가 나타나고 있으며, 특히 분석 작업 공정과 IT 팀의 역할도 혁신적으로 바뀌고 있다.

## 새로운 분석 작업 공정

앞에서 얘기한 것처럼 분석 프로그램과 보고의 작업 공정<sup>workflow</sup>은 요구 사항, 설계, 배포까지 진행하고 나서 다시 요구 사항을 수집하는 전통적인 애플리케이션 수명주기를 상당 부분 가져온 형태를 하고 있다. 하지만 셀프서비스에서는 비즈니스 분석가가 자신의 요구 사항은 이미 알고 있는 상태에서 스스로 필요한 솔루션을 개발하기 때문에 작업 공정은 체계적이지 않다. 요구 사항은 언제든 바뀔 수 있다. 프론트엔드 디자인을 조금만 바꿔도(예, 도표에 새로운 요소 추가) 데이터 추출 과정 자체가 바뀔 수 있다. 또한 분석가는 후속 공정을 위해 개발이 끝나지 않은 솔루션을 배포할 수도 있다.

이런 유연하면서 즉흥적인 공정을 수명주기로 생각하기보다는 하나의 공급 사슬로 보는 것이 더 쉬울 수 있다. 즉, 데이터를 여러 과정을 거쳐 각 단계에서 가치가 더해지는 원자재로 볼 수 있다. 공급 사슬의 좋은 점은 필요하면 효율성을 위해 특정 단계를 통합할 수 있다는 것이다. 예를 들어 농장에서 식탁으로 음식을 공급하는 과정에서 도매상은 판매뿐만 아니라 일부 채소를 썻고 가공하는 역할을 할 수도 있다. 마찬가지로 공급 사슬의 각 단계는 단순한 운영 활동(농장에서 시장으로 운송)이거나 크기, 품질, 등급별로 제품을 분류하는 것과 같이 어떤 가치를 추가하는 행위일 수 있다.

원자재가 데이터인 비즈니스 분석 공급 사슬에서는 비즈니스 사용자가 데이터를 그것이 있는 장소 어디에서든 가져올 수 있다. 셀프서비스 도구는 일반적으로 데이터에 대한 보고, 조인, 통합, 정화를 하기 위한 간단한 마법사, 스크립트, 또는 시각적인 인터페이스를 제공한다. 이 단계를 데이터 블랜딩<sup>data blending</sup> 또는 더 우아한 표현으로는 데이터 랭글링이라고 한다. 하지만 분석 작업 전에 소스의 데이터 모델을 우선 로드했던 전통적인 ETL과는 달리 블랜딩과 랭글링은 분석 과정 전이나 과정 진행 중 이뤄진다. 때에 따라 (분석 프로그램을 소스로 사용할 경우) 과정이 끝난 후에 이뤄질 수도 있다.

셀프서비스 도구를 사용하는 비즈니스 분석가에게 데이터 블랜딩은 분석 과정의 일부가 된다. 시각화 작업의 초기 결과를 통해 현재 사용하는 데이터를 더 잘 이해할 수 있다. 그후 데이터를 다르게 표현하거나 시각화를 개선하고자 스크립트나 데이터 마법사를 수정한다. 여기에서 중요한 차이가 발생한다. 전통적인 데이터 웨어하우스 수명주기에서는 ETL을 통해 모델을 채워 놓은 후 분석을 한다. 이때 모델은 특수한 설계나 엔지니어링 기술을 요구하는 스타 스키마나 고급 OLAP 모델인 경우도 있다. 셀프서비스 공급 사슬에서 모델은 여전히 있지만, 사용자는 그 존재를 모를 수 있다. 비즈니스 분석가가 일반적으로 의식해서 모델을 만드는 사람은 아니다.

이 새로운 접근 방식이 주는 유연성은 비즈니스 분석가가 데이터 레이크에서 일할 때 특히 도움이 된다. 복잡한 관계형 소스와 비싼 저장장치가 필요했던 전통적인 모델에서는 저장과 쿼리 모두에 효율적인 형태로 데이터를 변환하는 데 상당히 복잡한 과정이 필요했다. 예를 들어 ETL과 OLAP는 전문적인 기술을 요구한다.

반면 데이터 레이크는 많은 양의 데이터를 쉽게 저장할 수 있다. 읽는 시점 스키마 적용의 유연성으로 인해 모든 사례를 지원할 수 있는 하나의 모델을 설계하지 않아도 된다. 비즈니스 분석가에게는 데이터가 효과적으로 빠르게 제공되기만 하면(분석가에게 맵리듀스를 작성하도록 요구해선 안 된다) 분석가는 데이터 레이크와 셀프서비스 도구를 사용할 수 있다.

## 문지기에서 가게 주인으로

이쯤에서 IT 팀의 역할을 한번 살펴볼 필요가 있다. 최근 변화에도 불구하고 IT 팀은 여전히 비즈니스에 필요한 역할을 한다는 점을 짚어야 한다. 여전히 전년 대비 자산 보고서, 세금 분석, HR에는 엔터프라이즈 데이터 웨어하우스가 사용된다. IT 팀은 OLAP, ETL 지식을 앞으로 최소한 몇 년간은 유지해야 할 것이다. 하지만 맵리듀스 지식도 필요할 것이다.

당연히 IT 팀도 분석 공급 사슬에서 중요한 역할을 담당한다. IT 팀은 최소한 강건한 네트워크, 저장소, 데이터 소스를 '계속 점등 시켜놔서' 공급 사슬이 유지되게 하는 역할을 해줘야 한다. 하지만 실제로는 IT 팀이 해야 할 일은 그것보다 훨씬 많다.

과거에는 앞에서 얘기한 것처럼 할 줄 아는 사람이 그들밖에 없다 보니 IT 팀에서 전체 분석 수명주기를 제공했었다. 또한 시스템 보안도 맡아 필요하고 승인된 사람만 '데이터 접근'이 가능하게 했다. IT 부서는 이런 '문지기' 역할을 매우 심각하게 받아들였고 비즈니스 분석가는 필요한 데이터지만 권한이 부족해서 좌절하기도 했었다.

IT 팀이 문지기의 역할을 하다 보니 전문가들과의 관계가 항상 긴장돼 있었고, 애초에 이런 제어를 통해 방지하려고 한 관리되지 않는 데이터 공유의 '어두운 면'도 나타나는 경우가 많았다. IT 팀이 걸어 잠글 수 없는 마지막 도구였기 때문에 스프레드시트를 무작정 쓰기 시작했다.

셀프서비스가 등장/함에 따라 새로운 접근 방식이 필요하다. IT 팀은 예전 '문지기'에서 '가게 주인'으로 역할을 옮길 필요가 있다.

문지기는 들어와선 안 되는 사람을 막는 데 집중한다. 가게 주인은 사람들이 들어오는 것을 환영하면서 가게의 물건을 각자 적절하게 사용할 수 있도록 준비, 진열, 공급해준다. IT 용어로 쓴다면 데이터 공급 팀은 비즈니스 사용자가 스스로 필요한 정보를 찾을 수 있도록 피드feed와 모델을 만들어줘야 한다. 효과적인 팀은 사용자가 소스 시스템에 직접 접근할 수 있도록 문을 열기보다는 정화, 통합, 또는 익명 처리된 상태로 데이터를 사용자에게 공급해서 효과적인 분석과 좋은 거버넌스가 가능하게 한다. IT 팀은 모든 소스를 모든 사용 사례에 맞게 준비하지 않아도 된다. 비즈니스 분석가가 자기 도구를 데이터 공급 사슬에 사용해서 직접 해결하면 된다.

## 셀프서비스 거버넌스

IT 팀이 가게 주인 역할을 하는 이런 공급 사슬 모델에서도 여전히 IT 팀은 데이터의 보안과 거버넌스에 상당한 기여를 한다. 가장 중요한 일 중 하나는 사용자에게 잘 설계된 셀프서비스 도구를 공급하는 것이다.

잘 설계된 기업용 셀프서비스 애플리케이션은 비즈니스 사용자에게 단순하면서도 강력한 도구가 될 뿐만 아니라 시스템 사용 관리에 필요한 통찰력과 방법을 제공하는 강력한 서버 아키텍처를 사내든 클라우드에서든 제공해야 한다.

IT 팀 관리 대상에는 배포, 사용자 권한, 서버 성능, 확장성 등이 포함된다. 잘 설계된 애플리케이션이 제공하는 통찰력에는 분석가가 사용하는 데이터 소스에 관한 이해, 누구와 앱이나 시각화를 공유하고 있는지, 데이터가 어떻게 준비되고 갱신되고 있는지 등의 정보가 포함된다.

## 결론

오늘날 기업 성공의 핵심 요인을 데이터를 활용한 더 좋은 결정이라고 본다면 과거의 방법, 즉 IT가 제공한 융통성이 부족한 분석과 데이터 웨어하우스로는 도저히 이런 필요를 따라갈 수 없다. 데이터를 활용해 더 좋은 결정을 하는 현실적인 방법은 분석가가 프로젝트마다 IT 팀의 도움을 받지 않고 스스로 분석하는 것이다. IT 팀을 프로젝트마다 관여하게 하면 결국 IT 팀으로 인해 병목현상이 발생하고 전체 작업 공정이 느려진다. 6장에서 살펴봤듯이 데이터 시각화 도구에서부터 데이터 준비 도구와 데이터 카탈로그까지 새로운 분석 도구와 데이터 인프라 도구들이 등장하면서 분석가는 IT 팀의 도움 없이도 데이터를 갖고 일할 수 있게 됐다. 검색, 이력 추적, 신뢰를 제공하기 위한 수단을 데이터 레이크에 넣어 모든 사용자에게 제공할 수 있다.

7장

# 데이터 레이크 설계

데이터 레이크에서 데이터를 정리하는 방법은 여러 가지가 있다. 7장에서는 영역별로 데이터를 분류하는 방법을 먼저 살펴본다. 그런 다음 사내<sup>on-premise</sup> 데이터 레이크와 클라우드<sup>cloud</sup> 데이터 레이크를 비교해본다. 마지막으로 가상 데이터 레이크<sup>virtual data lake</sup>를 다룬다. 가상 데이터 레이크는 자원 활용과 데이터 레이크 유지에 필요한 간접비를 최소화하면서 물리적인 데이터 레이크와 같은 기능을 제공한다.

## 데이터 레이크 구조화

데이터 레이크를 구축하고 나면 거기에 저장된 데이터를 분석가가 찾고 이해할 방법이 필요하다. 기업은 다양한 데이터를 갖고 있기 때문에 이는 어마어마한 작업이다(얘기해 본 대형 도매상 한곳은 데이터 레이크에 데이터를 공급하는 소스가 3만 개를 넘었고 각 소스마다 수백 혹은 수천 개의 테이블을 갖고 있었다). 그리고 분석가가 적절한 데이터 세트를 찾았더라도 과연 신뢰해도 되는지 알아야 한다. 마지막으로 사용자가 레이크의 데이터를 자유롭게 탐색할 수 있게 하려면 민감한 정보가 의도하지 않게 노출되지 않도록 식별하고 보호해야 한다. 이 모든 작업이 데이터 거버넌스<sup>data governance</sup>에 포함된다.

과거 데이터 웨어하우스 시대에는 데이터 거버넌스를 여러 데이터 관리자, 데이터 아키텍트, 데이터 엔지니어로 구성된 팀에서 담당했다. 수정 사항은 철저하게 검토된 후 승인됐다. 데이터 품질, 데이터 접근, 민감한 데이터 관리, 기타 데이터 거버넌스의 여러 측면은 철저하게 고려됐고 관리됐다. 하지만 셀프서비스 시대에서 이런 방식은 확장성이 부족하게 됐다. 실제로 데이터 과학의 탐색적이면서 유연한 특성은 이렇게 위에서 철저히 관리하는 모습의 전통적인 데이터 거버넌스와 맞지 않다.

데이터 활용 속도가 빨라지면서 기업은 바이모달[bimodal] 데이터 거버넌스 개념을 적용하기 시작했다. 가트너[Gartner]에 의하면 바이모달은 다음과 같이 정의할 수 있다. "바이모달이란 서로 다르지만 연관성이 있는 2가지 유형의 작업을 관리하는 방법이다. 여기서 2가지 작업 유형이란 예측을 목표로 하는 작업과 탐색을 목표로 하는 작업을 얘기한다." 이런 바이모달 접근 방식을 지원하고자 데이터 레이크는 각자 다른 수준의 거버넌스를 적용 받는 복수의 영역으로 나눠진다. 이번 절에서는 데이터 레이크를 영역별로 분할하고 사용자에게 데이터 거버넌스 수준을 이해하게 하고, 민감한 데이터를 보호하는 대표적인 방법을 살펴본다.

그림 7-1은 일반적인 데이터 레이크 클러스터 아키텍처를 보여준다. 외부 소스의 데이터는 먼저 미가공[raw] 혹은 진입[landing] 영역으로 들어오고, 거기서 별도의 처리 없이 데이터의 특성(예, 시간이나 소스)을 반영한 폴더로 분류된다. 필요에 따라 데이터는 골드 영역, 작업 영역, 민감 영역으로 복사된다. 골드 영역에서는 데이터를 정화, 분류, 집계한다. 작업 영역에서는 사용자가 프로젝트를 실행하며, 민감 영역에서는 보호해야 할 데이터를 암호화해서 보관한다.

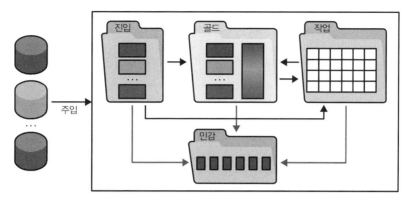

**그림 7-1.** 데이터 레이크를 작업 공간 혹은 영역 단위로 분할한 예

그림 7-2와 같이 데이터 레이크 사용자는 주로 자기와 관련 있는 영역 한곳에서 일한다.

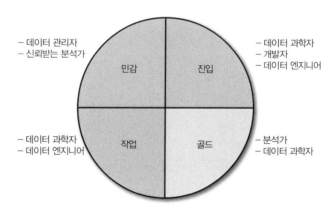

**그림 7-2.** 사용자 유형별로 사용하는 영역이 다르다.

## 진입 영역 또는 미가공 영역

미가공 영역 또는 대기 영역이라고도 부르기도 하는 진입 영역은 주입된 미가공 데이터를 저장하는 데 사용한다. 일반적으로 IT 팀은 데이터가 어디에서 왔는지 나타내기 위한 명명법을 만든다. 예를 들어 일반적으로 모인 미가공 데이터는 하나의 폴더 아래에 모두 보관한다(예, /Landing). 그리고 그 폴더 아래 소스별로 하위 폴더를 구성하고(예, /Landing/EDW 또는 /Landing/Twitter), 그 아래에는 테이블이나 기타 특성별로 하위 폴더를 만든다(예, /Landing/EDW/Customer_dimension 또는 /Landing/Twitter/Mybrand1).

테이블을 정기적으로 업데이트한다면 새로운 데이터가 로드될 때마다 새로운 파티션을 만들 수 있다(예, 2019년 1월 1일에 로드된 데이터는 다음과 같이 저장한다. /Landing/EDW/Customer_dimension/20190101.csv 또는 /Landing/Twitter/Mybrand1/20190101.json) 폴더 하나가 너무 커지는 것을 방지하고자 좀 더 우아한 방법을 선택할 수도 있다. 예를 들어 연도별이나 월별로 폴더를 만들어 해당 월의 파티션을 그 아래에 파일로 저장할 수도 있다(예, /Landing/EDW/Customer_dimension/2019/01/20190101.csv 또는 /Landing/Twitter/Mybrand1/2019/01/20190101.json). 그림 7-3은 일반적인 폴더 구성 방법을 보여준다.

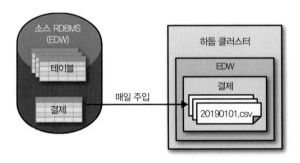

**그림 7-3.** 폴더나 파일에 미가공 혹은 진입 데이터 주입

일반적으로 진입 영역에 접근할 수 있는 것은 매우 전문적인 개발자, 데이터 엔지니어, 데이터 과학자다. 진입 영역 사용자는 직접 데이터를 처리하고 가공할 해야 할 이유가 명확한 경우가 대부분이다.

분석가는 주로 좀 더 정화된 데이터를 사용하기 때문에 골드 영역의 데이터를 사용한다. 다음 절에서 골드 영역을 자세히 살펴보자.

## 골드 영역

골드 영역은 진입 영역과 비슷하게 구성된 경우가 많지만, 대신 상대적으로 정화되고 부가 설명이 많거나 그 외의 방법으로 미가공 데이터를 어느 정도 처리한 상태로 보유한다. 이 영역을 생산<sup>prod</sup> 영역이라고 부르기도 하는데, 포함된 데이터가 생산에 사용되기 적합한 상태, 즉 2장에서 설명한 것처럼 데이터 품질 도구와 정화 과정을 거쳐 데이터 품질 문제가 해결된 상태이기 때문이다. 데이터를 생산에 사용할 준비를 하는 과정은 데이터 웨어하우스를 만드는 ETL 잡과 비슷하다. 즉, 데이터를 적절한 차원이나 마스터 리스트<sup>master list</sup>로 조화시키고 정규화한다. 마스터 리스트로는 마스터 고객 리스트, 마스터 제품 리스트 등이 있다. 대표적인 정화 작업으로는 다음과 같은 것들이 있다. 이름과 성 필드를 하나로 합치거나, kg을 파운드로 바꾸거나, 자체 코드를 공통 코드로 바꾸거나, 데이터 세트를 조인하고 합치는 경우도 있다. 주소 확인, 다른 소스를 사용해서 누락된 정보 채우기, 서로 다른 데이터 소스의 상충하는 정보 해결, 비유효값 식별이나 대체 등과 같은 복잡한 작업도 있다. 이런 과정은 주로 전용 스크립트나 특수한 데이터 준비, 데이터 품질 도구나 ETL 도구로 이뤄진다. 거래 정보를 정화하고 요약하기도 한다. 예를 들어 개별 거래 정보를 일별 합계할 수 있다. 하지만 데이터 웨어하우스와는 달리 같은 데이터의 여러 버전이 있어 각각의 버전을 다른 방식으로 처리해서 여러 분석 모델에 사용할 수 있다. 진입 영역과 마찬가지로 골드 영역도 주로 소스별로 폴더를 구성한다(예, /Gold/EDW 또는 /Gold/Twitter). 그리고 마찬가지로 이런 상위 폴더 내에 테이블이나 기타 특성별로 하위 폴더를 만든다(예, /Gold/EDW/Customer_dimension 또는 /Gold/Twitter/Mybrand1).

요약 또는 파생 파일이 있다면 마찬가지로 여기에 폴더로 저장한다(예, /Gold/

EDW/Daily_Sales_By_Customer 또는 /Gold/Twitter/BrandTwitterSummary).

그런 다음 진입 영역과 마찬가지로 여기에 날짜별로 폴더를 만들 수 있다. 그림 7-4는 골드 영역 저장소를 만드는 처리 과정의 일부를 보여준다.

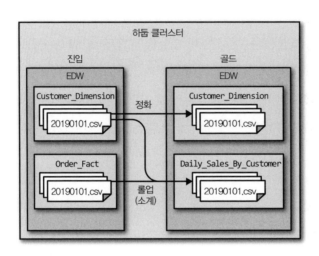

그림 7-4. 골드와 생산 데이터를 폴더와 파일로 정리

또한 골드 영역은 가장 인기가 많은 영역이기도 하다. 개발자가 아닌 사용자는 이 영역만 사용하는 경우가 많다. 개발자와 데이터 과학자도 직접 정화 작업을 할 분명한 이유가 아니면 정화된 데이터로 일하는 것을 선호한다.

골드 영역 접근을 쉽게 하고자 IT 부서는 하이브[Hive], 임팔라[Impala], 드릴[Drill], 기타 수십 가지 시스템 중 하나를 사용해서 골드 영역 각 파일에 대한 SQL 뷰를 만든다. SQL에 익숙하지 않은 분석가도 표준 BI 도구를 통해 하이브나 하둡 파일의 기타 SQL 인터페이스를 활용할 수 있기 때문에 이렇게 SQL과 유사한 접근 방식은 많은 보고와 BI 분석의 출발점으로 골드 영역을 선택하도록 만드는 요인이 된다.

골드 영역은 사용자가 직접 관리하기보다는 IT 팀에 의해 관리되고 폴더 구조와 명명법, 또는 HCatalog(하이브 메타스토어[Hive Metastore]를 기반으로 개발된 데이터 딕셔너리

data dictionary로 점점 많은 프로젝트에 사용되고 있음)와 같은 방법으로 관련 설명도 가장 잘 갖춰진 경우가 많다.

데이터는 골드 영역에서 읽지만 수정할 부분이 있다면 작업 영역에 복사해 수정한다. 그리고 그렇게 수정된 데이터 세트를 많은 사람과 공유해야 하거나 운영 업무에 적합한 형태로 변환해야 한다면 다시 골드 영역으로 복사해 생산 데이터로 가공하는 데 필요한 처리 과정을 개발하고 항상 최신화할 수 있게 한다.

## 작업 영역

대부분의 분석은 작업 영역에서 이뤄진다. 작업 영역을 개발dev 영역 혹은 **프로젝트**projects 영역이라고도 한다. 이 영역은 주로 기업의 조직 구조를 반영한 형태로 정리돼 있다. 이 영역에서는 일반적으로 개발자, 데이터 과학자, 데이터 엔지니어가 일하지만, 분석가도 자기 프로젝트용 셀프서비스 데이터를 준비할 때 사용하기도 한다.

작업 영역은 일반적으로 다음과 같이 프로젝트 폴더와 사용자 폴더로 구성한다.

- 가장 상단에는 프로젝트별로 폴더가 존재한다(예, /Projects/Customer_Churn). 그 아래에는 해당 프로젝트의 세부 사항을 반영한 하위 폴더가 존재한다.

- 사용자 폴더는 어떤 공통 폴더에 사용자별로 만드는 경우가 많다(예, /Users/fjones112). 해당 폴더는 사용자에게 개인적인 작업 공간이 된다.

이와 같은 사용자 폴더와 프로젝트 폴더에는 작업의 중간 산출물과 최종 결과가 보관된다. 데이터 레이크에서 설명하는 문서가 가장 부족한 영역도 이 영역이다. 불행한 점은 데이터 과학 프로젝트가 태생적으로 탐색적이기 때문에 많은 실험이 필요하므로 크기 면에서 이 영역이 가장 큰 경우가 많다는 점이다. 데이터 과학 프로젝트는 적합한 모델을 만들거나, 완전히 포기하기까지 수백 개의 실험 파일을 만들어낸다.

## 민감 영역

중요 데이터가 포함된 파일을 허가받지 않은 사용자에게서 지키고자 별도의 민감 영역을 만들기도 한다. 관련 규정 때문일 수도 있고, 비즈니스에 필요한 때문일 수도 있다. 일반적으로 민감 영역의 데이터에는 데이터 관리자와 허가된 사람만 접근할 수 있다. 예를 들어 HR 담당자는 직원 데이터에 접근할 수 있고, 회계 담당자는 회계 데이터에 접근할 수 있다. 주로 태그 기반 정책과 액티브 디렉터리Active Directory 그룹group을 적절 혼합해서 달성한다(접근 관리에 관해서는 다음 2개의 장에서 더 자세히 살펴본다).

민감 영역에는 완전히 암호화된 데이터를 저장하거나 투명 암호화를 활용할 수 있다. 관련 내용은 9장에서 다룬다. 민감 영역을 활용하는 대표적인 방법은 여러 가지가 있다.

- 민감 정보를 포함한 파일의 암호화된 버전은 모두 민감 영역에 저장하고, 골드 영역에는 일부 정보만 가려진(제거 또는 암호화) 암호화되지 않은 버전을 저장한다. 이렇게 일부 데이터를 가리는 것이 서로 다른 데이터 세트를 조인할 때 방해가 될 수 있지만(예를 들어 고객과 부양가족을 조인할 때 Tax_ID가 키key라면 그 값만 제거해도 두 개의 데이터 세트를 조인하는 것이 불가능해진다), 데이터를 보호하면서 동시에 조인도 가능하게 하는 암호화 기술은 여러 가지가 있다. 관련 내용은 9장에서 다룬다.

- 암호화된 파일에 대한 접근 권한이 필요할 때만 특정 사용자에게 임시로 허가한다.

- 분석에 민감 데이터가 필요하다면 비식별화deidentification라는 과정을 통해 데이터를 익명 처리한다. 비식별화는 다음 절에서 설명한다.

## 비식별화

비식별화는 데이터의 원래 특성을 유지하면서 민감한 데이터는 유사한 가상 데이터로 대체하는 과정을 말한다. 예를 들어 히스패닉계 여성 이름을 다른 히스패닉계 여성 이름으로 대체해 개인의 신분은 보호하면서 데이터 과학자가 필요하면 누락된 성별이나 인종 정보를 이름에서 추측할 수 있게 할 수 있다.

마찬가지로 지리적 위치에 따른 분석이 필요하다면 실제 주소와 가까운 다른 유효한 주소로 주소 값을 대체할 수도 있다. 하지만 이렇게 하는 것이 복잡한 경우도 있다. 인구가 밀집된 지역에서는 실제 주소와 비교적 가까운, 예를 들어 16km 반경 내의 주소로 익명 처리할 수 있지만 인구 밀집도가 낮은 지역에서는 16km 반경 내에 사는 사람의 수가 극히 제한적인 경우가 있다. 이런 문제를 해결하고자 코호트cohorts 개념을 사용한다. 즉, 통계적으로 의미가 있는 크기 단위로 인구를 지리적 근접성이나 지리적 유형(하려는 분석에 따라 다름. 예를 들어 농지와 교외와 국립공원)에 따라 식별해서 코호트 내 지역의 주소를 무작위로 할당할 수 있다.

비식별화에서 어려운 점 중 하나는 일관성을 유지하는 것이다. 일반적으로 하나의 값은 모든 파일에 같은 값으로 대체하기 때문에 처리 작업 공정의 일부로 포함하게 된다(예, 여러 파일에서 같은 고객을 식별). 시스템은 실제 값과 무작위로 할당된 값 간의 매핑을 유지해야 하므로 복잡도가 증가한다. 비식별화는 또한 섬세하게 다뤄야 한다. 정체성 해결 시스템identity resolution systems으로는 쉽게 처리할 수 있는 잘못된 철자와 같은 간단한 문제가 비식별화 시스템에서는 완전히 다른 값 2개를 생성하게 할 수도 있다. 마지막으로 공격에 취약할 수 있다. 침입자가 비식별화 소프트웨어에 접근할 수 있으면 흔한 이름으로 구성된 명단을 해당 소프트웨어에 넣어 모든 파일 값에 관한 매핑 테이블을 얻을 수 있다.

고려해야 할 또 다른 점은 파일 유형에 따라 민감한 데이터를 식별하는 것이 굉장히 어려울 수 있다는 점이다. 예를 들어 전자 의료 기록EHR, Electronic Health Record은 최대

60,000개의 엔티티를 가질 수 있는 XML 파일이다. 모든 엔티티를 검토해서 민감한 정보를 찾고 그것을 마스킹<sup>masking</sup>하거나 비식별화한 파일을 만드는 작업은 어렵다. 이런 경우 기업에서는 암호화된 값을 그냥 민감 영역에 유지하는 것이 더 쉬울 수 있다.

## 다중 데이터 레이크

앞서 살펴봤듯이 기업은 여러 가지 이유로 데이터 레이크를 구축한다. 특정 비즈니스 부서나 프로젝트 팀에서 만든 단일 프로젝트 데이터 웅덩이로 시작했다가 데이터 레이크로 성장하는 경우도 있고, IT 팀이 진행하는 ETL 오프로딩<sup>offloading</sup> 프로젝트로 시작해 시간이 지나면서 더 많은 사용자와 분석 사용 사례를 확보하기도 한다. IT 팀과 분석 팀이 협업해 처음부터 일원화된 데이터 레이크로 시작하기도 한다. 공식 IT 팀을 기다리지 않아도 되도록 비즈니스 팀에서 클라우드로 IT 팀을 대체해서 시작하기도 한다.

어떻게 시작했든지 간에 여러 개의 데이터 레이크가 기업에 만들어지는 경우가 많다. 그에 따라 결국 이런 데이터 레이크를 하나로 합칠지 아니면 그냥 그대로 두고 사용할 것인지를 고려하게 된다. 모든 일이 그렇듯 두 가지 접근 방식 모두 각각의 장단점이 있다.

## 여러 데이터 레이크를 유지할 때 장점

데이터 레이크 여러 개를 유지하는 이유는 이력 관리나 조직적인 문제 때문이지 기술적인 문제는 아니다. 대표적인 이유는 다음과 같다.

### 규범적 제약

규제 대상 업계와 개인정보의 경우 관련 규범에서 서로 다른 소스와 지리적 위치의 데이터를 혼합하는 것을 제한하는 경우가 많다. 예를 들어 EU는 나라별로 조금씩 다르게 구현하고 있는 매우 엄격한 개인정보 보호 지침이 있다. 의료 기관도 매우 엄격한 데이터 공유 지침을 따르는 경우가 많다.

### 조직의 장벽

데이터 공유에 관해 기업 자체에서 세운 장벽도 있다. 이런 장벽은 주로 예산과 제어에 관련돼 있다. 목표가 다르고 서로 경쟁 중인 비즈니스 부서 간에 공통 데이터 레이크를 위한 예산을 수립하거나 공통으로 사용할 기술과 표준을 결정하는 것은 매우 어려운 일일 수 있다.

### 예측 가능성

데이터 과학 실험과 같은 즉흥적인 탐색에 사용하는 데이터 레이크와 가치가 큰 생산 업무에 사용하는 데이터 레이크를 별개로 가져가면 아무래도 생산 업무의 성능과 반응시간의 예측 가능성을 높일 수 있다.


## 데이터 레이크를 하나로 합쳤을 때 장점

앞 절에서 얘기한 것과 같은 규범이나 비즈니스 요구 사항의 제약을 받지 않는다면 조직의 데이터 레이크는 하나로 유지하는 것이 좋다. 이유는 다음과 같이 여러 가지가 있다.

### 자원 사용 최적화

각각 100개의 노드를 가진 두 개의 데이터 레이크 대신 200개의 노드를 가진 하나의 데이터 레이크가 있다면 응답시간이 더 빠를 수 있다. 예를 들어 원래 있던 2개의 데이터 레이크에서 각각 100개 노드를 10분 사용했던 잡이 있다면 이론적으로는 해당 잡들을 200개 노드에서는 각각 5분 만에 끝낼 수 있다. 실제로는 클러스터마다 몇 개의 노드로 여러 잡을 실행하기 때문에 많이 사용하는 클러스터의 경우 노드는 2배 많지만 실행되는 잡이 2배이므로 평균 성능이 그 전과 비슷하다. 하지만 중요하거나 긴급한 잡이 있다면 200개의 노드 전부를 사용하게 할 수도 있다. 그리고 각 데이터 레이크를 사용하는 방법이 서로 겹치지 않거나(예, 하나는 미국의 일과 시간 중에 많이 사용되고 나머지 하나는 인도의 일과 시간 중 많이 사용된다면), 또는 산발적으로 사용된다면 두 개의 데이터 레이크를 합쳤을 때 상당한 성능 향상을 볼 수 있다.

### 관리와 운영비용

데이터 레이크가 2배 커졌다고 해서 그것을 관리하는 팀도 항상 2배 커져야 한다는 것을 의미하진 않는다. 물론 하나의 팀이 여러 레이크를 관리할 수도 있지만, 조직과 제어 문제로 여러 개의 레이크를 두고 있다면 아무래도 자신의 운명을 직접 결정할 수 있도록 각 조직은 독립적으로 관리 팀을 두게 된다. 이런 중복은 비용의 상승을 가져온다.

### 데이터 중복 감소

2개의 데이터 레이크 모두 같은 기업의 것이므로 중복된 데이터가 양쪽 레이크에 존재할 확률이 높다. 레이크를 합치면 이런 중복을 제거해서 저장된 데이터양을 줄일 수 있다. 데이터가 중복된다는 것은 주입도 중복된다는 것을 의미한다. 동일한 소스에서 같은 데이터를 여러 번 추출해서 주입하게 되는데, 레이크를 하나로 합치면 소스와 네트워크에 걸리는 부하를 줄일 수 있다.

### 재사용

레이크를 합치면 기업에서는 특정 프로젝트에서 한 일의 결과를 다른 프로젝트에 사용하기가 쉬워진다. 여기서 결과란 스크립트, 코드, 모델, 데이터 세트, 분석 결과, 기타 데이터 레이크에서 만들 수 있는 모든 자산을 얘기한다.

**전사적 프로젝트**

전사적 수준의 프로젝트를 진행해 여러 부서의 데이터가 필요한 부서도 있다. 이런 프로젝트에서는 일원화된 데이터 레이크 하나가 있다면 여러 레이크의 데이터를 합치지 않아도 되므로 많은 이득을 볼 수 있다.


## 클라우드 데이터 레이크

클라우드는 최근 10년 동안 꾸준하게 성장해 왔다. 서비스로서의 소프트웨어<sup>SaaS,</sup> Software as a Service 모델로 제공되는 애플리케이션도 많아지고 있다. 아마존<sup>Amazon</sup>, 마이크로소프트<sup>Microsoft</sup>, 구글<sup>Google</sup>과 같은 세계적인 클라우드 공급사들은 매우 빠른 속도로 성장하고 있으며(아마존은 이제 소매보다 클라우드 서비스에서 더 많은 이익을 내고 있다), 그 외의 많은 기업이 시장에 진입하려고 적극적인 노력을 하고 있다. 이렇게 클라우드가 주목을 받다 보니 그것이 데이터 레이크에도 좋은 선택이 될 수 있는지 묻게 된다. 그리고 사실 굉장히 좋은 선택이 될 수 있다.

클라우드 기반 데이터 레이크는 여러 가지 장점이 있다. 하나는 인프라를 구축하고 유지하는 것은 다른 사람이 해주기 때문에 기업에서는 그런 작업을 하는 전문가를 채용하지 않아도 된다는 점이다. 연산 인프라는 알아서 관리되고 유지된다. 지원 정도나 비용은 다르지만 조직이나 조직의 IT 팀에 필요한 지원 정도를 고려해서 선택할 수 있으며, 선택한 정책이 나중에 맞지 않는다고 판단하더라도 누군가를 새로 고용하거나 해고하지 않고도 언제든 바꿀 수 있다.

클라우드의 가장 중요한 장점 중 하나는 연산과 저장 용량 같은 자원을 필요할 때 필요한 만큼 새로 구성하거나 사용할 수 있다는 점이다. 이것은 흔히 **탄력 컴퓨팅**이라 부른다. 또한 클라우드는 가격이 다른 여러 유형의 저장 옵션<sup>option</sup>을 제공한다. 옵션별로 성능 특성이 다르며, 필요하면 서로 다른 유형의 저장 옵션 간에 데이터를 쉽게 옮길 수 있다. 이런 기술이 데이터 레이크에 어떻게 도움이 되는지 이해하고자 사내 데이터 레이크와 클라우드 기반 레이크를 비교해보자.

사내 데이터 레이크의 경우 그림 7-5와 같이 저장 능력과 연산 능력 모두 노드 수에 따라 결정되는 고정된 값이다.

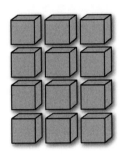

그림 7-5. 사내, 고정된 크기의 하둡 클러스터

저장 자원과 연산 자원을 분리하는 여러 가지 유연한 방법도 있지만 연산 능력을 낮출 수 있는 실질적인 마지노선이 존재하며, 가까운 미래에 사용하지 않을 데이터를 저장하기 위한 비용도 들게 된다. 특히 장애가 발생할 것을 고려해 저장 능력을 2배, 많으면 3배까지 늘린다면 저장 비용은 더 올라가게 된다.

이제 이런 모습을 아마존 웹 서비스[AWS, Amazon Web Services]와 같이 많은 사람이 사용하는 클라우드 플랫폼에 구축한 데이터 레이크와 비교해보자. 아마존은 여러 가지 옵션을 제공한다. 단순 저장 서비스[S3, Simple Storage Service]를 통해 확장성이 높은 오브젝트 저장 공간을 제공하며, 일래스틱 컴퓨트 클라우드[EC2, Elastic Compute Cloud]와 일래스틱 맵리듀스[EMR, Elastic MapReduce]를 통해 할당된 자원으로 잡을 실행할 수 있도록 확장할 수 있는 연산 자원을 제공한다.

214

 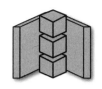 

EC2 – 필요에 따른
탄력적인 클러스터

S3 – 무한한 저장 공간

EMR – 스케일아웃
컴퓨팅

**그림 7-6.** 아마존의 탄력적인 클라우드 데이터 레이크

사내 데이터 레이크와는 달리 클라우드를 기반으로 하는 레이크는 S3를 통해 무한에 가까운 저렴한 저장 능력을 제공한다. 꽤 오랫동안 사용하지 않거나 사용하지 않을 수도 있는 데이터를 저장한다는 점을 고려하면 저장에 들어가는 비용은 상당히 중요하다. 또한 연산 자원도 클러스터의 노드 수에 제약 받지 않는다.

잡을 실행하는 데 필요한 수만큼 노드를 가진 클러스터를 EC2로 만들 수 있고, 비용도 사용한 시간만큼만 내면 된다. 예를 들어 어떤 잡을 2시간 실행하고자 100개의 노드를 가진 클러스터를 사내에 구축한다고 해보자. 각 잡은 매일 실행하지만, 그 외의 시간은 해당 클러스터에 걸리는 부하가 적다면 대부분 노드는 하루 중 22시간은 작업을 하지 않고 대기한다. EC2를 사용한다면 필요할 때 100개 노드 클러스터를 구성해 2시간 동안 사용한 후 해지하면 되기 때문에 비용도 실제 실행한 시간에 대해서만 내면 된다.

더 좋은 것은 비용은 동일하게 내면서 1,000개 노드 클러스터를 구성하고 같은 잡은 12분 만에 끝낼 수도 있다는 점이다(자원과 시간의 관계가 선형이라고 가정하면). 이런 점이 탄력 컴퓨팅의 아름다움이며 모든 주요 클라우드 공급사는 이런 옵션을 제공하고 있다. 필요할 때 필요한 만큼 연산 자원을 구성하고 관련된 비용만 지불하기 때문에 가장 어려운 잡을 실행하기 위한 대규모 클러스터를 언제든 만들 수 있다. 그리면서도 그런 대규모 클러스터를 영구적으로 구축하기 위한 비용을 내지 않아도 된다.

이렇게 많은 장점에도 불구하고 클라우드 기반 데이터 레이크가 좋은 선택이 아닌 경우도 있다.

- 관련 규제 때문에 클라우드에 올리기 어려운 데이터가 있는 경우

- 클라우드 기반 레이크에 데이터를 올리는 것이 어려운 경우도 있다. 기업 은 초기에 데이터를 직접 올릴 수 있도록 사용할 클라우드 공급사에 물리 적인 디스크나 테이프 형태로 데이터를 보내고 이후에는 네트워크를 통해 데이터를 올리는 경우가 많다.

- 클라우드 데이터 레이크는 네트워크 단절이나 인터넷 공급사 장애의 영향 을 받는다. 따라서 병원 의료 기기나 공장 산업 제어처럼 100% 가용성이 필 요할 경우 클라우드 기반 데이터 레이크는 위험할 수 있다. 분석에 사용되 는 과거 데이터는 이렇게 높은 SLA를 필요한 경우가 거의 없지만, 데이터 레이크 중에는 실시간 데이터 스트림$^{real-time\ data\ stream}$을 지원해서 과거 분석 뿐만 아니라 실시간 분석에도 사용할 수 있는 것들이 있다.

- 지속적인 연산 자원과 많은 양의 데이터가 필요한 프로젝트는 관련 비용이 엄두를 내기 힘들 만큼 클 수 있다. 비용적인 측면에서 클라우드는 상당수 의 연산 노드를 사용하지 않을 때 해지해도 되는 단기 사용 사례에 유리하 다. 대부분의 데이터 레이크 사용 사례는 이런 탄력적인 사용 사례지만, 필 요한 연산이 지속적인 것이라면 클라우드가 좋은 옵션이 아닐 수 있다.

## 가상 데이터 레이크

최근 주목받기 시작한 또 다른 접근 방식은 가상 데이터 레이크를 만드는 방법이 다. 즉, 데이터 레이크가 여러 개로 나눠지는 것을 감내하거나 억지로 하나의 일원 화된 데이터 레이크로 합치기보다는 아키텍처 세부 사항은 그대로 관리하면서 사

216

용자에게는 하나의 데이터 레이크로 보이게 하는 방식이다. 방법은 2가지 있는데, 하나는 데이터 연방$^{data\ federation}$을 통한 방법이고 나머지 하나는 엔터프라이즈 카탈로그$^{enterprise\ catalogs}$를 사용하는 방법이다.

## 데이터 연방

데이터 연방이라는 개념이 등장한 지는 20년도 더 됐다. 1990년대 초반 등장한 IBM의 데이터조이너$^{DataJoiner}$는 하나의 '가상' 데이터베이스를 만들었는데, 이 가상 데이터베이스의 각 테이블은 실제로는 흩어진 여러 데이터베이스의 테이블에 대한 뷰$^{view}$였다. 데이터조이너 사용자가 이런 가상 테이블에 SQL 쿼리를 하면 데이터조이너가 흩어진 각 데이터베이스에 실행할 수 있는 쿼리로 해석하고, 결과를 받아 모두 통합한 다음 사용자에게 전달했다.[1] 그림 7-7은 이런 과정을 보여준다.

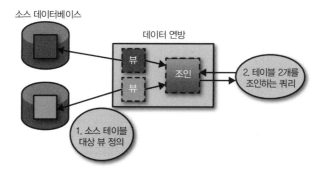

**그림 7-7.** 가상 데이터베이스 예제

데이터조이너는 이후 IBM 인포스피어 페더레이션 서버$^{InfoSphere\ Federation\ Server}$로 진화했다. 데노도$^{Denodo}$, 팁코 컴포지트$^{Tibco\ Composite}$, 인포매티카$^{Informatica}$ 등의 여러 회

---

1. 추가 정보는 피유시 굽타(Piyush Gupta)와 (E.T. Lin)의 논문 〈DataJoiner: A Practical Approach to Multi-database Access(데이터조이너: 다중 데이터베이스 접근의 현실적인 접근법)〉에서 찾을 수 있다. - 옮긴이

사에서도 유사한 제품을 선보였다. 이런 제품은 이제 RESTful API를 지원하며 데이터베이스뿐만 아니라 애플리케이션이나 파일 시스템과도 연동될 수 있다. 그래도 이런 제품의 핵심은 가상 데이터베이스 생성이다. 즉, 표면 아래에서 여러 시스템의 데이터를 가져와 사용자에게는 하나의 테이블처럼 보이게 하는 것이다.

이런 기술을 데이터 레이크에 적용하려면 해결해야 하는 여러 가지 중요한 문제가 있다. 가장 큰 어려움은 직접 모든 가상 테이블을 설정하고 파일이든 테이블이든 실제 데이터 세트와 일일이 매핑해야 한다는 점이다. 마찰 없는 주입 방식으로 수백만 개의 파일이 저장된 데이터 레이크에 이는 비현실적이다. 그리고 예전부터 있던 분산 조인 문제도 있다. 여러 물리적인 시스템의 대규모 데이터 세트를 합치거나 조인하려면 매우 정밀한 쿼리 최적화, 많은 메모리, 연산 자원이 필요하다. 마지막으로 스키마schema 유지 보수 문제도 있다. 스키마가 바뀐다면 가상 테이블도 업데이트해야 한다. 스키마는 데이터를 읽을 때 적용하므로(즉, '읽는 시점 스키마 적용') 사용자는 쿼리가 실패할 때까지는 스키마가 바뀐지 모를 수 있다. 그리고 그 때도 문제가 스키마 변경 때문인지, 데이터 문제인지, 사용자 오류였는지, 여러 문제의 조합 때문인지 알기 어려울 수 있다.

## 빅데이터 시각화

데이터의 양과 종류가 폭발적으로 늘어나는 상황에 대처하고자 데이터 레이크가 등장했던 것처럼 빅데이터 시각화는 기업 데이터가 양과 다양성 측면에서 늘어나는 상황에 대처하고자 읽는 시점 스키마 적용, 모듈화, 미래 대처 등과 같은 빅데이터 원리를 데이터 시각화에 적용한 새로운 방식이다. 이 접근 방식의 중심에는 물리적 데이터 소스를 가상 폴더로, 물리적 데이터 세트를 가상 데이터 세트로 갖고 있는 가상 파일 시스템이 있다. 또한 이 접근법에서 영역을 나누는 데는 7장의 앞부분에서 설명한 데이터 레이크에서의 영역 분할과 유사한 방법을 사용한다. 가상화를 통해 데이터는 원래 소스에 그대로 있는 상태에서 비즈니스 사용자에게 보이게 할 수 있다.

가상 파일 시스템은 규모가 매우 크고 수백만 개의 데이터 세트를 갖고 있을 수 있어 필요한 데이터 세트를 찾아 거기까지 가려면 검색 방법이 필요하다. 이런 역할은 주로 데이터 카탈로그가 하며, 카탈로그에는 데이터 레이크까지 포함한 기업의 모든 데이터가 포함된다. 이렇게 하면 카탈로그에는 메타데이터(데이터를 설명하는 정보)만 있어 사용자는 필요한 데이터 세트를 빠르게 찾을 수 있다. 데이터 세트를 찾고 나면 사용자의 프로젝트 영역에 복사하거나 있는 위치에 관한 접근 권한을 줘서 사용자가 획득할 수 있게 한다. 그림 7-8은 이런 과정을 보여준다.

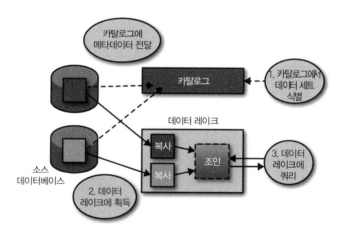

**그림 7-8.** 가상 데이터 레이크

그림 7-8의 테이블 2개가 모두 같은 물리적인 시스템에 복사되기 때문에 조인도 시스템 내에서 이뤄질 수 있고, 구현하기가 쉬우며 실행도 빠르게 할 수 있다. 획득 과정에는 승인 절차도 포함될 수 있다. 승인 절차를 위해 사용자는 특정 기간 동안 권한을 요청하게 되며, 비즈니스적 근거를 제시하게 된다. 그런 다음 데이터 소유주가 요청을 검토해서 승인한 후 데이터를 복사해준다. 마지막으로 ETL 도구, 고객

스크립트, 스쿱<sup>sqoop</sup>과 같은 오픈소스 도구를 통해 데이터 복사본을 항상 최신 상태로 유지한다. 스쿱은 관계형 데이터베이스에 연결되며, 사용자별 SQL 쿼리 실행, 쿼리 결과로 HDFS 파일 생성 등을 담당한다.

데이터 레이크에서 데이터를 찾고 확보하는 주요 인터페이스가 카탈로그이기 때문에 매우 우아하게 가상 데이터 레이크를 구축할 수 있게 해준다. 사용자가 데이터 세트를 찾을 때 물리적으로 어디에 있는지에 관심을 두지 않아도 되고, 그냥 데이터 레이크와 똑같이 생각하고 같은 방법으로 데이터 세트를 찾으면 된다. 또한 지능적인 획득 시스템을 제공해 사용자가 도구 내에서 어떤 데이터 세트를 사용하고 싶을 때 그 자리에서 바로 획득(즉, 도구에서 바로 열기)하도록 할 수 있다. 다른 데이터 세트와 조인돼야 하거나 일부 수정이 필요할 경우 물리적인 데이터 레이크에 복사해 거기서 접근하게 할 수도 있다.

## 중복 제거

물리적 데이터 레이크에서 어려운 점 2가지는 완전성과 중복이다. 그림 7-9에서 보여주듯이 완전성을 위해서는 기업의 모든 데이터를 데이터 레이크에 저장해야 한다. 하지만 그에 따라 모든 데이터가 최소 2곳에 있게 돼 많은 중복이 발생한다. 전통적인 데이터 웨어하우스도 운영 시스템 데이터와 같은 데이터를 갖고 있다고 얘기할 수도 있지만, 거기서는 데이터 웨어하우스에 데이터를 저장하기 전에 일반적으로 어느 정도 변환했기 때문에 이와는 상황이 다르다. 데이터 웨어하우스에서는 데이터를 공통 스키마에 맞추고자 수정하거나 비정규화하거나, 다른 시스템의 데이터와 합쳤다. 따라서 결국 같은 데이터이긴 하지만 서로 다른 목적을 위해 다르게 구성됐다. 반면 데이터 레이크에서는 마찰 없는 주입을 적용하면 진입 영역 데이터는 소스 데이터와 정확하게 일치하기 때문에 완벽한 중복이 발생한다. 결국 사용하는 사람이 없어도 같은 데이터를 여러 벌 보관하게 되며, 모든 복사본을 최신 상태로 유지하고자 계속 비용을 들이게 된다.

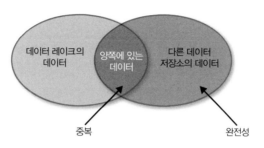

**그림 7-9.** 데이터 레이크 때문에 생기는 어려움

가상 데이터 레이크는 이런 문제를 완화하는 데 도움이 된다. 특정 프로젝트에 필
요할 때만 데이터를 데이터 레이크로 가져오기 때문이다. 즉, 데이터는 누군가 데
이터 레이크에서 그것으로 작업을 하기 전까지는 한 벌만(원래 소스에만) 존재한다.
프로젝트가 끝나고 해당 데이터를 더는 사용하지 않는다면 저장 공간을 아끼기 위
해 안전하게 지울 수 있다. 아니면 최소한 누군가 다시 사용하기 전까지는 계속해
서 갱신하는 것은 멈출 수 있다(그림 7-10). 이런 방식을 사용하면 최근 사용한 데이
터는 레이크에 저장되고 적극적으로 유지되는 반면, 거의 사용되지 않거나 사용한
적이 없는 데이터는 레이크에 존재하지 않게 된다. 큰 파일을 처음으로 로드하거
나 오랫동안 사용하지 않은 상태에서 업데이트할 경우 어느 정도 시차가 발생할
수 있지만, 대신 사용하지 않은 모든 데이터까지 처리하기 위한 연산과 저장 자원
에 비용을 쓰지 않아도 된다.

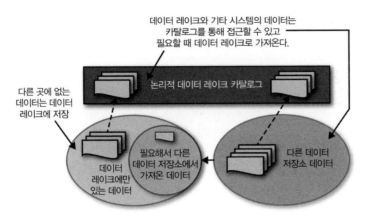

데이터 레이크와 기타 시스템의 데이터는
카탈로그를 통해 접근할 수 있고
필요할 때 데이터 레이크로 가져온다.

다른 곳에 없는
데이터는 데이터
레이크에 저장

논리적 데이터 레이크 카탈로그

데이터
레이크에만
있는 데이터

필요해서 다른
데이터 저장소에서
가져온 데이터

다른 데이터
저장소 데이터

**그림 7-10.** 일관성과 중복에 가상 레이크가 갖는 효과

불행한 것은 데이터 레이크를 쓰더라도 중복은 해결되지 않는다는 점이다. 지난 15년간 데이터 마트와 기타 프로젝트 전용 데이터베이스는 급증했다. 일반적인 데이터 관련 프로젝트는 다음과 같이 진행된다. 먼저 데이터베이스 서버 획득, 이어서 다른 시스템의 데이터를 로드, 데이터를 추가하거나 데이터의 일부 수정, 다른 시스템의 최신 데이터를 로드해 최신 상태로 유지와 같은 단계들이 이어진다. 기업마다 이런 데이터베이스를 수천 또는 많게는 수백만 개씩 갖고 있다. 예를 들어 과거에 직원은 5,000명이지만 데이터베이스는 13,000개였던 작은 은행과 일해 본 경험이 있다. 이런 데이터베이스는 유지하려면 비용이 든다. 하드웨어와 소프트웨어 비용, 관리 비용, 백업 비용 등이 필요하다. 더 안 좋은 점은 처음에는 동일하게 시작한 데이터베이스도 시간이 지남에 따라 필연적으로 일부가 달라진다는 점이다. 사용자 오류, ETL 로직 차이, 잡이나 시스템 장애, 기타 이유 때문일 수 있다. 그에 따라 많은 기업은 같은 주요 수치라도 회계, 판매, 마케팅 부서가 왜 전부 다른 값을 갖고 있는지, 누구의 값을 믿고 사용해야 하는지 결정하는 데 많은 시간을 허비하게 된다(스포일러 – 이기는 것은 주로 회계 부서다).

많은 기업에서 이런 문제를 해결하기 위한 여정을 시작하고 있다. 비슷한 데이터베이스는 서로 통합하고, 필요 없는 것은 제거하고, 분기한 것은 다시 모으고 있다.

이 여정의 첫 번째 단계가 엔터프라이즈 카탈로그다. 데이터가 어디에 있고, 어디서 왔으며, 누가 사용하는지 보여주기 때문에 카탈로그는 중복되고 사용하지 않는 데이터를 식별하는 데 도움이 된다.

카탈로그를 통해 식별할 수 있는 대표적인 문제는 다음과 같다.

- **거의 비슷하지만 각자 몇 개의 추가적인 측정치와 특성을 가진 2개의 데이터 마트** 이런 경우 하나의 데이터 마트로 통합하고 한쪽에만 있는 측정치나 특성을 통합된 데이터 마트에 반영해 저장 비용과 관리 비용을 낮출 수 있다. 또한 데이터 마트 사용자는 그전까지는 자기가 사용하던 마트에 없던 필드를 사용할 수 있게 된다.

- **한때는 보고에 사용됐지만 이제는 다른 데이터베이스의 대기 데이터베이스 역할만 하는 데이터베이스** 이런 데이터베이스는 완전히 제거할 수 있다. 해당 데이터베이스로 채우던 데이터베이스는 출처 시스템에서 직접 데이터를 가져오게 하면 된다.

- **완전히 쓸모없는 데이터베이스** 즉, 아무도 사용하지 않는 보고와 대시보드를 만드는 데이터베이스로, 이런 것은 그냥 은퇴시켜도 된다.

## 결론

데이터 레이크를 설계하는 방법에는 여러 가지가 있다. 많은 기업은 클라우드가 가진 매력과 우아함, 가상 데이터 레이크의 효율성을 발견하기 시작하고 있다. 8장에서는 기업이 데이터 레이크를 만들고 가상 데이터 레이크로 확장하는 데 데이터 카탈로그가 어떤 도움이 되는지 살펴본다.

# 8장

# 데이터 레이크 카탈로그화

데이터 레이크는 탐색을 어렵거나 경우에 따라 불가능하게까지 하는 몇 가지 특성이 있다. 우선 저장된 데이터 세트가 어마어마하게 많다. 필드명도 아리송한 경우가 많고, 헤더header 정보가 없는 데이터 세트도 있다. 예를 들어 CSV 파일이나 온라인 댓글에서 수집된 데이터처럼 정리되지 않은 데이터 세트가 그렇다. 필드명이 잘 붙여진 데이터 세트 중에도 이름이 조금씩 다르거나 서로 다른 명명법을 따르는 경우도 있다. 특정 파일에서 어떤 특성을 호출call할 수 있는지 추측하는 것은 어렵기 때문에 필요한 특성이 있는 파일을 전부 다 찾기는 불가능하다.

그러므로 레이크에 새로운 데이터 세트를 주입하거나 만들 때는 매번 관련 문서를 작성하거나, 누군가 많은 시간을 들여 데이터를 직접 검토해야 한다. 빅데이터 시스템이 일반적으로 갖는 크기와 다양성을 고려했을 때 2가지 방법 모두 필요한 만큼의 확장성과 관리를 보장하지 않는다.

데이터 카탈로그는 필드와 데이터 세트에 일상적인 비즈니스 용어로 된 태그tag를 붙이고 쇼핑몰과 비슷한 인터페이스를 제공해 사용자가 익숙한 비즈니스 용어로 찾는 데이터 세트를 검색하고, 또한 찾은 데이터 세트의 데이터를 일상적인 비즈니스 용어로 된 태그와 설명을 통해 이해할 수 있게 해서 이런 문제를 해결해준다. 8장에서는 데이터 카탈로그의 여러 사용 사례를 살펴보고 오늘날 시장에 출시된 데이터 카탈로그 제품 일부를 간단하게 살펴본다.

## 데이터 정리

분석가가 빅데이터 클러스터를 탐색하는 데 7장에서 설명한 폴더 구조와 명명법
은 도움이 되지만 그것만으로는 충분치 않다. 다음과 같은 기능이 부족하다.

- 검색 기능이 없다. 분석가는 필요한 경로까지 직접 이동해야 한다. 필요한
  것이 어디 있는지 알면 그럴 수 있지만, 탐색해야 할 소스/폴더가 수천 개가
  될 때 이런 방법은 비현실적이다.

- 하둡$^{Hadoop}$의 휴$^{Hue}$처럼 파일의 일부를 사용자가 볼 수 있게 해주는 유용한
  프로그램도 있지만, 용량이 큰 파일 안에 구체적으로 어떤 내용이 있는지
  이해하는 데 충분하지는 않을 수 있다. 분석가가 프로젝트에 맞는 파일인
  지 결정하려면 안에 있는 내용을 상당 부분 파악할 수 있어야 한다. 예를
  들어 뉴욕 관련 데이터가 있는가? 트윗은 몇 개가 있는가? 주문량은 얼마나
  되는가? 분석가가 고객 나이와 같은 인구통계 정보를 찾고 있다고 했을 때
  파일의 첫 몇 개 열만 살펴봤을 때 나이 데이터가 어느 정도 있다고 해서
  해당 파일에 충분한 수의 고객에 대한 나이 데이터가 존재한다고 확신할
  수 없다.

- 분석가는 해당 파일이 어디에서 왔는지도 알 필요가 있다. 모든 데이터를
  무조건 신뢰할 수는 없다. 실패한 데이터 과학 실험의 데이터도 있을 것이
  고, 일관성이 상당히 부족한 시스템 데이터도 있을 수 있다. 반면에 정화가
  잘되고 신뢰할 수 있는 소스에서 제공한 데이터도 있다. 파일이 진입 영역,
  골드 영역, 작업 영역 중 어디에 있는가? 분석가의 상황에 따라 미가공 데이
  터가 더 좋거나 정화된 데이터가 좋을 수 있다. 데이터가 누군가의 작업 폴

더에 있다면 분석가는 파일 설명을 자세히 살펴보거나 해당 파일이나 프로 젝트의 소유자와 얘기해봐야 할 수도 있다. 또한 데이터에 어떤 처리가 됐 는지 반드시 이해해야 한다. 분석가가 필요한 방법대로 이미 정화되고 처 리된 특성이 있지만, 다른 방식의 처리가 필요해 미가공 파일에서 찾아야 하는 특성도 있을 것이다.

도서관에서 책을 정리하고 분류하듯이 이런 문제를 해결하고자 기업은 보유하고 있는 데이터 세트를 정리하고 분류할 필요가 있다.

분석에 필요한 입력 데이터를 찾는 것은 필자가 이 업계에서 일하기 시작한 때인 30년 전부터 있었던 문제다. 이번 절에서는 메타데이터로 데이터를 찾기 쉽게 설 명하고 필요한 주석을 붙이는 여러 방법을 살펴보고, 데이터 세트를 설명, 정리, 검 색하는 데 용어집glossaries, 분류 체계taxonomies, 온톨로지ontologies를 사용하는 방법을 다룬다.

그다음 절에서 자동화가 이런 과정에 어떤 도움이 되는지 고려한다. 데이터 레이 크에 저장하는 파일의 수와 데이터 문서화 및 추적을 위해 설계된 프로세스와 절차 를 사람들이 오랫동안 무시했을 가능성이 높다는 사실을 생각하면 카탈로그화 과 정은 가능한 한 자동화해야 한다는 것을 알 수 있다. 어떤 도구를 사용하든 결국 분석가가 필요한 사항을 메모하고 필드나 데이터 세트에 유의미한 비즈니스 용어 로 태그를 붙이는 과정은 쉬워야 한다.

## 기술 메타데이터

데이터 세트를 설명하는 데는 메타데이터, 즉 데이터에 관한 데이터를 사용한다. 예를 들어 관계형 데이터베이스에서 테이블 설명이 메타데이터다. 여기에는 테이 블의 이름, 열 이름, 관련 설명, 데이터 유형, 길이 등과 같은 정보가 포함된다. 테이 블에서 각 행의 실제 값은 데이터로 취급한다. 불행한 것은 데이터와 메타데이터

를 명확하게 나누기 힘들다는 점이다. 다음과 같은 예제를 살펴보자(표 8-1). 테이
블의 이름은 Sales이고, ProdID에 따라 연도별 분기와 간 판매 정보(백만 달러 단위)
를 담고 있다.

**표 8-1.** Sales 테이블

| ProdID | Year | Q1 | Q2 | Q3 | Q4 | Jan | Feb | Mar | ... |
|--------|------|-----|-----|-----|-----|-----|-----|-----|-----|
| X11899 | 2010 | 5 | 4.5 | 6 | 9 | 1.1 | 1.9 | 2.2 | ... |
| F22122 | 2010 | 1.2 | 3.5 | 11 | 1.3 | .2 | .3 | .6 | ... |
| X11899 | 2011 | 6 | 6 | 6.5 | 7 | 4.5 | 2 | .5 | ... |
| ... | ... | ... | ... | ... | ... | ... | ... | ... | |

이 예제에서는 ProdID, Year, Q1, Q2, Q3, Q4, Jan, Feb와 같은 필드명은 모두 메타데
이터가 되며, 실제 ProdID 값(X11899, F22122), 연도(2010, 2011), 판매 금액 등은 데이
터가 된다. 제품의 분기별 판매 금액을 찾는 분석가가 있다면 메타데이터를 통해
찾고자 하는 정보가 이 테이블에 있다는 것을 알 수 있다. 마찬가지로 월간 판매
금액을 찾는 사람도 원하는 정보가 이 테이블에 있다는 것을 알 수 있다.

같은 테이블을 다음과 같이 설계할 수도 있다(표 8-2).

**표 8-2.** 메타데이터가 모호한 Sales 테이블

| ProductID | Year | Period | SalesAmount |
|-----------|------|--------|-------------|
| X11899 | 2010 | Q1 | 5 |
| X11899 | 2010 | Q2 | 4.5 |
| F22122 | 2010 | Q3 | 11 |
| X11899 | 2011 | Q1 | 6 |
| X11899 | 2010 | Jan | 1.1 |
| X11899 | 2010 | Feb | 1.9 |
| X11899 | 2010 | Mar | 2.2 |
| ... | ... | ... | ... |

여기서는 기간별로 행을 만들지 않고 열 단위로 기간을 분류했다. Period 행은 해
당 열의 기간을 명시하며, 분기(Q1 ~ Q4) 혹은 특정 월(Jan ~ Dec)일 수 있다. 앞의 테

이블 2개는 완전히 같은 정보를 담고 있고 서로 대체해서 사용할 수 있지만, 후자의 경우 분기와 월 값은 메타데이터가 아닌 데이터가 된다.

당연히 실생활 데이터는 이런 간단한 예제보다 훨씬 복잡하다. 필드명이 아리송하고 불분명할 수 있듯이 데이터도 그럴 수 있다. 예를 들어 실제로 두 번째 테이블에는 코드를 사용할 가능성도 있다. 결과는 표 8-3과 같을 것이다.

표 8-3. 데이터가 더 모호한 Sales 테이블

| ProductID | Year | Period_Type | Period | SalesAmount |
|-----------|------|-------------|--------|-------------|
| X11899    | 2010 | Q           | 1      | 5           |
| X11899    | 2010 | Q           | 2      | 4.5         |
| F22122    | 2010 | Q           | 3      | 11          |
| X11899    | 2011 | Q           | 1      | 6           |
| X11899    | 2010 | M           | 1      | 1.1         |
| X11899    | 2010 | M           | 2      | 1.9         |
| X11899    | 2010 | M           | 3      | 2.2         |
| ...       | ...  | ...         | ...    | ...         |

여기서 Period_Type 값이 M이면 '월'을 지칭하기 때문에 연관된 Period 값이 2이면 2월을 의미한다. 하지만 Period_Type 값이 Q이면 '분기'를 의미하며 Period 값 2는 해당 연도의 2분기를 말한다. 이 테이블을 프로파일링profiling했을 때 월의 이름(Jan, Feb, Mar 등)은 보이지 않게 된다. 물론 똑똑한 분석가라면 메타데이터에서(Period_Type은 M 또는 Q이고 M이 Q보다 3배 많다는 것에서부터) 보고 있는 것이 월별 분기별 판매 데이터라는 것을 유추할 수도 있다.

이번 예제는 데이터와 메타데이터 간에 명확한 경계가 없다는 것과 스키마schema 디자인에 따라 같은 정보가 양쪽에 해당할 수 있다는 것을 보여준다. 메타데이터에만 의존하면 테이블에서 얘기하는 기간이 어떤 기간을 의미하는지 알 수 없고, 월별 판매 데이터를 찾는 분석가는 테이블을 열어 직접 데이터를 살펴봐서 월별 데이터가 있다는 것을 확인하기 전까지는 이 테이블이 필요한 테이블인지 알 수 없다.

## 데이터 프로파일링

테이블마다 어떤 정보가 포함돼 있는지 이해하려고 매번 열어 확인하려면 적합한 테이블을 찾는 과정이 상당히 느려지기 때문에 데이터와 메타데이터의 간격을 메우고자 프로파일링을 사용한다. 예를 들어 분석가가 데이터를 보지 않고 Period 필드에 Q1 ~ Q4 또는 Jan ~ Dec와 같은 값이 있다는 것을 알았다면 이 테이블에서 분기별 월별 판매 데이터를 찾을 수 있다는 것을 즉시 알았을 수 있다. 6장에서 살펴봤듯이 프로파일링은 각 행의 데이터를 분석해 데이터의 품질뿐만 아니라 데이터를 완전히 이해하는 데 도움을 준다. 최빈값, 특정 값의 사용 횟수 외에도 다음과 같은 값이 계산된다.

### 집합의 크기

필드별로 고유한 값이 몇 개 있는지. 예를 들어 2개의 테이블이 동일하다면 ProductID와 Year 행의 집합 크기는 2개 테이블에서 같아야 한다.

### 선택 가능성

필드별로 특정 값이 얼마나 자주 등장하는지. 필드의 집합 크기를 열 수로 나눠 계산한다. 선택 가능성이 1이나 100%라는 것은 해당 행의 각 값이 고유하다는 것을 의미한다.

### 밀도

행별로 NULL(또는 비어 있는 값)이 몇 번 등장하는지. 밀도가 1이나 100%라는 것은 NULL이 없다는 것을 의미하는 반면 밀도가 0%라는 것은 해당 필드가 NULL 값만 갖고 있다(즉, 비어 있다)는 것을 의미한다.

### 범위, 평균, 표준 편차

수치 필드에 대해서는 최솟값과 최댓값뿐만 아니라 평균과 시그마 또는 표준 편차도 계산된다.

**포맷 빈도**

데이터에 따라 포맷이 매우 독특한 것도 있다. 예를 들어 미국의 우편번호는 5자리, 9자리, 또는 5자리-4자리 형태로 돼 있다. 필드에 포함된 데이터를 구별하는 데 포맷은 많은 도움이 될 수 있다.

프로파일링을 통해 얻는 통계 정보와 필드명, 테이블명, 파일명과 같은 기타 메타데이터를 합쳐 기술 메타데이터technical metadata라고 한다. 이런 기술 메타데이터는 데이터의 특징을 이해하는 데 도움이 되지만 식별 가능성 문제를 해결해주지는 않는다. 실제로 기술 메타데이터는 줄여 쓰거나 모호한 경우도 많다. 예를 들어 표 8-1에 First_Quarter나 Second_Quarter 대신 Q1과 Q2 행이 있었던 것처럼 Year 행도 Y로 줄일 수도 있는데, Y는 Yield(생산량), Yes(예), Year(연도) 등 여러 가지를 의미할 수 있어서 분석가가 필요한 정보를 찾는 데 많은 어려움을 줄 수 있다.

## 계층형 데이터 프로파일링

표 데이터에서 정보를 프로파일링하는 것은 매우 직관적이다. 통계는 각 열의 정보를 집계해 행 단위로 이뤄진다. 하지만 JSON이나 XML 파일처럼 계층형 데이터를 프로파일링하는 것은 좀 더 어려울 수 있다.

형태는 다를 수 있지만 결국 JSON 파일도 테이블 파일과 같은 데이터를 나타낸다. 예를 들어 주문 건 정보는 관계형 데이터베이스의 테이블 세트나 테이블 파일 세트로 저장할 수 있다. 이때 기본키-외래키라는 관계로 서로 연관된 파일을 나타낼 수 있다. 그림 8-1에서는 주문, 고객, 제품 정보를 저장하고자 4개의 테이블을 사용하고 있다. 기본키-외래키 관계는 기본키 필드와 외래키 간에 연결된 선으로 표현하고 있다. 고객 테이블의 CustomerID마다 연관된 주문 테이블의 주문 건수가 여럿인 경우 1:N으로 표시돼 있다.

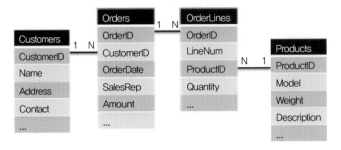

**그림 8-1.** 엔티티 관계 도표

같은 정보를 JSON 형태로도 표현할 수 있다. 이때 관계형 시스템의 기본키와 외래키 관계는 계층으로 표현한다. 테이블 4개 대신 하나의 JSON 파일로 모든 특성과 관계를 표현할 수 있다. 다음 코드 조각은 하나의 주문 건과 관련된 모든 정보를 나타내고 있다. 주문, 고객, 제품을 서로 연결하기 위한 CustomerID와 ProductID가 없다는 점을 주목하자. 고객 정보는 Order 레코드에 포함돼 있고, 제품 정보는 OrderLine에 포함돼 있다.

```
{"Order"
   {
      "OrderID" : "123R1",
      "Customer" {
          "Name" : "Acme Foods", "Address" : "20 Main St, Booville, MD",
          "Contact" : "Zeke Gan", ...
      }
      "OrderLine" {
          "LineNumber" : "1",
          "Product" {
             "Model" : "XR1900E", "Weight": "20",
             "Description" : "The XR1900E is the latest ...", ...
          }
          "Quantity" : 1,
          ...
      }
```

```
        }
    }
```

두 가지 모두 포함된 정보는 기본적으로 같기 때문에 슈레딩<sup>shredding</sup>이라는 간단한 과정을 통해 계층형 파일에서 필드를 추출하기도 한다. 예를 들어 고객명은 전체 계층 이름, 즉 `Order.Customer.Name`으로 추출할 수 있다. 이를 XPATH 표현 방법으로 볼 수 있다(XPATH는 XML 문서의 특정 영역에 접근하기 위한 쿼리 언어다). 결국 슈레딩이 하는 일은 계층형 파일의 각 XPATH 표현마다 별도의 필드를 만드는 것이다.

슈레딩의 문제는 기본적으로 '손실'적인 과정이라는 것이다. 즉, 데이터를 테이블 형태로 전환할 때 일부 정보가 손실된다. 예를 들어 하나의 주문 건에 관련된 고객이 2명이고 주문 항목이 3개라면 이런 모든 정보를 보존하면서 이 데이터를 슈레딩할 수 있는 간단한 방법은 없다. 주문 항목 3개를 모두 첫 번째 고객에게 할당해야 하는지, 고객 모두에게 주문 항목 3개를 동시에 할당해야 하는지, 일부는 한 고객에게 할당하고 나머지는 다른 고객에게 할당하는 것이 좋은지 간단하고 표준적인 해결 방법은 없다.

인포매티카, IBM을 비롯한 많은 회사의 프로파일링 도구는 프로파일링하기 전에 계층형 파일을 테이블 형태로 슈레딩하고 전환할 것을 요구한다. 반면 트리팩타<sup>Trifacta</sup>, 팍사타<sup>Paxata</sup>, 워터라인 데이터<sup>Waterline Data</sup>와 같은 회사에서 제공하는 새로운 도구들은 처음부터 관계형이 아닌 빅데이터 환경을 고려해서 개발돼 자체적으로 계층형 데이터를 손실 없이 프로파일링하거나 적어도 계층형 데이터를 자동으로 슈레딩하는 기능을 지원한다.

## 비즈니스 메타데이터

분석가가 데이터를 찾는 것을 돕고자 비즈니스 메타데이터, 즉 데이터에 대한 비즈니스 수준의 설명에 사용한다. 이런 메타데이터는 여러 가지 형태를 가진다.

### 용어집, 분류 체계, 온톨로지

비즈니스 메타데이터는 용어집<sup>glossaries</sup>, 분류 체계<sup>taxonomies</sup>, 온톨로지<sup>ontologies</sup> 형태로 포착하는 경우가 많다. 비즈니스 용어집은 비즈니스 용어와 정의를 담고 있는 매우 공식적인 목록(주로 계층적)이다. 비즈니스 용어집 중에는 분류 체계나 온톨로지인 것들도 있고, 별다른 기준 없이 구성 개념<sup>constructs</sup>을 그냥 분류해 놓은 것도 있다. 분류 체계와 온톨로지의 차이가 무엇인지에 대해서도 의견이 다양하다. 여기서의 목적은 각각을 소개하는 것일 뿐 어느 한쪽 편을 드는 것은 아니다. 그런 의미에서 분류 체계는 자식 클래스가 부모 클래스의 하위 클래스가 되는 오브젝트 계층도라고 볼 수 있다. 이를 is-a('이자'라고 발음) 관계라고 하기도 한다. 그림 8-2는 많은 사람이 생물학 시간에 배웠던 생물학적 분류 체계를 보여준다.

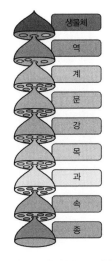

**그림 8-2.** 생물학적 분류 체계

234

온톨로지는 분류 체계보다 일반적으로 좀 더 우아하며 대상 간의 임의적인 관계를 지원한다. 예를 들어 is-a 관계 외에도 대상과 특성 간의 has-a 관계도 표현할 수 있다(예를 들어 자동차는 엔진이 있다). 또 다른 예로 "운전자가 자동차를 운전한다"를 들 수 있다. 그림 8-3은 자동차 관련 온톨로지의 일부를 보여준다. 자동차는 바퀴와 엔진이 있고, 운송 수단의 하위 클래스가 된다.

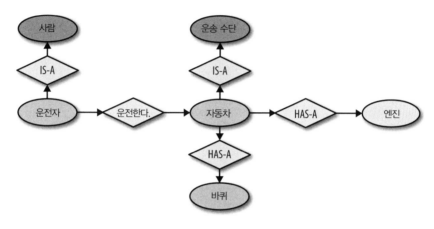

**그림 8-3.** 운송 수단 온톨로지 일부

## 업계 온톨로지

업계 표준 온톨로지도 여럿 개발되고 있다. ACORD(https://www.acord.org/)는 보험 업계 단체로 8,000개의 회원사가 있으며, 보험 회사 간 데이터를 공유할 수 있는 표준 방법을 제시하고 있다. 교환되는 데이터를 설명하고자 ACORD는 보험 비즈니스의 여러 측면에 관한 각종 양식에 포함되는 구성 요소를 설명하는 비즈니스 용어집을 개발했다. 또 다른 예로는 금융 업계 비즈니스 온톨로지[FIBO, Financial Industry Business Ontology]가 있다. FIBO는 널리 인정받는 업계 단체인 오브젝트 관리 그룹[OMG, Object Management Group]과 엔터프라이즈 데이터 관리[EDM, Enterprise Data Management] 카운슬[Council]에서 개발했다.

기업은 자체 표준을 개발할 수도 있다. IBM에서 일하고 있을 때는 업계 전용 온톨로지와 연관된 분석 데이터 모델을 모두 고려한 업계 모델을 여러 개 개발했었다.

## 포크소노미

업계 표준 온톨로지뿐만 아니라 기업 표준 온톨로지의 문제는 맥락을 통한 검색에는 매우 유용하지만 모든 구성 요소를 계속 추적하기에는 너무 복잡하고 용어도 수천 개씩 있다는 단점이 있다. 또한 표준 온톨로지를 적용하려면 비즈니스 팀에게 표준 용어 활용 교육도 많이 해야 한다.

포크소노미Folksonomies는 온톨로지보다 훨씬 유연한 접근 방식으로, 직원들이 자신의 데이터에 대해 어떻게 생각하는지를 표현한다. 분석가가 사전에 정해진 정의만 사용하도록 교육하는 대신 포크소노미는 현재 사용하는 용어를 수집해서 연관된 계층별로 정리하고 그것을 비즈니스 메타데이터로 사용한다.

또 다른 문제는 집단에 따라 같은 대상을 지칭하는 공식 명칭이 다를 수 있다는 점이다. 예를 들어 마케팅 직원은 특정 필드를 유망 고객 명단으로 생각하지만, 영업 사원은 해당 필드를 기회 대상 고객으로, 지원부서는 기존 고객 명단으로 인식할 수 있다. 시스템에 따라 유망, 기회, 고객용 데이터 세트를 각각 별도로 두는 시스템도 있고, 아니면 모두 모아 하나의 데이터 세트로 두고 대신 어디에 해당하는 사람인지 나타내기 위한 플래그flag를 둘 수도 있다.

혼란을 피하고자 서로 다른 집단은 자기한테 익숙한 용어로 된 서로 다른 포크소노미로 같은 데이터를 검색할 수 있게 할 수 있다. 워터라인 데이터는 태그와 용어 도메인domain을 여러 개 만들어 하나의 도메인은 특정 집단에 할당하고, 어떤 도메인은 여러 집단에서 공유할 수 있게 해준다.

## 태깅

용어집, 분류 체계, 포크소노미, 온톨로지를 확보하고 그것을 데이터 세트에서 찾을 때 사용하려면 데이터 세트에 적절한 용어와 개념을 할당해야 한다. 이런 과정을 태깅<sup>tagging</sup>이라고 하며, 비즈니스 용어와 연관된 데이터를 가진 필드나 데이터 세트에 할당한다. 예를 들어 앞에서 기술 메타데이터를 설명하던 예제에서의 Period 필드는 포함된 내용에 맞는 비즈니스 용어인 Number_of_Quarter와 Month로 태깅할 수 있다. 분석가는 'month(월)', 'quarter(분기)', 'quarter number(분기 번호)'를 검색해서 원하는 것을 찾을 수 있다. 이런 태깅은 카탈로그를 구성하는 과정에 반드시 포함돼야 한다.

하지만 데이터 세트를 태깅하려면 분석가나 데이터 관리자가 데이터를 이해해야 한다. 큰 기업의 경우 모든 데이터 세트를 알고 이해하는 특정한 사람이나 팀이 없기 때문에 이 작업은 기업의 여러 데이터 관리자, 데이터 분석가, 기타 관련 전문가를 동원한 크라우드소싱 방식으로 진행해야 한다.

구글, 페이스북, 링크드인을 비롯한 많은 기업은 데이터 관리자나 분석가가 직접 데이터 세트를 태깅할 수 있는 카탈로그를 갖고 있다. 그 외에도 얼레이시언<sup>Alation</sup>, 인포매티카, 워터라인 데이터와 같은 기업에서는 이런 태깅을 지원할 뿐만 아니라 데이터의 사용자가 데이터 세트를 평가하고, 댓글을 달고, 기타 여러 기능을 제공하는 제품을 공급하고 있다.

부족 지식을 크라우드소싱하는 개념은 6장에서 살펴봤으며, 8장 후반에서는 카탈로그를 구성할 때 도움이 될 수 있는 제품 몇 가지를 소개한다.

## 자동 카탈로그 생성

물론 수동 태깅과 크라우드소싱도 필요하지만 시간도 너무 오래 걸리고 그것만으로 충분하지 않다. 수백만 개의 데이터 세트와 수천만 개의 필드를 가진 기업도 있기 때문에 하나의 필드를 태깅하는 데 몇 분만 걸린다고 가정해도(실제로는 하나의 필드를 태깅하는 데 몇 시간의 조사와 협의가 필요할 수도 있다) 전체를 다 하려면 수백만 분, 또는 수천 년의 작업이 필요하다. 이는 너무나도 비현실적이다. 구글, 링크드인 외 여러 기업의 팀과 얘기해 본 결과 수동 태깅만 하면 가장 많이 사용하는 일부 데이터 세트만 태깅되고 나머지 대부분은 아무런 정보도 없이 '어둡게' 남겨진다는 것을 알게 됐다.

6장에서 언급했듯이 이런 문제의 해결 방법은 자동화다. 요즘 도구는 AI와 머신러닝을 활용해 (SME와 분석가가 다른 곳에 제공한 태그를 기반으로) '어두운' 데이터 세트의 구성 요소에 대한 식별, 자동 태깅, 주석 달기를 해서 분석가가 이런 데이터 세트를 찾고 활용할 수 있게 한다. 이런 접근법의 가장 좋은 예는 워터라인 데이터의 스마트 데이터 카탈로그<sup>Smart Data Catalog</sup>와 얼레이시언<sup>Alation</sup>일 것이다. 얼레이시언은 필드명에서 필드의 의미를 추측하고 줄여서 쓰인 필드명을 자동으로 해석한다. 워터라인 데이터는 필드명(있다면), 필드 내용, 필드 전후 맥락으로 필드를 자동 태깅하기 때문에 헤더(필드명)가 없는 파일조차도 태깅을 시도한다.

자동 카탈로그 생성을 보여주는 예로는 워터라인 데이터를 사용한다. 이런 유형의 도구는 하둡 클러스터와 관계형 데이터베이스의 필드별로 지문(지문은 필드의 이름, 내용, 프로파일 등을 포함한 전체적인 특성들의 집합체다)을 할당한다. 그런 다음 분석가가 다른 파일이나 테이블로 작업하고 있을 때 필드를 태깅할 수 있게 한다. 일종의 '공개 수배' 전단을 만든다고 볼 수 있다.

워터라인 데이터의 AI 주도 분류 엔진인 아리스토텔레스<sup>Aristotle</sup>는 그런 지문과 필드 내용을 기반으로 태그가 없는 필드에 태그를 자동으로 할당한다. 이때 전후 맥락과 데이터 세트에 있는 다른 태그를 기반으로 태그를 정의한다. 예를 들어 000과 999 사이의 3자리 수를 가진 필드가 신용카드 번호 옆에 있다면 신용카드 검증 코드일 가능성이 크지만, 같은 필드가 의료 절차 특성을 지칭하는 태그를 가진 테이블에 있다면 신용카드 검증 코드일 가능성이 굉장히 낮다.

마지막으로 그림 8-4에서 보여주듯이 분석가는 이렇게 추천 받은 태그를 승인하거나 거부해서 워터라인 데이터의 AI 엔진을 훈련할 수 있다.

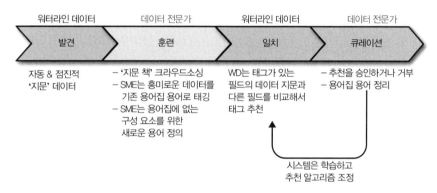

**그림 8-4.** 인간 분석가가 승인하는 자동 태깅

이런 과정은 데이터 세트에 일일이 태그를 붙이는 데 필요한 노력을 상당 부분 덜어주며, 새롭게 추가하는 데이터 세트도 카탈로그에 포함되는 즉시 검색할 수 있게 한다.


## 논리 데이터 관리

태그는 분석가가 익숙한 비즈니스 용어로 데이터를 찾을 방법을 제공할 뿐만 아니라 기업 데이터에 대한 일관된 '논리적' 뷰를 제공한다. 데이터 관리자와 분석가는 각 필드가 서로 다른 데이터 세트와 시스템에서 어떤 이름으로 불리고 있는지 추적하지 않고도 모든 데이터 자산을 대상으로 하는 일관된 정책을 만들 수 있다. 데이터 보호에서 데이터 품질까지 오늘날 데이터 관리 도구는 예전의 수동적이고, 에러 발생 위험이 높고, 노동 집약적이면서 취약해서 데이터 프로젝트의 발목을 잡고 셀프서비스가 어렵게 했던 기술에 태그 기반 정책을 적용하고 있다.

## 민감 데이터 관리와 접근 제어

데이터 거버넌스 팀의 가장 큰 걱정 중 하나는 민감한 데이터를 어떻게 관리할 것인가이다. 개인정보나 민감한 정보의 사용과 보호를 관장하는 업계와 국가 규제는 여러 가지가 있다. 대표적으로는 유럽의 GDPR, 미국의 HIPAA, 국제적으로는 PCI 등이 있다. 또한 많은 기업에서는 보호해야 하는 내부 '비밀' 정보 목록은 따로 유지하기도 한다. 비밀 정보란 규제 대상이거나 민감 정보로 접근이 제한되는 모든 데이터를 얘기한다. 민감 데이터를 관리하고자 기업은 먼저 민감 데이터를 카탈로그화(즉, 그것이 어디에 저장돼 있는지 식별하고)하고 나서 보호하게 되는데, 이때 접근을 제한하는 방법과 데이터를 마스킹<sup>masking</sup>하는 방법을 사용한다.

예전에는 보안 관리자가 직접 각 필드를 보호했다. 예를 들어 사회보장번호<sup>SSN,</sup> <sup>Social Security Numbers</sup> 정보 행이 있는 테이블이 포함된 데이터베이스가 있다면 관리자는 그런 정보가 있다는 것을 먼저 파악하고 나서 권한을 가진 사용자만 해당 필드에 접근할 수 있게 하는 규칙을 수동으로 만들어야 했다. 어떤 이유로 사용자가 SSN을 다른 필드(예를 들어 비고란)에 넣었다면 해당 필드는 누군가가 알아채고 그것을 보호하는 새로운 규칙을 만들기 전까지는 보호되지 않는 상태로 유지됐다. 반면 아파치 레인저<sup>Apache Ranger</sup>, 클라우데라 센트리<sup>Cloudera Sentry</sup> 등과 같은 현재의 보안 시스템은 태그 기반 보안이라는 것을 사용한다. 이런 시스템은 개별 데이터 세트와 필드에 관한 데이터 접근과 데이터 마스킹 정책을 정의하지 않고 특정 태그를 대상으로 하는 정책을 정의해서 해당 태그를 가진 모든 데이터 세트나 필드에 그 정책을 적용한다(접근 관리에 관한 자세한 내용은 9장에서 다룬다).

## 자동 진단과 수동 진단

민감 데이터 자동 관리 방식이 없다면 데이터 레이크에 새로 주입된 데이터 세트는 사람이 직접 검토해서 민감한 정보가 포함돼 있는지 확인하기 전까지는 사용을 위해 배포할 수 없다. 그래서 새로운 데이터를 직접 검토해 일반 사용에 적합한지 판단하기 전까지 모아 놓는 '격리 영역'을 별도로 만드는 기업도 있다. 이런 격리 영역을 두는 접근 방식은 겉보기에는 좋아 보이지만 실제로는 그것을 도입한 기업에서는 이렇게 격리한 데이터 세트를 처리하는 데 상당한 지연이 발생한다고 말하고 있다. 이런 과정에 시간이 많이 필요하고 잘못이 생길 가능성이 크고, 이런 데이터 세트 대부분이 당장 어떤 프로젝트에 사용될 데이터가 아니다 보니 관련 작업에 필요한 예산을 확보하기 어렵다는 점도 상황을 더 안 좋게 만든다. 이렇게 방치하면 불행히도 더 좋지 않은 결과가 생길 수도 있다. 격리 영역 파일은 누구도 접근할 수 없어 분석가는 거기에 있는 데이터 세트를 찾거나 사용할 수 없을 뿐만 아니라 정화 과정에도 도움을 줄 수 없게 된다.

민감 데이터를 자동으로 식별하면 훨씬 더 우아하게 접근할 수 있다. 카탈로그 소프트웨어가 격리 영역의 데이터 세트를 자동으로 스캔scan해서 포함된 민감 데이터 유형에 따라 자동으로 태깅하게 할 수 있다. 태그 기반 보안을 적용해 자동으로 이런 파일에 대한 접근을 제어하고 민감 정보 비식별화도 가능하다.

또 다른 예방책으로는 데이터 세트에 대한 접근 권한을 자동으로 부여하지 않고 필요에 따라 수동으로 진단하게 하는 방법도 있다. 이런 시스템에서는 자동으로 태깅과 데이터 세트의 메타데이터 카탈로그를 추가해 해당 데이터 세트를 찾을 수 있게 한다. 분석가는 사용하고 싶은 데이터 세트를 그중에서 찾으면 그때 수동으로 해당 데이터 세트를 큐레이트curate해서 태그의 정확성을 검증하고 민감한 데이터는 비식별화한다. 이렇게 하면 모든 데이터 세트는 여전히 검색할 수 있고 쓸 수 있지만, 데이터 관리 부서의 제한적인 자원은 쓸모 있는 파일과 예산을 확보한 프로젝트를 위한 큐레이션에 활용할 수 있다.

마지막으로 데이터 세트를 확보하면서 데이터 자주권 관련 법률과 기타 규제를 존중할 수 있다. 예를 들어 영국 분석가가 독일 데이터에 대한 권한을 요청했을 때 데이터를 영국 쪽으로 보내지 않고 독일 데이터 레이크에 직접 접근하게 할 수 있다.

## 데이터 품질

데이터 품질은 넓은 주제로 이 책의 여러 곳에서 다룬다. 8장에서는 카탈로그를 통해 데이터 품질 정보를 포착하고 전달하는 데 초점을 맞춘다. 이런 측면에서 카탈로그의 두 가지 장점으로 태그 기반 데이터 품질 규칙tag-based data quality rules을 적용할 수 있다는 점과 데이터 세트의 주석 품질annotation quality과 큐레이션 품질curation quality을 측정할 수 있는 능력을 제공한다는 점이 있다.

## 태그 기반 데이터 품질 규칙

상대적으로 단순한 카탈로그 방법에서는 데이터 품질과 민감성 관련 규칙을 물리적인 테이블이나 파일의 각 물리적 필드마다 하드코딩hardcoding한다. 최신 카탈로그, 특히 자동 태깅을 지원하는 카탈로그는 데이터 품질 전문가와 데이터 관리자가 태그 단위로 데이터 품질 규칙을 정의하고 적용할 수 있게 한다. 기본적인 개념은 규칙을 정의하고 나서 해당 태그를 가진 모든 필드에 적용하는 것이다. 예를 들어 Age 필드에 대해 0과 125 사이의 숫자 값이어야 한다는 데이터 품질 규칙을 만들었다면 Age라는 태그가 붙은 모든 필드에 적용해 0과 125 사이의 숫자를 포함하지 않는 열을 셀 수 있다. 품질 점수는 품질 규칙에 부합하지 않는 값을 가진 열의 비율로 계산할 수 있다. 그림 8-5에서는 총 5개의 열 중 3개만 데이터 품질 규칙에 부합하고 있기 때문에 품질 수준은 60%가 된다.

**그림 8-5.** 데이터 품질 수준

다음 절에서는 이 외에 데이터 품질을 측정할 수 있는 몇 가지 방법을 소개한다.

## 주석 품질

주석 품질이란 데이터 세트에 주석이 어느 정도 붙여져 있는지를 얘기한다. 예를 들어 모든 필드에 태그가 붙어 있으면 주석 품질은 100%가 되고, 필드 중 절반만 태그가 있다면 50%가 된다. 한 가지 유의할 점은 이런 주석 품질은 수동으로 붙여진 태그와 자동 추천된 태그 모두를 포함한다는 점이다. 태그 외에도 데이터 세트 설명이 있는지, 이력은 무엇인지(외부에서 왔는지, 수동으로 명시됐는지, 자동 추천된 것인지), 필요한 특성(예, 자주권) 값이 있는지와 같은 정보가 포함될 수 있다.

## 큐레이션 품질

큐레이션 품질이란 태그 중 어느 정도가 사람에 의해 승인되거나 큐레이션됐는지를 얘기한다. 궁극적으로 중요한 것은 신뢰성인데, 누군가 직접 큐레이션한 데이터 세트는 자동으로 주석이 붙여진 것보다 더 신뢰할 수 있다.

태그 유무를 단순하게 확인하는 주석 품질과 달리 큐레이션 품질은 자동 추천된 태크를 데이터 관리자나 기타 권한을 가진 사용자가 승인하기 전까지는 '유효'하다고 취급하지 않는다. 큐레이션 품질은 데이터 세트에 관한 설명과 이력(외부에서 왔는지, 수동으로 명시됐는지, 자동 추천된 것인지) 정보가 있는지, 이력이 자동 추천된 것이라고 큐레이션 대상자가 승인했는지도 반영한다.

## 데이터 세트 품질

데이터 세트 품질은 태그 기반 데이터 품질, 주석 품질, 큐레이션 품질 등 3가지 유형의 품질을 요약한다. 이때도 궁극적으로 중요한 것은 신뢰성이다. 비법은 모든 측정치를 유의미한 하나의 값으로 합치는 것이다. 이를 산출하는 표준적인 방법이나 수식은 없다. 여러 가지 접근법이 있으며, 단순하게는 큐레이션된 태그의 품질만 따지는 것에서부터 복잡하게는 데이터 품질의 모든 요소를 고려하는 것까지 있다.

예를 들어 큐레이션된 태그의 품질만 고려할 때 모든 필드가 품질 수준 100%인 큐레이션된 태그를 갖고 있다면 해당 데이터 세트의 품질 수준은 100%라고 얘기할 수 있다. 필드 중 절반만 큐레이션된 태그를 갖고 있고, 그런 필드의 평균 품질 수준이 80%라면 데이터 세트의 품질 수준은 40%가 된다.

하지만 특정 데이터 세트가 완벽한 필드와 연관된 태그를 갖고 있더라도 어디에서 왔는지 모른다면 해당 데이터 세트를 과연 신뢰할 수 있을까? 답이 '아니오'라면 데이터의 품질과 이력의 품질을 어떻게 하면 하나의 측정치로 표현할 수 있을까? 이는 어려운 문제이기 때문에 많은 기업은 데이터 품질과 신뢰성의 다양한 측면을 표현하고자 여러 개의 특성 값을 사용하는 쉬운 방법을 선택한다. 그리고 이런 방법은 필자가 추천하는 방법이기도 하다. 모든 필드의 태그 기반 품질을 조합해 데이터 세트 수준의 품질을 표현하는 하나의 값을 얻고, 주석과 큐레이션 품질 점수는 별도로 측정해야 한다. 3가지 모두를 반영하는 하나의 수식을 만들 방법은 고민하지 않는 것이 좋다.

244

## 이질적 데이터 연관 짓기

데이터 과학자의 어려운 점 중 하나는 데이터 과학자와 데이터 엔지니어가 한 번도 조합된 적이 없는 데이터를 합쳐야 하는 경우가 많다는 점이다. 이런 경우 데이터를 찾을 때 필요한 데이터를 가진 데이터 세트를 찾을 뿐만 아니라 찾은 데이터 세트를 서로 합칠 수 있는지 판단할 수 있어야 한다. 여기서 다음과 같은 두 가지 측면을 고려해야 한다.

- 데이터 세트끼리 조인할 수 있는가? 즉, 한쪽 데이터 세트에 있는 데이터를 다른 쪽 데이터 세트 데이터와 연관 지을 적절한 방법이 있는가? 예를 들어 데이터 과학자가 사람들의 인구통계 정보를 포함한 굉장히 큰 데이터 세트를 찾았다고 가정해보자. 데이터 세트에 사람들의 이름이 나와 있는데, 그 정보를 사람들의 소득 수준 정보와 조합하려고 한다. 소득 수준 데이터를 검색하면 여러 데이터 세트를 찾겠지만, 그중 인구통계 데이터와 연관 지을 수 있는 것이 있는가? 찾은 소득 관련 데이터 세트 중에 이름과 주소 정보가 포함된 것이 있다면 거기가 좋은 출발점이 될 수 있다. 이름과 주소 정보를 포함한 것은 없지만 사회보장번호$^{SSN}$를 가진 것이 있다면 데이터 과학자는 SSN과 이름, 주소 정보 모두를 포함하고 있는 데이터 세트를 찾아 해당 정보를 활용해 소득 수준 데이터 세트와 인구통계 데이터 세트를 조인할 수 있다.

- 이런 조인이 의미 있는 결과를 제공할까? 앞 예제에서 데이터 과학자가 조인할 수 있는 데이터 세트를 찾았더라도 데이터 세트에 서로 겹치는 데이터가 없다면 어떻게 해야 할까? 예를 들어 인구통계 정보는 미국 고객에 관한 것이지만 소득 수준 정보는 유럽 고객 정보라면 어떨까? 양쪽 모두에 이름과 주소가 있어도 서로 일치하는 값은 매우 적을 수 있다.

카탈로그의 사용성을 높이려면 사용자가 관련된 데이터를 찾아 합쳤을 때 어느 정도 의미가 있을지 예측하는 데 도움을 줘야 한다. 여기에는 여러 가지 방법이 있다.

## 필드명

잘 설계된 시스템에서 같은 이름을 가진 필드는 같은 데이터를 가질 것으로 예상할 수 있기 때문에 분석가는 조인해야 하는 테이블에서 같은 이름을 가진 열을 찾는 경우가 많다. 불행한 점은 큰 시스템에서는 그렇지 않은 경우가 많다는 것이고, 필드명에만 의존하면 서로 다른 명명법을 사용하는 시스템 간에는 정확하지 않은 결과를 얻을 수 있다. 또한 실제로 실행하지 않고는 조인이 얼마나 효과적일지 알아내기 어렵다.

## 기본키와 외래키

관계형 데이터베이스는 키를 통해 테이블을 서로 연결한다. 이를 기본키-외래키[PKFK, Primary Key-Foreign Key] 또는 참조 무결성 관계라고 한다. 8장 앞쪽의 예제를 다시 살펴보자. 고객 정보를 포함한 테이블이 있다고 가정한다. 이 테이블에는 각 고객을 식별하기 위한 고유한 기본키 값이 있을 것이고, 다른 테이블의 고객 관련 데이터는 해당 키로 특정 고객을 표현한다. 고객 테이블의 기본키를 참조하는 다른 테이블의 행은 외래키라고 부른다. PKFK 관계는 어윈 데이터 모델러[Erwin Data Modeler], 이데라[Idera]의 ER/스튜디오[ER/Studio]와 같은 데이터 모델링 도구로 엔티티 관계[ER, Entity Relationship] 도표로 그려지는 경우가 많다. 관계형 데이터베이스에서 PKFK 관계를 참조 무결성 제약 사항으로 선언하는 때도 있지만, 실제 생산에 사용되는 대부분의 시스템에서는 그렇게 했을 때 발생하는 간접비 때문에 이런 제약을 두지 않는다. PKFK 관계는 조인의 결과가 양호할 것을 보장하는 좋은 방법이다. 불행한 점은 이런 관계가 일반적으로 하나의 시스템 내에서만 적용할 수 있어 여러 시스템 간 연관성을 찾는 데는 도움이 되지 않는다는 점이다.

## 사용

데이터 사용 사례에서 유의미한 조인을 추측할 수 있다. 예를 들어 데이터베이스 뷰[view], ETL 잡[job], 보고 등 데이터를 조인한 기존 결과물을 살펴볼 수 있다. 또한 데이터베이스 SQL 로그log에서 데이터를 조인하는 데 어떤 쿼리를 썼는지 보고 추측할 수도 있다. 이런 결과물의 이름과 설명에서 실행된 조인에 관한 전후 맥락을 어느 정도 제공하기 때문에 조인이 유의미한 결과를 제공할 것을 어느 정도 보장하긴 하지만, SQL 쿼리는 데이터가 왜 조인됐는지, 조인이 성공적이었는지에 대한 정보는 제공하지 않을 수 있다.

### 태그

가장 어려운 조인은 한 번도 시도해 본 적이 없는 조인이다. 특히 이질적인 시스템 간의 조인이나 서로 다른 데이터 포맷 간의 조인이 어렵다. 이런 면에서 카탈로그는 많은 도움이 될 수 있다. 사용자는 같은 태그를 가진 데이터 세트를 찾아 서로 연관된 데이터를 식별할 수 있다. 특정 조인이 얼마나 쓸모 있을지에 관한 예상치는 프로파일링 과정에서 획득한 메타데이터로 예상할 수 있는 경우도 있지만, 실제로 조인을 실행해서 결과를 프로파일링해야 할 수도 있다.

## 이력 수립

카탈로그가 분석가에게 제공해야 하는 중요한 정보 중 하나는 데이터의 신뢰 가능 여부인데, 여기서 해당 데이터가 어디에서 왔는지가 중요한 요소가 된다. 이를 데이터의 이력 또는 유래라고 한다(이력에 관한 자세한 내용은 6장에서 다뤘다). 카탈로그의 역할 중 하나는 데이터 자산의 이력을 보여주고 이력에 누락된 부분이 있다면 채워주는 것이다.

태블로와 클릭 같은 BI 도구는 시각화나 보고가 어떻게 만들어졌는지 같은 주요 이력 정보를 포착해준다. 마찬가지로 인포매티카, IBM 인포스피어InfoSphere, 탈렌드Talend와 같은 ETL 도구는 데이터를 옮기거나 변환할 때 자동으로 이력 정보를 저장한다. 하지만 고급 분석에 R 언어나 파이썬 스크립트를 사용할 수 있고, 데이터 변환과 이동은 FTP, 피그 스크립트, 파이썬 스크립트, 스쿱과 플룸<sup>Flume</sup>같은 오픈소스하둡 도구로 할 수 있다. 이런 도구는 데이터의 이력을 저장하거나 노출하지 않는다. 이력이라는 것은 원본 소스까지 추적해야만 가치가 있기 때문에 이런 틈을 메우는 것이 중요하다. 이런 이력 정보의 틈을 시스템 로그를 분석해서 메우는 도구(클라우데라 내비게이터<sup>Cloudera Navigator</sup>)도 있고, 오픈소스 시스템으로 이력을 보고(아파치 아틀라스<sup>Apache Atlas</sup>)하는 것도 있고, 사용자에게 작성하는 잡마다 직접 이력 정보를 넣게 하는 것(아파치 팔콘<sup>Apache Falcon</sup>)도 있으며, 파일 내용(IBM 인포스피어 디스커버리, 워터라인 데이터)이나 SQL 로그(만타, 얼레이시언)를 분석해서 추측하는 도구도 있다.

이력 정보를 얻는 모범 답안은 없다. 하지만 이런 정보를 어디에서든 가져와 하나로 바느질하는 것은 카탈로그의 역할이다. '바느질'은 여러 가지 이력 조각을 서로 연결하는 과정을 말한다. 예를 들어 오라클<sup>Oracle</sup> 데이터 웨어하우스의 테이블을 인포매티카의 ETL 도구를 활용해 파켓<sup>Parquet</sup> 포맷으로 데이터 레이크 파일에 주입한 후 트위터 피드로 만든 JSON 파일과 파이썬 스크립트로 조인해 새로운 하이브 테이블을 만들고, 데이터 준비 도구로 데이터 마트에 들어갈 테이블에 그것을 로드한 후 BI 도구를 통해 보고를 만들 수 있다. 보고의 데이터가 어디에서 왔는지 완전한 그림을 얻으려면 이런 모든 단계를 서로 연결, 즉 바느질해야 한다. 단계 중 어느한 개라도 누락된다면 분석가가 보고서를 원래 소스, 즉 오라클 데이터 웨어하우스와 트위터 피드로 추적할 방법은 없다.

이 예제에서 묘사하고 있듯이 데이터는 여러 도구를 거치면서 많은 변화를 겪게된다. 또 다른 문제는 이력 정보가 있어도 데이터를 생성한 도구의 언어로 돼 있을 가능성이 높다는 점인데, 도구에 익숙하지 않은 분석가도 있다. 분석가가 데이터를 어떻게 처리하고 있는지 이해하려면 각 단계가 비즈니스 용어로 기록돼 있어야한다. 이를 비즈니스 이력이라고 한다. 불행한 점은 오늘날 많은 기업에 비즈니스이력을 포착하고 추적하기 위한 공간이 없다는 점이다. 모든 잡과 단계에 관한 기록을 별도의 문서로 만들기도 하지만 대부분의 경우 별도의 문서가 아닌 도구 내(예로 스크립트 내 코멘트)에 기록하거나 개발자의 노트북, 엑셀 파일이나 위키 등에 남긴다. 카탈로그는 이런 이력 문서를 모으기에 좋은 장소가 되며, 데이터 사용자가 그런 정보에 쉽사리 접근할 수 있게 한다.

## 데이터 확보

사용자는 필요한 데이터 세트 하나 또는 여러 개를 식별하고 나면 그것을 다른 도구에서 사용하고 싶어 한다. 그러므로 카탈로그에서는 데이터 확보 옵션을 제공하는 경우가 많다. 데이터 확보는 간단하게는 특정 도구에서 데이터 세트를 열 수 있게 하는 것일 수 있다. 예를 들어 분석가가 판매 정보 데이터 세트를 찾았을 때 그것을 시각화하고 분석하고자 가장 익숙한 BI 도구로 열기를 원할 수 있다. 마찬가지로 데이터 과학자나 데이터 엔지니어가 흥미로운 미가공 데이터 세트를 찾았을 때 선호하는 데이터 준비 도구로 열기를 원할 수도 있다. 맥파인더<sup>Mac Finder</sup>나 마이크로소프트 탐색기<sup>Microsoft Explorer</sup>로 파일을 찾아 마우스 오른쪽 클릭했을 때 **연결 프로그램** 메뉴에서 해당 파일을 여는 데 사용할 수 있는 프로그램 목록이 뜨는 것을 생각할 수 있다. 데이터에 사용할 수 있는 도구가 워낙 많아 데이터 확보 기능은 확장성을 고려하고 사용자가 사용하기 원하는 어느 도구에든 맞도록 설정할 수 있어야 한다.

확보의 또 다른 면은 데이터 접근 권한과 관련 있다. 데이터 카탈로그 사용의 주요 장점 하나는 사용자가 권한이 없을 때도 데이터를 찾을 수 있게 하는 점이다. 즉, 사용자는 필요한 데이터를 먼저 찾고 나서 데이터를 활용하기 전에 접근 권한을 요청할 수 있다. 접근 요청은 간단하게는 데이터 소유주에게 이메일을 보내 직접 데이터를 볼 수 있는 접근 제어 그룹에 사용자로 추가해 달라고 하는 것에서부터 복잡하게는 티켓을 만들어 데이터를 데이터 레이크로 가져오고자 필요한 긴 승인 작업 과정을 시작하는 것일 수 있다. 접근 권한 관리와 주입은 9장에서 자세히 다룬다.

## 카탈로그 구축 도구

데이터 카탈로그 도구를 제공하는 회사는 여럿 있다. 워터라인 스마트 데이터 카탈로그, 인포매티카 엔터프라이즈 데이터 카탈로그, 얼레이시언, IBM 왓슨 지식 카탈로그, AWS 글루, 아치피 아틀라스(호튼웍스와 그 파트너들이 개발) 등이 대표적이다. 공급사를 선택할 때는 다음과 같은 몇 가지 주요한 기능을 고려해야 한다.

- 성능과 확장성을 위한 플랫폼 내의 빅데이터 처리

- 자동 데이터 발견과 분류

- 다른 엔터프라이즈 메타데이터 저장소와 단일 플랫폼 카탈로그와의 통합

- 사용성

첫 번째로 고려할 점은 하둡이나 스파크와 같은 플랫폼 내의 빅데이터 처리 도구 지원 여부다. 데이터 레이크는 기업의 데이터 시스템 중 가장 규모가 큰 것으로 그곳의 데이터를 처리하고 카탈로그화하는 데는 많은 노드로 구성된 대규모 클러스터의 처리 능력이 필요하다. 하둡의 목적은 단순히 데이터를 저장할 수 있는 비용 효율적인 장소를 제공하는 것이 아니라 데이터를 비용 효율적으로 처리할 수 있는 장소도 제공하는 것이다. 비용 효율적인 저장은 이미 오래전부터 있었다. 하둡 수준의 데이터양을 하둡의 처리 능력을 사용하지 않고 카탈로그화하는 것은 불가능하다. 나와 있는 도구 중 하둡에서 사용하도록 설계된 것도 있지만, 원래는 관계형 데이터베이스에 사용하도록 설계돼 데이터를 RDBMS에 로드하거나 하둡 밖에서 실행되는 전용 엔진이 있어야 하는 얼레이시언과 콜리브라<sup>Collibra</sup>같은 도구는 데이

250

터 레이크 수준의 양을 처리하기 힘들 수 있다.

또 다른 문제는 데이터 레이크에 저장하는 데이터의 범위와 복잡성으로 인해 비즈니스 메타데이터 없이 사람이 직접 모든 데이터를 분류하거나 태깅하는 것은 불가능하다는 점이다. 따라서 이런 분류를 자동화해야 할 필요가 있다. 분석가가 데이터를 수동으로 태깅하는 기능은 8장에서 언급한 모든 도구가 제공하지만, 워터라인 데이터를 포함한 일부는 분석가의 태깅을 학습해 다른 데이터 세트를 자동으로 분류해 주는 자동 식별 엔진을 제공한다.

물론 하둡 데이터 레이크도 전체 엔터프라이즈 데이터 생태계의 일부이기 때문에 나머지 거버넌스 인프라와 통합할 필요가 있다. 이미 메타데이터에 투자해서 방대한 인프라를 구축한 기업은 새로운 데이터 레이크 메타데이터도 여기에 포함하고자 할 것이다. 엔터프라이즈 데이터 저장소를 제공하는 도구는 여러 가지가 있다. 하둡이나 기타 소스의 데이터를 처리하기 위한 확장성 좋고 비용 효율적인 플랫폼은 하둡이며, 클라우데라 내비게이터나 AWS 클루와 같은 단일 플랫폼 솔루션은 제한적이어서 엔터프라이즈 수준 요구 사항을 만족할 수 없다.

마지막으로 메타데이터 솔루션 중에는 IT 팀이나 거버넌스 전문가를 대상으로 설계된 것이 많다. 널리 사용되고자 선택하는 자산 솔루션은 직관적이어야 하며, 기술적 배경이 없는 분석가도 교육 없이 아니면 있더라도 많지 않은 교육을 받고 사용할 수 있어야 한다. 비즈니스 분석가 대상 UI[User Interface]는 너무 많은 기술 세부 사항을 장황하게 늘어놓지 않고 비즈니스 용어와 설명으로 구성된 깔끔한 화면을 제공해야 한다. 물론 기술 세부 사항이 필요한 사용자도 있기 때문에 쉽게 접근할 수 있어야 하지만, 비즈니스 사용자에게는 그런 정보를 꼭 보여주지 않아도 된다. 역할별로 화면을 제공하는 카탈로그도 있고, 비즈니스 화면을 기본으로 제공하고 기술 사용자는 거기서 기술 세부정보를 찾아 들어갈 방법을 제공하는 카탈로그도 있다.

## 도구 비교

표 8-4는 일부 데이터 카탈로그 제품의 기능을 요약하고 있다. 기본적으로 도구는 다음과 같은 세 가지 부류로 나눌 수 있다.

- 기업의 모든 데이터를 카탈로그화하는 엔터프라이즈 카탈로그 도구

- 특정 플랫폼을 대상으로 하는 단일 플랫폼 카탈로그 도구

- 플랫폼 내의 빅데이터 처리를 지원하지 않는 과거/관계형 카탈로그 도구. 이런 도구는 하둡이나 기타 빅데이터 환경 안에서 실행되지 않으며, 하이브와 같은 관계형 인터페이스가 있어야 빅데이터를 의미 있게 분류할 수 있다. 데이터 연못(5장에서 설명한 것처럼 빅데이터 플랫폼에 구축된 데이터 웨어하우스로 하이브를 통해서만 데이터에 접근 가능)에는 적용하기도 하지만 미가공 데이터를 하둡 파일 포맷으로 많이 가진 데이터 레이크에는 적용할 수 없다.

표 8-4. 카탈로그 도구 비교

| | 빅데이터 지원 | 태깅 | 엔터프라이즈 수준 | 비즈니스 분석가 대상 UI |
|---|---|---|---|---|
| **엔터프라이즈** | | | | |
| 워터라인 데이터 | 플랫폼 내 | 자동 | 예 | 예 |
| 인포매티카 엔터프라이즈 데이터 카탈로그 | 플랫폼 내 | 수동 | 예 | 예 |
| **단일 플랫폼** | | | | |
| 클라우데라 내비게이터 | 플랫폼 내 | 수동 | | |
| 아파치 아틀라스 | 플랫폼 내 | 수동 | | |
| AWS 글루 | 플랫폼 내 | 수동 | | |
| IBM 왓슨 카탈로그 | 플랫폼 내 | 자동 | | 예 |
| **과거/관계형** | | | | |
| 얼레이시언 | 하이브에서만 | 수동 | 예 | 예 |
| 콜리브라 | 하이브에서만 | 수동 | 예 | 예 |

## 데이터 오션

카탈로그가 데이터의 위치를 투명하게 보여주면 데이터 레이크 자체가 필요한지를 묻게 된다. 모든 데이터를 카탈로그화해 소위 말하는 '데이터 오션'을 만들 수는 없는가? 이런 야심 찬 목적으로 프로젝트를 시작한 기업도 있지만, 워낙 범위와 복잡성이 높아서 많은 시간과 헌신적인 노력이 필요할 것이다. 그런데도 데이터를 이리저리 옮기고 복사하는 것보다는 매력적인 대안이 될 수 있기 때문에 이런 여정을 시작한 혁신적인 기업도 일부 있다. 또한 데이터 투명성 확보, 데이터 보호 강제, 데이터의 적절한 활용 등을 명시한 오늘날의 관련 규제는 기업이 가시성, 거버넌스, 감사 등을 위한 단일 지점으로 데이터 카탈로그를 만들게 한다. 규제 준수와 데이터 오션 구축은 서로 연관성이 있고 밀접하게 진행되는 경우가 많다.


## 결론

데이터 카탈로그는 데이터 레이크와 엔터프라이즈 데이터 생태계에 필요하다. 데이터가 폭발적으로 늘어나고 데이터 사용을 비즈니스의 모든 측면에서 받아들이고 있는 상황에서 데이터 카탈로그를 자동화해 사용자가 데이터를 찾고, 이해하고, 신뢰할 수 있게 하는 것은 데이터 주도 결정 과정으로 가는 여정에 반드시 거쳐야 하는 첫 번째 단계다.

# 데이터 접근 관리

9장에서는 분석가에게 데이터 레이크 데이터 접근 권한을 제공하는 과정의 어려움과 그런 어려움을 극복할 수 있는 몇 가지 모범 사례를 설명한다. 데이터 레이크는 다음과 같은 여러 측면에서 전통적인 데이터 저장소와 다르다.

**부하**

데이터 세트, 사용자, 수정 사항 수가 매우 많다.

**마찰 없는 주입**

데이터 레이크는 아직 정해지지 않은 미래의 분석을 위한 데이터를 저장하기 때문에 일반적으로 데이터를 처리하지 않거나 하더라도 최소한의 처리를 한 상태에서 주입한다.

**암호화**

민감한 정보나 개인정보를 보호하게 하는 정부와 사내 규정이 많지만, 분석을 하려면 이런 데이터가 필요하다.

**작업의 탐색적 특성**

데이터 과학 작업 중에는 IT 부서가 예상하기 힘든 부분이 많다. 데이터 과학자는 대규모의 분산된 데이터 가게 곳곳에 어떤 정보가 있는지 모르는 경우가 많다. 즉, 전통적인 방식으로 접근하면 일종의 모순이 발생한다. 분석가가 접근 권한을 요청하려면 필요한 데이터를 찾아야 하는데, 권한이 없어서 해당 데이터를 찾을 수 없게 된다.

가장 간단한 해결 방법은 모든 분석가에게 모든 데이터에 대한 접근 권한을 주는 것이다. 불행한 점은 데이터가 정부 규제 대상(예를 들어 개인정보나 신용카드 정보)이거나 저작권 보호를 받아 접근이 제한(예, 외부 소스에서 제한적인 용도와 사용을 목적으로 취득한 경우)되거나 경쟁 혹은 기타 사유로 회사에서 민감하거나 필수 데이터로 분류한 경우 그렇게 할 수 없다는 점이다. 대부분 기업은 민감하다고 분류한 데이터를 갖고 있다. 거래 비밀 정보와 고객 목록에서부터 엔지니어링 디자인 engineering design과 자산 정보가 그런 데이터일 수 있다. 따라서 공공 데이터, 연구 데이터, 민감하지 않은 내부 데이터만 취급하는 일부 프로젝트를 제외하고는 모든 사람에게 데이터 레이크의 모든 데이터에 관한 모든 권한을 제공하기는 불가능하다.


## 승인이나 접근 제어

데이터 접근을 관리하는 가장 일반적인 방법은 승인을 통한 방법이다. 이 방법은 분석가에게 파일이나 테이블 같은 데이터 자산에 관한 읽기 또는 쓰기와 같은 행위를 할 수 있는 권한을 할당하는 방법이다. 이런 과정을 원활하게 진행하고자 보안 관리자는 일반적으로 역할(권한 집합)을 만들어 분석가 집단에 할당한다.

예전 시스템 대부분은 자체 승인 처리 방법을 제공한다. 많은 수의 애플리케이션을 사용하는 기업, 특히 클라우드 프로그램을 사용하는 기업이 많아짐으로써 특정 공급사의 단일 통합 제품 대신 단일 사인-온SSO, Single Sign-On 시스템을 사용하는 경우가 많아지고 있다. SSO에서 사용자는 한 번의 로그인login으로 모든 애플리케이션과 시스템에 접속할 수 있다.

하지만 이런 접근 방식에는 여러 가지 문제가 있다. 대표적으로는 다음과 같다.

- 분석가가 프로젝트에 어떤 데이터가 필요할지 사전에 예측하는 것이 매우 어렵다.

- 분석가가 데이터에 접근하지 못하면 해당 데이터가 필요한 데이터인지 알 수 없다.

- 권한 설정을 유지하는 비용이 많이 든다. 사용자의 시간대와 활동이 다양할 수 있다.

    - 새로운 직원을 고용할 때마다 보안 관리자는 적절한 승인을 해야 한다.

    - 직원의 역할이나 담당 프로젝트가 바뀌면 보안 관리자는 새로운 권한을 주고 예전 권한을 거둬들여야 한다.

    - 새로운 데이터 세트가 생길 때마다 보안 관리자는 그것에 접근해야 하는 모든 사용자를 구별해야 한다.

    - 민감 정보가 포함된 데이터 세트를 분석가가 필요로 하면 민감 정보를 제거하거나 비식별화한 별도의 데이터 세트를 만들어야 한다.

이런 과정이 워낙 복잡하기 때문에 분석가가 적절한 데이터에만 접근하는지 확인하고자 접근 로그를 모니터링하는 방식을 도입하는 기업도 있다. 불행한 점은 이런 방식은 사건 발생 후에만 대처할 수 있다는 점과 분석가가 사용하지 않아야 할 데이터를 의도적으로 쓰는 것을 막거나 모르고 사용하는 것을 막진 못한다는 점이다. 더 적극적으로 대처하려는 기업에서는 이런 문제를 해결하고자 다음과 같은 방식을 사용한다.

- 태그$^{tag}$ 기반 데이터 접근 정책 사용

- 민감한 데이터를 제거, 암호화, 임의의 데이터로 대체 등과 같은 비식별화

를 하고, 이렇게 비식별화된 데이터를 모든 사람이 접근할 수 있게 제공

- 메타데이터만 가진 카탈로그<sup>catalog</sup>를 만들어 분석가가 가용한 모든 데이터 세트를 찾고 필요한 데이터 세트에 대한 접근 권한을 데이터 세트 소유주나 보안 관리자에게 요청할 수 있는 셀프서비스 접근 권한 관리 도입

다음 절에서 접근 권한을 제어하는 이런 여러 가지 방식을 자세히 살펴본다.

## 태그 기반 데이터 접근 정책

전통적인 접근 권한 제어 방식은 물리적 파일과 폴더를 기반으로 하는 것이다. 예를 들어 하둡 파일 시스템<sup>HDFS, Hadoop File System</sup>은 보편적인 리눅스<sup>Linux</sup> 접근 제어 목록<sup>ACL, Access Control Lists</sup>을 지원한다. '파일 접근 제어 목록 세트'(-setfacl) 명령은 특정 파일이나 폴더에 대한 권한을 어느 사용자나 사용자 그룹에게 줄지 관리자나 파일 소유주가 지정할 수 있게 해준다. 예를 들어 파일에 연봉 정보가 있다면 관리자는 다음과 같은 명령을 통해 인사팀 직원이 해당 파일에 접근하도록 할 수 있다.

```
hdfs dfs -setfacl -m group:human_resources:r-- /salaries.csv
```

이 명령문은 human_resources 그룹 사용자가 salaries.csv 파일을 읽을 수 있도록 한다.

당연히 데이터 레이크에 수백 만 개의 파일이 있다면 파일마다 누군가 직접 권한을 설정한다는 것은 현실적이지 않다. 대신 관리자는 폴더를 만들어 해당 폴더나 해당 폴더를 포함한 모든 하위 폴더에 대한 권한을 특정 그룹에 준다. 예를 들어 hr_sensitive라는 폴더를 만들어 hr 그룹 사용자에게 해당 폴더의 파일을 읽을 수 있는 권한을 줄 수 있다. 이런 방식만으로도 충분한 경우가 많지만, 다음과 같은 어려움이 있다.

- 조직의 현실을 고려한 복잡한 권한 설정을 지원해야 한다는 점

- 파일별로 권한을 결정하고 설정해야 한다는 점

- 스키마 변경 사항을 식별하고 해결해야 한다는 점

실제로 큰 기업의 조직 구조는 매우 복잡하다. 예를 들어 모든 HR 사용자에게 hr_sensitive 폴더에 대한 권한을 주는 대신 어떤 부서의 HR 사용자는 해당 부서의 데이터만 보게 하고 싶으면 여러 개의 하위 폴더, 즉 부서별로 폴더 하나씩(예, human_resources/engineering, human_resources/sales 등)을 만들고 권한 그룹도 부서별로 따로(예, hr_engineering, hr_sales 등) 만들어야 한다.

데이터 레이크에 주입되는 새로운 파일마다 그것을 검토해서 접근 권한을 누구에게 줄지 판단해야 한다. 한 가지 방법으로 모든 신규 데이터를 데이터 관리자나 보안 분석가가 검토할 수 있을 때까지 격리해 놓는 방법이 있다. 그림 9-1과 같이 격리 폴더, 즉 격리 영역에 보관할 수 있다. 상황에 따라 지름길을 선택하는 기업도 있다. 즉, HR 프로그램의 모든 데이터는 HR만 접근하게 할 수 있다. 하지만 파일 자체가 수백 만 개씩 되는 경우 이런 작업을 모두 수동으로 하기는 불가능하다. 그래도 기업은 누군가 거기에 어떤 정보가 포함돼 있는지, 또 누가 접근하게 해야 할지 판단하기 전에 데이터를 모든 사람에게 공개하는 것의 위험을 무시할 수 없다.

**그림 9-1.** 격리 영역에서 수동 검토

이런 접근 방식은 새로 주입되는 데이터만 대상으로, 특히 데이터 주입이 드물었을 때는 잘 동작할 가능성이 있다. 하지만 데이터 레이크 안에서 만들어지는 데이터를 대상으로 적용하기는 쉽지 않다. 데이터 레이크에 만들어지는 신규 파일을

누군가 직접 검토해서 접근 제어 정책을 결정하기 전까지 격리해 놓는다면 레이크에서 이뤄지는 모든 일이 멈추게 될 것이다.

일부 하둡 배포판에 포함된 더 우아한 해결 방법은 태그 기반 보안이다. (호튼웍스 하둡 배포판에 포함된) 클라우데라 내비게이터<sup>Cloudera Navigator</sup>와 아파치 레인지<sup>Apache Ranger</sup>는 태그 기반 정책을 지원한다. 이런 도구의 보안 관리자는 파일과 폴더별로 ACL을 명시하는 대신 태그를 사용해 정책을 만들 수 있다. 그래도 격리 영역은 필요하지만, 분석가는 그림 9-2처럼 파일과 폴더별 ACL을 수동으로 설정하지 않고 태그를 붙일 수 있다.

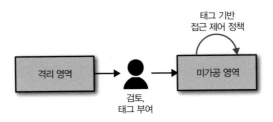

**그림 9-2.** 태그 기반 정책을 사용한 격리 프로세스

이런 태그는 클라우데라 내비게이터와 아파치 아틀라스 같은 로컬 카탈로그 도구에 설정하면 아파치 레인저와 같은 정책 기반 접근 제어 도구에 자동으로 반영된다. 예를 들어 호튼웍스 레인저의 튜토리얼<sup>tutorial</sup>은 파일의 위치와 상관없이 개인 식별 정보<sup>PII, Personally Identifiable Information</sup> 태그가 붙은 파일에 대한 정책을 구축하는 방법을 보여준다.

태그 기반 접근 제어 정책 접근법을 사용하면 복잡한 조직 현실을 폴더 구조에 반영하지 않아도 된다. 파일과 폴더의 위치는 상관없어지고, 정책도 여러 개의 태그가 필요한 복잡한 정책을 적용할 수 있게 된다. 예를 들어 접근 제어 정책이 부서에 따라 달라지게 하려면 파일에 부서 이름 태그(Engineering, Sales 등)만 추가하면 태그 조합별(예, HR과 Engineering, HR과 Sales)로 서로 다른 정책을 만들 수 있다. 새로운 폴더를 만들거나 데이터를 옮기지 않아도 되고, 예전 폴더 구조가 필요한 애플리케이션을 수정하지 않아도 된다.

태그는 데이터를 관리하고 정리하는 강력한 수단이다. 실제로 태그를 사용하면 별도의 격리 영역을 두지 않아도 된다. 대신 새롭게 주입되는 파일에 주입 과정 중 '격리'라는 태그를 붙이고 해당 태그가 붙은 파일에는 데이터 관리자를 제외한 누구도 접근하지 못하게 하는 정책을 만들 수 있다. 데이터 관리자는 파일을 검토해서 적절한 민감 데이터 태그를 붙인 다음 격리 태그를 제거할 수 있다. 그림 9-3은 이런 과정을 보여준다.

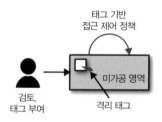

**그림 9-3.** 태그를 통한 파일 격리

태그 기반 보안은 데이터에 관련된 조직 차원의 어려움을 해결하고 수동 검토 과정을 촉진하지만 태그 자체는 데이터를 결정되지 않은 미래를 위해 아무런 처리 없이, 즉 마찰 없는 주입을 통해 저장한다는 데이터 레이크의 기본적인 전제에 정면으로 반하는 것이다. 마찰 없는 주입은 데이터를 빠르게 로드$^{load}$할 수 있게 하며, 소스 시스템에 걸리는 부하도 줄여주지만 방금 받은 데이터가 어떤 것인지, 민감한 데이터가 포함돼 있는지 판별하는 것을 어렵게 한다. 민감한 데이터는 보편적으로 민감하다고 하는 것일 수 있고, 회사 내부 기준으로 민감한 것일 수 있다.

또한 분석가가 신규 데이터의 양에 압도돼 격리된 항목을 적절한 시간에 처리할 수 없게 될 수도 있다. 민감한 데이터를 식별하는 것은 어려운 문제다. 분석가가 수백만 개의 열을 가진 파일에 누군가의 사회보장번호나 기타 민감한 정보가 일부

(어쩌면 수천 개의) 열의 비고 필드<sup>field</sup>에 저장돼 있지 않다는 것을 확신할 방법이 있을까? 첫 몇 백 개의 열에는 민감한 정보가 없을 수도 있고, 실제로 완전히 빈 열도 있을 것이다. 전체 데이터 세트를 대상으로 대규모 쿼리를 하려면 시간도 오래 걸리고 스크립트<sup>script</sup>를 작성하거나 개발을 통해 전용 도구를 만들어야 할 수도 있다.

분석가가 민감한 데이터를 식별하는 스크립트를 작성해 실행할 수 있더라도 스키마와 데이터 변경은 또 다른 문제가 될 수 있다. 새로운 파일이 왔을 때 분석가가 파일에서 민감한 정보를 찾을 수 없었더라도 나중에 해당 파일을 수정할 때(새로운 파티션<sup>partition</sup>을 만들 때) 추가되는 필드에 민감한 데이터가 있거나 원래는 민감하다고 구별하지 않았던 필드에 민감한 데이터가 추가될 수도 있다.

민감한 데이터와 접근 제어 관리를 할 수 있는 유일한 현실적인 방법은 자동화다. 인포매티카<sup>Informatica</sup>, 워터라인 데이터<sup>Waterline Data</sup>, 데이터가이즈<sup>Dataguise</sup>같은 도구는 새로운 파일, 즉 새로 주입된 파일, 예전에 주입된 파일의 새로운 파티션, 데이터 레이크에 만들어진 새로운 파일 등을 스캔<sup>scan</sup>해서 그림 9-4처럼 민감한 데이터를 자동으로 식별하고 태깅<sup>tagging</sup>한다. 그런 다음 태그는 아파치 아틀라스<sup>Apache Atlas</sup>와 같은 로컬 카탈로그 도구로 전달돼 태그 기반 정책을 적용하는 데 사용한다.

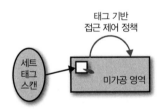

**그림 9-4.** 민감 데이터 자동 태깅

262

## 민감 정보 비식별화

민감한 데이터를 식별하고 나면 그에 대한 접근을 제어할 수 있다. 불행한 점은 그렇게 하면 해당 데이터를 분석에 사용할 수 없게 된다는 점이다. 기업에서는 그러기보다는 모든 민감 정보를 암호화한 후 모두에게 암호화된 데이터 세트에 대한 접근 권한을 주는 경우가 많다. 적용할 수 있는 암호화 형태는 여러 가지가 있다. 대표적인 것은 다음과 같다.

- 투명 암호화Transparent encryption

- 명시적 암호화Explicit encryption

- 비식별화

의료 서비스 제공업체의 환자 정보가 있는 데이터 세트가 있고, 설명하기 편하고자 데이터 세트는 표 형태로 돼 있다고 가정한다.

| Name | Address | City | State | Weight |
|------|---------|------|-------|--------|
| Guido Sarducci | 1212 Main St | Menlo Park | CA | 189 |
| Yoko Okamoto | 322 Bryant St | Palo Alto | CA | 112 |
| Jorge Rodriquez | 19 Cowper Ave | Palo Alto | CA | 150 |

그림 9-5. 환자 정보 데이터 세트 예제

투명 암호화(클라우데라 내비게이터의 방식)는 데이터가 디스크에 써지면 자동으로 암호화하고, 읽을 때 자동으로 해독한다. 그림 9-6은 이런 과정을 보여준다. 누군가 미가공 볼륨volume 자체에 접근해 데이터를 복사한 후 바이트 단위로 읽어 데이터 파일을 재구성하는 방법을 사용해 모든 접근 제어를 회피하는 것을 방지한다.

그림 9-6. 투명 암호화

하지만 투명 암호화하는 해당 파일에 대한 읽기 권한을 가진 분석가가 민감한 데이터를 보는 것을 막지는 못한다. 그러므로 기업은 주로 그림 9-7처럼 명시적 암호화를 적용해 개별 데이터를 따로 암호화한다. 오픈소스 암호화 함수도 많고 데이터가이즈, 인포매티카, IBM, 프리비타Privitar, 그 외의 많은 회사에서 암호화를 지원하는 여러 도구를 제공하기 때문에 비교적 간단하게 그럴 수 있지만, 그림에서 보여주듯이 이런 방식으로 암호화를 하면 민감 데이터를 완전히 사용할 수 없게 한다.

데이터 세트를 사용하려는 데이터 과학자에게 이는 매우 심각한 문제가 된다. 1장에서 언급했듯이 인터뷰interview한 데이터 과학자 중 자신의 회사는 포함된 특성이 민감한 정보가 아니라는 것을 누군가 증명하기 전까지는 데이터 레이크의 모든 데이터를 암호화한다고 얘기해준 사람도 있다. 그 데이터 과학자는 그런 접근 방식을 싫어했다. 그 사람은 이런 말을 했다. "찾을 수도 볼 수도 없는 상황에서 어떤 특성이 민감하지 않다는 것을 어떻게 증명하기를 바라는가?"

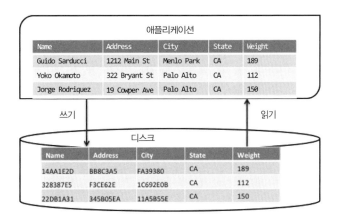

| Name | Address | City | State | Weight |
|---|---|---|---|---|
| Guido Sarducci | 1212 Main St | Menlo Park | CA | 189 |
| Yoko Okamoto | 322 Bryant St | Palo Alto | CA | 112 |
| Jorge Rodriquez | 19 Cowper Ave | Palo Alto | CA | 150 |

애플리케이션

쓰기 읽기

디스크

| Name | Address | City | State | Weight |
|---|---|---|---|---|
| 14AA1E2D | BB8C3A5 | FA39380 | CA | 189 |
| 328387E5 | F3CE62E | 1C692E0B | CA | 112 |
| 22DB1A31 | 345B05EA | 11A5B55E | CA | 150 |

**그림 9-7.** 명시적 암호화는 데이터를 사용할 수 없게 만든다.

정말 민감한 특성만 암호화하더라도 이런 특성 중에는 데이터 과학자가 자신의 모델에 사용할 변수를 도출하는 데 사용할 중요한 정보가 포함된 경우가 많다. 예를 들어 사람의 이름은 있지만, 성별 정보는 없는 데이터 세트에서 이름으로 성별을 추측할 수 있는 경우가 많다. 또한 이름과 성씨에서 인종 정보를 추정할 수도 있다. 이름이 암호화돼 있다면 이런 정보를 도출할 수 없다. 마찬가지로 주소 정보를 암호화해야 한다면 지리학적 분석이 불가능하다. 개인의 사생활은 보호하면서 이런 분석이 가능하게 하고자 '비식별화' 또는 '익명화' 기법이 개발됐다. 이런 기법은 민감한 정보를 원래 데이터의 주요 특성은 보존한 무작위 값으로 대체한다. 예를 들어 어떤 특정 인종이 많이 사용하는 이름은 무작위로 선택된 같은 인종의 다른 흔한 이름으로 대체하거나 주소를 반경 16km 내의 다른 유효한 주소로 대체할 수 있다. 그림 9-8은 이런 과정을 보여준다.

암호화되지 않은 데이터

| Name | Address | City | State | Weight |
|---|---|---|---|---|
| Guido Sarducci | 1212 Main St | Menlo Park | CA | 189 |
| Yoko Okamoto | 322 Bryant St | Palo Alto | CA | 112 |
| Jorge Rodriquez | 19 Cowper Ave | Palo Alto | CA | 150 |

비식별화

비식별화된 데이터

| Name | Address | City | State | Weight |
|---|---|---|---|---|
| Paolo Babeno | 223 Oak St | Menlo Park | CA | 189 |
| Aoki Ito | 12 El Padre Ct | Los Altos | CA | 112 |
| Miguel Hernandez | 211 Green St | Palo Alto | CA | 150 |

그림 9-8. 데이터 비식별화

데이터가이즈, 프리비타, IBM 인포스피어 옵튼IBM InfoSphere Optim, 인포매티카 외의 여러 도구에서 이런 기능을 제공한다.

비식별화 데이터나 민감 데이터의 암호화는 효과적인 해결 방법일 수 있지만, 분석가가 실제 데이터에 접근해야 하는 경우도 있다. 또한 민감한 데이터가 없어도 많은 기업은 데이터 접근 권한을 구분하고 필요한 경우에만 제공한다. 데이터 과학이 태생적으로 탐색적인 활동이어서 분석가가 필요할 데이터가 무엇일지 예측하는 것이 힘들다. 간단한 분석을 할 때도 어떤 데이터를 사용할 수 있는지, 또 그 데이터에 어떻게 접근할 수 있는지 이해하는 것이 중요하다. 매우 엄격한 권한 관리와 관리가 필요 없는 누구나 접근 가능한 방식의 중간 지점으로 많은 기업은 셀프서비스 접근 관리를 도입하고 있다.

## 데이터 자주권과 규제 준수

지역, 국가, 업계 데이터 보호 규정을 준수하려면 데이터 세트에 대한 정보를 많이 수집해서 메타데이터에 저장해야 한다. 예를 들어 데이터 자주권 법률을 준수하려면 데이터 세트가 어느 국가에서 왔는지 아는 것도 중요하고, 더 중요하게는 그것이 어느 국가의 국민에 관한 데이터인지 알아야 한다. 물리적인 데이터 세트마다

266

정책을 하드코딩하지 않고 "독일 데이터는 EU 밖으로 복사할 수 없다"와 같은 정책을 만들 수 있다.

6장에서 자세히 다뤘던 데이터 이력은 특정 데이터 소스[source]가 만들어진 국가를 추적하는 데도 사용할 수 있다. 그림 9-9는 이런 과정을 보여준다. 데이터 세트마다 해당 데이터 세트가 어디에서 왔는지를 보여주는 Provenance 속성을 만든다. 예를 들어 미국에서 만들어진 데이터 세트에는 해당 속성 값이 USA가 된다. 여러 데이터 세트의 데이터를 조합해 만든 데이터 세트가 있다면 각 데이터 소스의 출처를 Provenance 속성에 추가한다. 따라서 미국에 있는 CRM 시스템과 독일에 있는 ERP 시스템의 데이터를 영국에 있는 데이터 웨어하우스에 로드한 후 프랑스에 있는 데이터 레이크로 옮겼다면 최종 데이터 세트의 Provenance 속성에는 USA, Germany, UK, France가 저장된다. 그리고 정책은 "Provenance 속성에 Germany가 포함돼 있다면 특정 규칙을 적용한다"와 같이 정의할 수 있다.

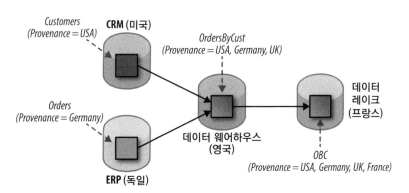

그림 9-9. 출처 추적

마찬가지로 8장의 '기술 메타데이터' 절에서 설명한 프로파일링[profiling]도 데이터 세트에 포함된 주소 값이 어디에서 왔는지 식별하는 데 사용할 수 있다. 그림 9-10과 9-11에 있는 테이블을 살펴보자. 첫 번째는 고객 이름과 주소가 포함된 Customers 테이블이고, 두 번째는 프로파일링을 통해 식별한 특정 값을 Country 필드에 갖고 있는 Customers 테이블의 몇 개 열로 구성한 테이블이다.

| Customers (Referenced Countries= USA, Brazil, France, Spain, Israel, Germany, UK, ...) | | | | |
|---|---|---|---|---|
| Name | Address | City | Province | Country |
| Mark Jones | W 1st St | San Jose | California | USA |
| Lisa Fernandez | 12 Plaza Del Madre | Madrid | Madrid | Spain |
| Moishe Hogan | 12 Golda St | Tel Aviv | | Israel |
| Johan Hoffmann | 5 12 Strasse | Munchen | Bavaria | Germany |

그림 9-10. 출처 국가를 속성으로 할당

| Country | Count |
|---|---|
| USA | 1,233,221 |
| Brazil | 90,120 |
| France | 15,200 |
| Spain | 12,033 |
| Israel | 10,232 |
| Germany | 9,233 |
| UK | 6,233 |
| ... | ... |

그림 9-11. 국가별 열 수

그런 다음 Referenced Countries 속성을 만들어 Country 열의 프로파일 값으로 채우고(프로그램을 통한 방법이 이상적), 데이터 세트에 Referenced Countries 속성이 있고 거기에 Germany가 포함돼 있으면 특정 규칙을 적용한다는 정책을 만들 수 있다. 이런 접근 방식으로 독일과 중국의 자국민에 관한 정보를 국외로 옮길 수 없다는 데이터 자주권 법을 준수할 수 있다.

데이터 출처에 대한 제약 외에도 특정 데이터 세트의 사용에 제약을 두는 규정도 여럿 있다. 예를 들어 GDPR은 고객 데이터를 수집할 때 명시한 비즈니스 목적에만 사용할 수 있고, 그 외의 목적으로 사용하려면 그렇게 사용해도 된다는 고객 동의 다시 얻게 하고 있다. 이런 정보는 모두 어딘가에 저장해서 데이터에 대한 접근 권한을 판단할 때 고려해야 하는데, 데이터 카탈로그는 정보를 저장하고 관리하기에 가장 이상적인 장소가 된다.

## 셀프서비스 접근 관리

민감한 데이터를 선제적이거나 자동으로 보호하는 것이 합당해 보이고 정부 규제에서 요구하는 경우도 많다. 하지만 접근 제어란 민감 데이터 외에도 필요한 경우가 많고, 조직의 누가 어떤 데이터에 대한 접근 권한을 가져야 하는지 고려하는 것도 포함돼야 한다. 예를 들어 많은 기업에서 고객이 자사의 제품을 살 때 지급한 가격 정보는 영업 팀과 관리 계층 밖으로 공유하지 않으며, 출시할 제품의 엔지니어링 디자인은 프로젝트 팀 외부로 내보내지 않는다. 앞에서 살펴봤듯이 이런 접근 제어는 새로운 파일이 만들어질 때, 데이터 레이크에 사용자를 추가할 때, 사용자의 담당 프로젝트가 바뀌거나 역할이 바뀔 때 선제적으로 할 수 있다. 대안으로는 셀프서비스 접근 관리를 통해 요청이 발생하면 하는 방법이 있다.

데이터 레이크의 핵심 목적은 미래의 아직 결정되지 않은 사용자를 위해 데이터를 보관하는 것이다. 당연히 생기는 문제는 미래에 누가 어떤 데이터에 왜 접근할 필요가 있는지 판단하기 어렵다는 점이다. 하지만 분석가가 데이터에 대한 권한이 없고 그 존재 자체를 모른다면 해당 데이터를 찾거나 사용할 수 있는 방법이 없다. 셀프서비스 접근 관리와 데이터 카탈로그를 통해 데이터를 찾을 수 있게 해서 이런 문제를 해결할 수 있다. 시스템은 접근 제어와 데이터 마스킹^masking 결정을 실제 누군가가 프로젝트에 해당 데이터가 필요해질 때까지 미루게 된다. 이런 시스템은 여러 가지 분명한 특성과 효과를 제공한다.

- 분석가는 가용한 모든 데이터 세트의 메타데이터를 탐색(검색하고 둘러보기)할 수 있다.

- 분석가는 데이터 소유주에게 특정 데이터 세트의 접근을 요청할 수 있다.

- 데이터 소유주는 그것을 누가 어떻게 얼마나 오랫동안 접근할 수 있는지 결정할 수 있다.

- 모든 요청, 근거, 허가에 관한 정보는 보안 감사 목적으로 추적한다.

그림 9-12에서 9-15는 셀프서비스 접근 관리와 데이터 권한 설정 시스템을 보여준다. 각 단계는 다음과 같다.

1. 데이터 소유주가 카탈로그에 데이터 자산을 게재한다(그림 9-12). 이 시점에서 분석가는 데이터를 찾을 수는 있지만, 데이터를 읽거나 수정할 권한은 없다.

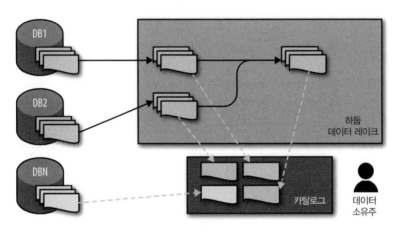

**그림 9-12.** 데이터 게재

2. 데이터 분석가는 카탈로그에서 데이터 세트를 찾는다(그림 9-13). 분석가는 데이터 접근 권한이 없기 때문에 검색은 메타데이터로 해야 한다. 그러므로 8장에서 설명한 것처럼 좋은 메타데이터와 비즈니스 수준 설명이 필요하다.

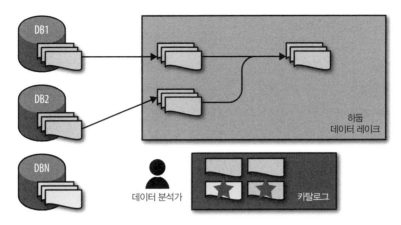

그림 9-13. 분석가가 데이터를 찾는다.

3. 분석가가 데이터 소유주에게 접근 권한을 요청한다(그림 9-14). 분석가는 카탈로그를 사용해 데이터를 찾을 수는 있지만 접근할 수는 없다. 데이터 소유주에게 사용 권한을 요청해야 한다. 이렇게 하면 데이터 소유주는 데이터를 누가 왜 사용하는지 완벽하게 제어할 수 있다.

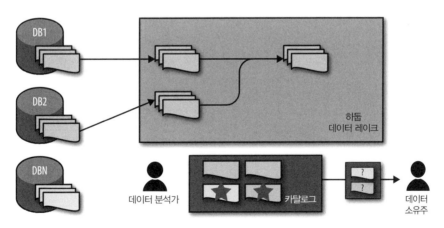

그림 9-14. 분석가가 접근 요청

4. 데이터 소유주가 요청을 승인한다(그림 9-15).

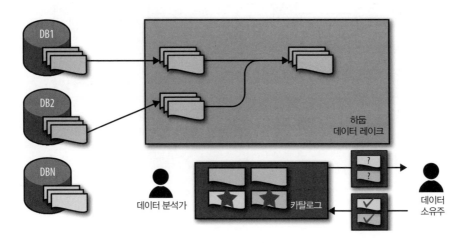

**그림 9-15.** 접근 요청 승인

5. 데이터 세트가 분석가에게 제공, 즉 확보된다(그림 9-16). 방법은 여러 가지가 있다. 분석가에게 소스 시스템에 접근할 수 있는 권한을 줄 수도 있고, 분석가의 개인 작업 영역으로 데이터를 복사해줄 수도 있다. 이런 과정 중에 민감 데이터를 마스킹하기 위한 비식별화 단계가 포함돼 있을 수도 있다. 여기에서 핵심은 이런 작업이 데이터 세트에 대한 요청이 있고 작업을 할 실질적인 비즈니스적인 이유가 있는 경우에만 이뤄진다는 점이다.

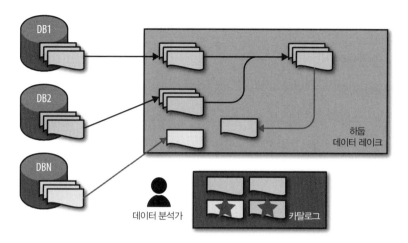

**그림 9-16.** 요청된 데이터 세트는 데이터 레이크로 옮겨져서 데이터 분석가에게 제공된다.

이 접근 방식은 여러 가지 장점이 있다. 이 책을 쓰면서 인터뷰한 대기업의 IT 임원은 다음과 같은 설명을 해줬다.

> 사람들은 그것이 올바르게 사용된다는 것을 확인하기 전까지는 데이터를 공유하기 두려워한다. 데이터를 누가 어떻게 사용할지 결정할 수 있는 권한을 줘서 그들이 안심하고 데이터를 공유할 수 있는 환경을 만들어야 한다. 이런 셀프서비스 접근 방식을 구축하기 전까지만 해도 데이터를 얻으려면 관리 계층을 오르락내리락 하는 수개월의 협상이 필요했다. 사람들은 이런 협상 때문에 생기는 고통과 지연을 다시 겪고 싶지 않아서 생각나는 모든 것에 대한 권한을 요청하게 됐다. 그에 따라 데이터 소유주는 요청하는 사람들이 진짜로 필요한 것이 무엇인지 의심하게 됐고, 결국 요청하는 사람이 매우 구체적인 요구 사항과 관련 근거를 제시하게 하는 철저한 검토 과정을 도입하고, 그런 과정 때문에 더 많은 작업과 지연이 발생하게 됐다. 그런 환경에서 데이터를 탐색한다는 것은 현실적으로 불가능하다.

셀프서비스 접근 관리를 도입하면 요청하는 사람은 카탈로그에서 데이터 세트를 살펴보고 요청을 하기 전에 실제로 필요한 것이 무엇인지 판단할 수 있다. 그러면 요청 횟수는 줄어들게 되며, 이미 카탈로그를 통해 상당히 자세한 탐색을 하고 목적에 맞는 데이터가 무엇인지 찾았기 때문에 요청을 할 때도 훨씬 적은 양의 데이터를 지정한다. 마지막으로 접근 요청도 상당 부분 자동화돼 있기 때문에 추가 요청을 하는 과정은 빠르고 직관적으로 진행할 수 있다.

요약하자면 셀프서비스 과정은 데이터 소유주에게 데이터를 누가 사용하는지 통제할 수 있게 하며, 분석가에게는 데이터 세트를 탐색하고 접근 권한을 빠르게 획득할 수 있게 한다. 또한 기간을 설정해서 데이터에 대한 권한을 부여하다 보니 이런 접근 방식은 모든 가용한 데이터 세트에 대한 권한을 관리하는 것과 프로젝트가 끝난 다음에도 혹시나 필요할 때를 대비해서 분석가가 불가피하게 계속 보유하고 있는 접근 권한의 관리 문제도 해결해준다. 셀프서비스 접근 방식을 사용하면 분석가는 필요할 때 다시 요청해서 권한을 빠르게 다시 확보할 수 있다.

권한이 부여되고 나면 데이터에 대한 물리적인 접근은 데이터 세트의 특성과 프로젝트의 요구 사항에 따라 분석가에게 다양한 방법으로 제공할 수 있다. 접근 권한을 부여하는 데 많이 사용하는 방법은 데이터 세트에 대한 외부 하이브 테이블을 만드는 방식이다. 외부 하이브 테이블은 데이터 세트를 복사하거나 수정하지 않으며(메타데이터 정의만 가지고 있기 때문에) 연산 처리 비용도 조금밖에 들지 않는다. 분석가가 이후 하이브 테이블에 대한 접근 권한을 부여받는다.

분석가가 파일 복사본을 만들거나 직접 하이브 테이블을 만들기를 원하는 프로젝트도 있다(예를 들어 하이브에 데이터를 분석하고 해석하게 하는 여러 입력 포맷을 가진 프로젝트). 이런 경우 분석가에게 파일의 복사본을 제공하거나 데이터 세트 자체에 대한 읽기 권한을 부여할 수도 있다.

## 데이터 확보

앞 절에서 셀프서비스 데이터 접근을 소개하고 그 효과를 설명했다. 데이터 확보는 데이터 레이크 구성에 있어 상당히 중요한 부분이기 때문에 더 자세히 살펴볼 필요가 있다. 그림 9-17에서 보여주는 것처럼 데이터 확보는 4개의 단계로 이뤄진다.

**그림 9-17.** 데이터 확보 단계

첫 번째 단계는 데이터 세트에 접근하고자 하는 분석가에 의해 진행된다. 요청에는 일반적으로 다음과 같은 정보가 포함된다.

- 필요한 데이터가 무엇인지(대상 데이터 세트, 전체 또는 일부 필요 여부)

- 누가 접근해야 하는지(데이터에 대한 권한이 필요한 사용자 또는 그룹 명단)

- 프로젝트(어떤 프로젝트를 위해 데이터가 필요한지)

- 접근의 비즈니스 근거(데이터가 왜 필요한지)

- 언제까지 필요한지(어느 정도 기간이 지난 후 접근 권한을 회수해도 되는지)

- 어떻게 확보할지(사용자가 데이터를 바로 접근할지, 특정 데이터베이스 또는 데이터 레이크로 복사해야 할지)

데이터를 복사해야 한다면 다음 정보도 요청에 포함돼야 한다.

- 데이터를 어디에 넣어야 하는지

- 대상자만 볼 수 있게 해야 할지 아니면 공유되도록 할지

- 특정 시점 데이터인지 아니면 계속해서 갱신해야 할지

- 접근 권한이 만료되고 난 후 계속 갱신할지 아니면 제거할지

요청은 일반적으로 서비스나우[ServiceNow] 또는 지라[Jira]와 같은 표준 요청 추적 시스템에 작성하거나 페가시스템[Pegasystems] 또는 에센테크[Eccentex]와 같은 BPM/워크플로우/요청 관리 시스템을 사용해서 이뤄진다. 추적 시스템은 요청을 데이터 소유주나 관리자에게 전달한다. 자동 승인 규칙이 구현된 경우도 있다. 예를 들어 사용자가 특정 그룹에 속한 사람이라면 자동으로 승인하게 돼 있을 수 있다. 데이터를 다른 곳으로 복사해야 한다면 대상 시스템의 관리자가 허가해야 할 수도 있다.

이런 과정에 변수가 생기는 경우도 있다. 예를 들어 요청하는 사람이 이미 데이터 소스에 대한 권한은 갖고 있지만, 다른 곳에 복사하고 싶다면 목표 시스템 관리자만 요청을 승인해도 될 수 있다. 반대로 요청하는 사람이 공유된 복사본을 요청하는 상황이고 목표 시스템에 이미 데이터가 있다면 목표 시스템의 저장소를 새로 사용하는 것은 아니기 때문에 소스 시스템의 데이터 관리자만 승인하면 된다.

또한 추적 시스템은 접근과 감시를 한곳에서 가능하게 해주기 때문에 기업은 누가 어떤 데이터를 무슨 목적으로 사용하는지에 관한 기록을 보유한다. 이는 좋은 데이터 보안 습관일 뿐만 아니라 GDPR과 같은 외부 규정의 요구 사항인 경우가 많다.

데이터를 다른 곳에서 복사해오기 때문에 요청한 데이터를 수정하기보다는 새로운 데이터 세트를 만드는 데 사용하는 경우가 많다. 따라서 데이터를 한꺼번에 여러 요청자에게 공유하는 것이 매력적일 수 있다. 데이터는 사전에 정해진 장소(주로 진입 또는 미가공 영역)로 복사해 놓고 요청한 사람이 있는 한 계속 갱신한다.

확보 과정을 단계별로 따라가 보자. 그림 9-18은 작은 네모로 표시된 Customers 테이블을 가진 데이터 웨어하우스를 보여준다. Fred라는 사용자가 테이블에 대한 접근을 요청했다. 기간은 6월 1일부터 8월 5일까지로, 데이터 레이크 내의 공유 복사본 형태로 요청했다.

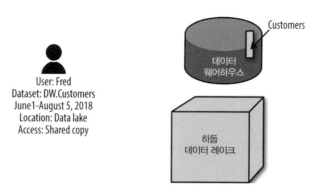

그림 9-18. 사용자가 데이터 웨어하우스의 데이터 세트에 대한 접근 요청

요청이 승인됐다고 가정하면 그림 9-19처럼 테이블은 대기 영역의 특정 경로로 6월 1일에 복사된다. 테이블의 모든 데이터는 복사 당시 날짜와 일치하는 경로로 복사된다.

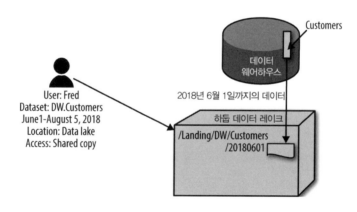

그림 9-19. 데이터 세트를 데이터 레이크에 확보

다음 날 최초로 복사된 시점 이후의 수정 사항만 새로운 경로로 복사된다. 그림 9-20과 같이 파일명은 해당 날짜를 반영한다(여기서는 6월 2일).

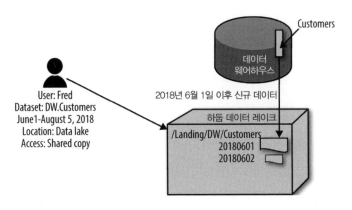

그림 9-20. 데이터 레이크는 데이터 웨어하우스의 최신 수정 사항을 반영해서 갱신된다.

이런 과정은 요청이 만료되는 2018년 8월 5일까지 계속 반복된다.

이제 또 다른 사용자 Mandy가 그림 9-21처럼 같은 테이블을 6월 15일부터 7월 15일 까지 요청했다고 가정해보자.

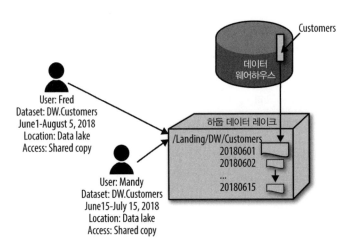

그림 9-21. 또 다른 사용자가 같은 데이터 세트를 요청

그녀의 요청도 승인됐다고 가정하면 Mandy는 6월 15일에 그림 9-22에 묘사된 것처럼 Customers 테이블의 공유 복사본인 /Landing/DW/Customers에 대한 접근 권한

을 받게 된다. Mandy는 7월 14일까지 계속 접근할 수 있게 된다.

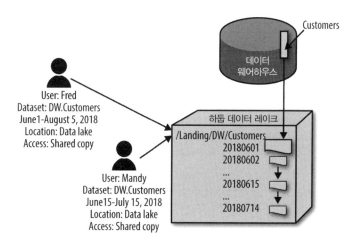

**그림 9-22.** 두 사용자 모두 확보된 테이블의 같은 복사본을 사용하게 된다.

7월 15일에 Mandy의 권한은 만료되며 Fred는 그림 9-23처럼 또다시 이 데이터 세트
의 유일한 사용자가 된다.

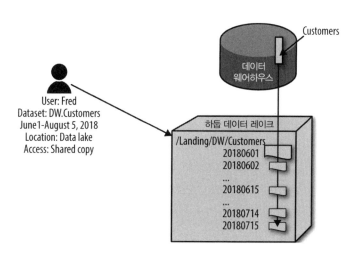

**그림 9-23.** 두 번째 사용자의 권한이 만료되면 데이터 세트에 접근할 수 있는 사람은 다시 한 명이 된다.

Fred는 8월 4일까지 계속 데이터 세트를 사용하며, 그림 9-24처럼 데이터 세트는 그때까지 계속 갱신된다.

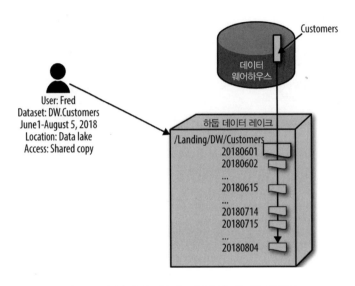

**그림 9-24.** 데이터 세트는 사용하는 사람이 있는 한 계속 갱신된다.

그러다가 8월 5일이 되면 Fred의 권한이 만료되고 이 데이터 세트를 사용하는 사람은 더 이상 없다. 그림 9-25처럼 그때가 되면 갱신은 새로운 사용자가 요청하기 전까지 중단되거나 시스템이 주기를 늘려서(예를 들어 월별로) 갱신할 수도 있다.

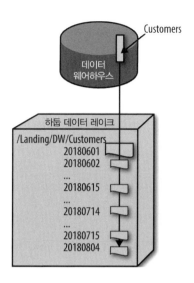

**그림 9-25.** 데이터 세트를 사용하는 사람이 없어지면 업데이트는 멈춘다.

새로운 사용자가 이 테이블을 요청하면 8월 5일(갱신이 멈춘 시점)과 요청한 날짜 사이에 추가된 데이터가 갱신된다. 다음 그림에서 새로운 요청 날짜는 8월 15일이다. 이렇게 했을 때 그림 9-26처럼 8월 15일 폴더에는 8월 5일과 15일 사이에 이뤄진 모든 갱신 사항이 들어간다.

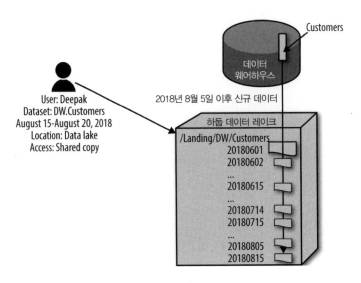

**그림 9-26.** 데이터 세트는 새로운 사용자가 생기면 업데이트된다.

날짜별로 갱신 사항을 해당 날짜 폴더에 따로 보관하는 것이 좋은 경우도 있다. 이렇게 하는 것이 하이브(하둡 대상 SQL)와 같은 도구에서 특정 파티션에 실행할 쿼리를 결정하는 데 도움이 된다. 이런 경우 데이터 로드는 여전히 8월 15일에 한꺼번에 이뤄지지만, 그림 9-27처럼 날짜별로 별도의 파티션이 만들어진다. 수정 사항은 모두 8월 15일에 추출했지만, 날짜별 수정 사항(예를 들어 수정 시간 기준)은 각각 독립적인 폴더에 저장된다. 즉, 8월 6일의 수정 사항은 20180806 폴더에 들어가고, 8월 7일의 수정 사항은 20180807에 들어간다.

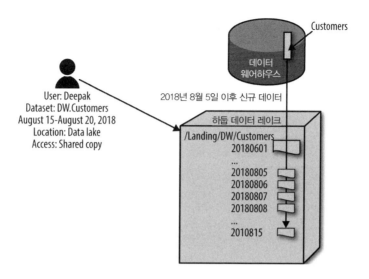

**그림 9-27.** 날짜별 업데이트는 각각 독립적인 파티션에 보관

## 결론

접근 제어는 데이터 레이크에 올바르게 적용해야 하는 가장 중요한 사항 중 하나다. 조직은 자동화, 필요 시점 셀프서비스 승인 기법, 선제적 민감 데이터 관리 등을 적절히 활용하면 빠르게 변화하는 대규모 데이터 집합을 효과적이면서 효율적으로 관리할 수 있다.

# 업계 적용

10장에서는 다양한 업계의 데이터 전문가가 발표한 데이터 레이크 구축에 관한 논문 여러 편을 소개한다. 필자가 소속을 밝힐 수 없어 익명으로 처리한 논문도 한편 있지만, 나머지는 구체적인 소속 회사명을 공개하고 있다. 이 책의 나머지 부분에서는 실무자와의 얘기를 통해 얻은 성공적인 데이터 레이크 구축 모범 사례와 특성에 대해 전반적으로 다루고 있지만 10장에서는 업계별로 구체적인 특징을 소개하고자 한다. 각 논문은 서로 다른 업계 전문가의 것이며, 다음과 같은 질문에 답을 제공한다.

### 왜?

논문에는 여러 업계에서 데이터 레이크를 도입한 주요 배경을 소개하고 있다.

### 왜 지금?

무엇이 변해 이런 방법이 가능해졌는가? 하둡Hadoop, 빅데이터, 데이터 과학, 데이터 레이크가 어떻게 상황을 바꿨는가?

### 다음은 무엇인가?

필자는 업계가 빅데이터와 분석을 도입하는 데 있어 어느 방향으로 가고 있다고 생각하는가? 데이터가 자신이 속한 업계를 어떻게 바꿀 것인가?

첫 번째는 FICO에서 금융 서비스 업계에 관한 고급 분석을 하고 UC버클리에서 데이터 과학을 가르치는 제리 코이스터Jari Koister의 논문이다. 해당 논문은 비즈니스 결과 개선에 초점을 맞추고 있다. 그다음은 사이먼 슈워츠Simon Schwartz의 논문으로 슈왑Schwab과 여러 대형 금융 서비스 조직에서 거버넌스와 준수에 빅데이터를 사용하는 사례를 다루고 있다.

이후 주요 보험 회사에서 근무 중인 빅데이터 책임자의 논문을 살펴보고, 이어서 시카고Chicago시와 시카고 경찰서에서 분석을 담당했던 브렛 골드스타인Brett Goldstein이 집필한 스마트 시티smart city에 관한 논문을 살펴본다.

마지막으로 샌프란시스코 대학 CIO이자 전 UCSF(캘리포니아 샌프란시스코 대학교) 의과 대학 CIO, 전 보스턴 시립 병원 CTO였던 오핀더 바와Opinder Bawa가 얘기하는 의료 연구에서의 분석 사례를 소개한다.

공유하고 싶은 이야기는 그 외에도 너무 많지만, 여기서 소개하는 논문들은 어떤 것이 가능한지 폭넓게 종합적으로 소개한다.

## 금융 서비스에서의 빅데이터

 제리 코이스터Jari Koister는 현재 FICO의 결정 관리 스위트DMS, Decision Management Suite 부사장이다. DMS는 금융 업계뿐만 아니라 여러 산업에서 사용할 수 있는 다양한 분석과 최적화 주도 솔루션solution을 제공하는 플랫폼platform이다. 제품 전략, 계획, 실행, 연구 등을 담당하고 있으며, 또한 고급 분석과 AI 연구 및 DMS 적용도 총괄하고 있다. 목표는 FICO와 FICO 고객 솔루션의 성공과 경쟁력 향상을 위한 역량 제공이다. 세일즈포스(Salesforce.com), 트위터, 오라클에서 제품과 엔지니어링 팀을 이끈 경험이 있다. 에릭슨Ericsson과 HP 연구소에서도 연구팀을 관리했었다. 스웨덴 왕립 공과대학교에서 분산 시스템 박사 학위를 받았으며,

캘리포니아 UC버클리의 데이터 과학 교수를 역임하고 있다.

## 고객, 디지털화, 데이터는 우리가 아는 금융을 바꾸고 있다

금융과 은행 업계는 많은 변화를 겪고 있다. 고객은 새로운 상호작용 방법을 기대하며 디지털 뱅킹<sup>digital banking</sup>은 다양한 측면에 변화를 가져오고 있다. 사기의 발생 가능성이 커지고 있으며, 과거 시장의 테두리 밖에서 비즈니스를 키워야 할 압박 등 여러 가지 변화가 생기고 있다. 동시에 금융 기관에서는 위험 관리가 점점 관심의 중심이자 전략적인 분야로 자리 잡고 있다. 또한 무분별한 결정과 노출로부터 고객을 지키기 위한 관련 규정도 엄격해지고 있다. 이런 점들이 기존 기업에는 많은 변화를 요구함과 동시에 새로운 진입 기업에는 기회를 제공하고 있다.

고객은 과거 어느 때보다 더 많은 것을 기대하며, 선택의 폭도 넓어지고 있고, 더 큰 목소리를 내기 시작하고 있다. 고객은 과거보다 더 많은 정보를 받으며 무엇보다 주변 지인을 신뢰하는 성향을 보인다. 고객은 새로운 신용카드 등 신규 제품을 예전보다 쉽게 찾을 수 있고, 승인이 필요한 경우 그것을 얻기도 쉬워졌다. 그들은 여러 채널<sup>channel</sup>을 통해 은행과 상호작용하며, 사용하는 채널과 상관없이 많은 기능과 빠른 응답을 기대한다. 그들은 세계를 여행하며 자신의 은행이 방해되기보다는 도움이 되기를 기대한다. 그들은 많은 정보를 갖고 제품과 서비스를 비교한다. 밀레니얼 세대<sup>millennials</sup> 고객과 소위 말하는 '언더뱅크드<sup>under-banked</sup>' 계층은 대형 은행에 묶여 있지 않으며, 항상 새로운 대안을 받아들일 준비가 돼 있다.

동시에 은행도 디지털화되고 있다. 사용자는 실제 지점을 방문하지 않고 대부분 비즈니스를 온라인에서 처리할 수 있기를 기대한다. 그리고 그들은 디지털 기기를 사용할 때 은행 서비스 직원과 직접 얘기할 때와 동일하거나 그보다 빠른 반응 속도를 기대한다. 온라인으로 신용 접수, 주식 거래, 수표 입금, 현금 인출, 이체 등도 처리할 수 있기를 기대한다. 고객은 또한 이런 경험이 단순하면서 어려움 없이 진행되기를 기대한다. 그렇지 않다면 다른 곳으로 눈을 돌린다. 디지털화는 은행이 마케팅과 고객 접촉을 하는 방식도 바꾸고 있다. 디지털 마케팅과 구전의 중요성은 올라가고 지점의 역할은 줄어들고 있다.

이런 새로운 사용자 경험과 디지털 뱅킹 추세는 은행이 자신의 서비스 제공 방식을 다시 살펴보게 하고 있다. 또한 은행이 간접비와 고객 인터페이스 문제를 줄일 수밖에 없게 만들고 있다. 이런 변화는 은행 입장에서 봤을 때 사기 발생 가능성도 높아지는 요인이 된다. 이런 서비스의 기본적 특성과 그런 서비스를 제공하는 방법 때문이다. 예를 들어 온라인 대출 승인은 새로운 고객 식별 방법을 요구한다. 온라인 대출 신청자가 정말로 자기라고 주장하는 사람이 맞는지 확인하려면 각막 스캔, 온라인 지문, 이미지 등이 필요하다.

금융 서비스 접근과 사용은 스마트폰 결제, 블록체인 등 새로운 기술의 영향을 받는다. 또한 인도처럼 빠르게 발전하는 나라에서는 국가가 진행하는 프로젝트의 영향을 받기도 한다. 사기 방지를 위해 진행되는 인도의 국가 프로젝트에는 아드하르[Aadhaar] 카드라는 범용 신분증과 인디아스택[IndiaStack]이라는 금융 서비스 API 구축이 포함돼 있다.

예전과는 다른 확장된 데이터 세트는 시장과 고객의 특성과 요구 사항을 더 효율적으로 분석할 수 있게 해준다. 이런 분석을 통해 은행은 고객에게 더 매력적인 제안을 제공함과 동시에 자체 위험 수준은 상대적으로 낮게 유지할 수 있다.

새로운 비즈니스를 위한 경쟁 또한 금융 서비스 기업이 예전에는 서비스를 제공하지 않았던 고객과 지역에 서비스를 제공하게 하고 있다. 이때 고객 요청 승인에 필요하다고 과거에는 생각했던 배경 정보 등이 없을 수 있다. 신용 점수 산정 등에 필요한 '올바른' 데이터가 없던 사람은 신용 등급을 산정하거나 대출을 승인하기에 적합하지 않은 위험도가 너무 높은 고객으로 분류했다. 새로운 데이터 소스와 예측 모델을 통해 은행은 이제 새로운 방식으로 점수를 산정해서 그런 고객에게 위험과 수익성 수준이 적정한 제안을 할 수 있게 됐다.

언급한 예제는 금융 기관에 위험 분석의 중요성이 왜 올라가고 있는지, 또 그것이 전략에 어떤 영향을 미치는지 보여준다. 위험 분석은 포트폴리오<sup>portfolio</sup> 관리, 신용 위험, 운영 위험 등과 관련된 위험의 관리에 반드시 필요하다. 금융 기관은 새로운 위험 평가 모델과 데이터 소스를 활용해서 자신의 위험 수준을 더 적극적으로 관리하고 있다. 새로운 모델로 수입 개선, 비용 절감, 위험 감소, 효율성 개선 등을 달성할 수 있다.

새로운 세대의 은행과 금융에는 더 다양한 고품질의 데이터 소스가 필요한데, 빅데이터와 분석 시대의 새로운 데이터 소스들이 그런 역할을 해준다. 또한 조직에서 가진 데이터 사일로<sup>data silos</sup>의 파괴와 데이터 접근 민주화를 가져오고 있다. 이런 변화에 데이터 레이크 개념은 중심이 되며, 데이터 레이크의 가치는 데이터와 통찰을 더 좋은 결정에 사용할 수 있는 조직 능력에 따라 결정된다.


## 은행을 구하라

앞에서 얘기한 변화는 기존 은행에 여러 측면에서 위협이 되지만 새로운 기업이나 도전자에게는 기회가 된다. 디지털 뱅킹은 그림 10-1처럼 은행의 내부와 외부 모두에 변화를 가져온다.

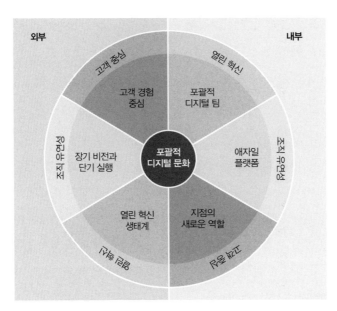

**그림 10-1.** 디지털 문화의 양면

외부 측면은 고객 경험에 상당한 변화를 요구한다. 신규 고객의 획득, 등록, 유지 방법 등 고객 경험의 모든 측면은 고객 중심으로 더 바뀌어야 한다. 은행은 외부 요인에 열린 자세를 유지해야 하며, 기술과 고객의 필요에 민첩하게 적응하려면 유연한 전략을 설계하고 실행해야 한다.

또한 이런 외부 요인은 내부에도 변화를 가져온다. 외부에서 은행과 접하는 방법을 바꾸려면 로봇robot, 확장 가능한 아키텍처architecture, 정교한 기술 등을 기반으로 하는 혁신적인 데이터 사용 문화가 필요하다. 개념, 제품, 서비스를 개발하는 데도 더 유연하고 적응이 용이한 접근 방식이 요구된다. 시장이 변함에 따라 은행은 변해야 하며, 새로운 제품도 몇 년이 아닌 수개월 내에 출시돼야 한다.

고객과 상호작용하는 방법이 바뀜에 따라 지점의 역할도 바뀌게 된다. 자신의

290

스마트폰 카메라로 수표를 촬영해서 입금하는 것처럼 고객이 디지털 기기로 업무를 처리하기 시작하면서 극단적으로는 지점 자체가 필요 없어질 수도 있다. 하지만 지점은 여전히 마케팅, 지원, 개인 뱅킹과 같은 고급 서비스에 필요하다.

물론 여기서도 데이터는 핵심적인 역할을 한다. 데이터는 내부 필요 사항이 가능하게 해서 궁극적으로 외부 요인에 변화를 가져온다. 필요한 변화의 상당 부분을 가능하게 하는 것이 데이터 레이크이기 때문에 데이터 레이크는 은행의 비즈니스 전략에 상당한 영향을 미칠 수 있다.

처리 과정을 자동화하고 고객에게 제공할 가장 좋은 제안을 식별하는 데 데이터를 활용하기 때문에 디지털 은행은 전통적인 은행에 비해 혁신적으로 운영 비용을 줄일 수 있다. 이렇게 비용이 줄어들면 예전에는 수익성이 좋지 않았던 고객에게도 새로운 상품을 제공할 수 있다. 이런 새로운 상품은 수익성도 어느 정도 유지하면서 고객 만족도 역시 개선되게 한다. 또한 기존 고객에게는 줄어든 비용을 활용해서 새로운 가치를 제공할 수 있기 때문에 그들을 유지하는 데 도움을 줄 수 있다. 또한 새로운 개선된 모델을 투자에 적용해서 수익성을 높일 수도 있다. 그중 어느 전략을 선택하든 관련 상품을 식별, 평가, 운영하는 데 데이터가 핵심적인 역할을 한다는 사실은 변하지 않는다.

데이터 레이크 전략의 범위는 다양할 수 있다. 핵심 데이터 세트 몇 개로만 제한하다가 점진적으로 확장할 수 있고, 처음부터 많은 데이터를 통합하는 방식으로 접근할 수도 있다. 금융 기관 등은 더 조심스럽게 접근할 것이지만 확보할 수 있는 모든 데이터를 포함하려고 하는 업계도 있을 수 있다. 변화에 의도적으로 조심스럽게 단계별로 접근하는 곳도 있을 것이고, 조직의 운영 방식을 대담하게 바꾸는 곳도 있을 것이다. 이렇게 속도와 전략이 다른 이유는 새로운 기회를 활용하지만, 현재의 핵심 비즈니스 영역은 보호하려는 욕망 때문에 문화를 바꾸는 것의 어려움 정도가 각각 다르기 때문이다. 산탄데르<sup>Santander</sup>가 100% 소유한 자회사인 오픈뱅크<sup>Openbank</sup> 등 일부 금융 기관에서는 기존 비즈니스를 대상으로는 점진적인 접근 방식을 채택하고 새롭게 출범하는 부서에서는 대담한 접근 방식을 시도하고 있다.

그림 10-2는 디지털 전환의 여러 단계를 보여준다.

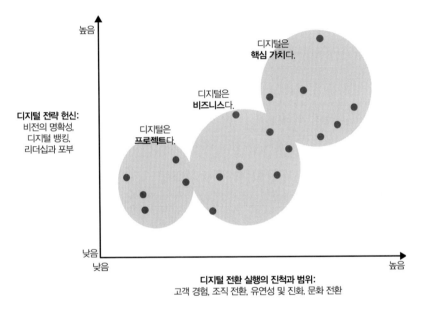

**그림 10-2.** 디지털 전략과 실행 성숙도 단계

또한 사기 범죄자의 수가 늘고 기술이 향상되면서 사기 사건도 늘어나고 있다. 일반적인 이체 사기는 칩 내장 카드 등과 같은 기술 발전으로 줄어들고 있지만, 다른 방식의 사기는 늘어나고 있다. 전자상거래의 확대와 함께 신분 도용 사건도 늘어나고 있다. 자금을 이체하는 새로운 방식들이 나타나면서 자금 세탁 금지 방법에 대한 관심도 높아지고 있다. 새로운 사기 수법도 빠르게 늘어나고 있다. 그러므로 사기 식별과 방지 방법도 빠르게 발전할 필요가 있다. 이런 방

법을 개발하려면 더 많은 데이터와 신규 기술을 활용할 필요가 있다.

동시에 사기 식별 방법은 고객에게 방해가 돼서는 안 된다. 신용카드 사기, 신분 도용 등의 식별 기능은 고객 경험에 상당한 영향을 미칠 수 있다. 신용카드가 거부돼서 지금 해외에서 하는 식사비용을 지불할 수 없다고 누가 통보받기를 원하겠는가? 또한 신분 도용 의심 때문에 디지털 은행에서 고객의 업무를 제한하면 안 좋은 이미지를 얻을 수 있다.

데이터를 사용하면 부적절한 사용 위험도 생기게 되는데, 이런 위험은 데이터의 에러error 혹은 실수로 의도적이거나 전혀 의도하지 않게 발생할 수 있다. GDPR과 같은 새로운 규정은 고객을 보호하고자 생긴 것이다. 금융 기관에서는 가용한 데이터를 활용해 자사의 제품을 최적화하고 자동 결정을 내리고 싶어 하지만, 이런 새로운 규정을 준수할 필요가 있다.

핵심은 디지털 뱅킹으로의 전환은 새로운 형태의 서비스가 나타나게 하며, 이런 서비스는 금융 서비스를 제공하는 은행이나 조직에 기회인 동시에 위협이 된다는 점이다. 금융 상품의 모든 측면, 즉 디지털 마케팅, 위험 분석, 상품 위험 최적화, 효율적인 지급 방법, 사기 등을 효율적으로 생성하고 관리하는 데 데이터는 필수다.

## 새로운 데이터가 제공하는 새로운 기회

새로운 형태의 데이터는 은행이 고객에게 고객 요구 사항과 위험 측면에서 좀 더 개선된 새로운 상품을 만들 수 있게 해준다. 이런 데이터를 바탕으로 개발된 개선 상품은 위험, 고객 요구, 수익성, 시장 점유율 등 여러 측면에서 월등하다. 고객은 가치 있는 서비스를 제공받고 은행은 새로운 수익원이 생기기 때문에 모두에게 이득이 된다.

신분 도용과 사기에 대처할 새로운 방법을 도입하면 은행은 속도와 고객 만족 측면에서 개선된 새로운 디지털 방식의 대출과 신용 평가 방법을 제공할 수 있다. 고객은 지점을 방문할 필요 없이 온라인상에서 일을 처리할 수 있다. 금융 조건을 충족하는 지원서는 몇 분 내에 승인될 수 있으며, 자금도 즉시 입금되는 경우가 많다.

고객이 대출을 잘 갚을 것인지 평가할 때 가장 많이 사용하는 방법은 신용 점수 평가다. 과거에는 신용 점수 평가를 하려면 지급 이력, 잔존 대출 증명서, 최근 신용 점수 조회 이력 등이 필요했다. 은행 직원은 모든 것을 철저하게 검토해서 위험과 수익성을 평가했다. 550이나 710처럼 고객이 특정 신용 점수를 받았다면 그것이 의미하는 위험 수준을 많은 사람이 공감할 수 있었다. 하지만 이제 은행은 이런 전통적인 신용 점수 평가 데이터가 부족한 많은 고객을 평가하려고 한다. 이를 '금융권 진입 문제financial inclusion problem'라고 하며, 지금도 개발도상국뿐만 아니라 미국에서조차 발생하는 문제다. 그림 10-3에서 보여주듯이 미국 인구 3억2천5백만 명 중 약 5천5백만 명은 신용 점수가 없어 은행 거래를 시작하는 데 어려움을 겪고 있다. 결국 수표 환급이나 고가 소비재 제품의 신용 구매 등과 같은 기본적인 금융 서비스를 받는 데도 너무 큰 비용을 내게 된다.

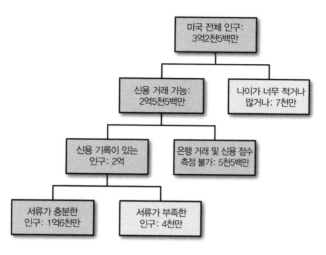

**그림 10-3.** 은행 거래 가능 인구 분류

인도와 같은 나라에서는 전통적인 방법으로 신용도를 평가할 수 없는 인구의 비율이 더 높다. 현재 미국에서는 해당 비율이 약 17%다. 인도에서는 그 비율이 19%다. 즉, 약 2억5천만 명에 대한 신용도를 평가할 수 없다. 또한 인도 인구 중 상당 부분인 약 7억 명은 신용 거래를 원치 않는다. 앞에서 언급한 아드하르는 이런 사람 중 상당수를 금융 시스템에 참여하게 하는 것이 목표다. 이런 사람들의 신용도를 평가하고자 은행은 고지서 납부 내역뿐만 아니라 소셜 네트워크<sup>social network</sup>, 모바일<sup>mobile</sup> 데이터, 소매 구매 내역, 교육 수준, 공공 기록 등과 같은 비금융권 데이터까지 추가하는 것을 고려하고 있다. 점수를 산정하려면 다양한 데이터 소스를 통합하고 평가해야 하며 궁극적으로 데이터 평가 결과를 운영에 반영하려면 고객 경험에 반영할 방법이 필요하다. 또한 이런 다양한 데이터의 수집, 일원화된 저장, 사용은 개인정보 보호에 상당한 위협이 된다.

더 많고 다양한 데이터가 있으면 분석가가 위험 모델을 상당히 개선할 수 있다. 일반적으로 이런 개선과 전략은 많은 데이터 소스를 확보하고 사용할 수 있는지에 영향을 받는다. 데이터 소스 중에서 예전부터 있었던 것도 있을 것이고 새로운 것도 있을 수 있다. 데이터 레이크는 금융 서비스를 전 세계의 더 많은 사람에게 제공하고자 데이터를 더 많이 활용하기 위한 모든 아키텍처에 반드시 필요한 구성 요소다.

위험 분석의 주요 장점으로는 다음과 같은 것들이 있다.[1]

- 위험 수준에 따른 옵션과 특정 고객층 대상 캠페인의 도입을 통한 이자 수익 개선. 주로 5~15% 정도 개선

- 위험과 정책의 효과적인 사전 검열로 판매와 운용비용 감소. 15~20% 정도 생산성 향상

- 위험 클러스터링clustering과 조기 경보 시스템을 통한 위험 예방 대출 손실이 10~30% 정도 개선

- 측정과 모델 개선으로 자본금 효율성 향상. 위험-가중 자신이 10~15% 감소

금융 기관은 자신이 제공하는 서비스뿐만 아니라 그것을 벗어나서도 고객이 무엇을 하고 있는지 더 많이 이해하기를 원한다. 업계에서 말하는 고객에 대한 소위 360도 뷰view를 원한다(그림10-4). 자산 거래, 자산 상태, 구매 내역, 이메일, 콜센터 통화 내역, 소셜 미디어 게시글, 그 외의 추적 가능한 모든 요소가 여기에 포함된다. 기업은 고객 활동을 더 완벽하게 이해해서 개선된 마케팅, 서비스, 고객 경험을 제공할 수 있게 된다. 여기에는 당연히 여러 가지 데이터 소스가 포함되기 때문에 은행과 금융 기관에서는 현재 존재하는 데이터 사일로data silos를 파괴할 필요가 있다. 데이터 레이크는 데이터를 효율적으로 관리하고

---

1. 라즈딥 데쉬(Rajdeep Dash) 외 지음 『Risk Analytics Enters Its Prime』(McKinsey & Company, 2017)를 참고하라.

관련 규정을 준수하면서 이런 데이터 공유를 가능하게 하는 기술적 근간이 된다.

**그림 10-4.** 고객 360도 뷰

하지만 이런 서비스는 새로운 형태의 지원 사기의 목표가 될 수 있다. 데이터와 알고리즘algorithms을 사용할 수 있게 됨에 따라 은행은 안면 인식, 지문, 음성 인식 등을 활용한 사기 예방법을 도입할 수 있게 됐다. 이런 사기 예방법 없이는 사기 피해로 인한 비용이 관련 서비스를 통해 은행이 올리는 수익을 상쇄시킬 수도 있다.

## 데이터 레이크 활용의 주요 과정

지금까지 은행과 금융 서비스의 주요 방향, 기회, 위험 등을 설명했다. 기존 은행을 보호하는 것과 새로운 기회를 잡는 것은 몇 가지 공통적인 특징이 있다. 두 가지 모두 데이터의 가용성과 제대로 된 활용, 또한 과거에는 금융 기관에서 활용하지 않았던 데이터 소스의 영향을 받는다. 은행은 단일 사일로의 데이터를 효율적으로 활용하는 데에는 예전부터 매우 뛰어났지만, 이제는 목표를 달성하고자 여러 데이터를 합치고 복수의 데이터 소스를 활용해야 한다. 사용하는 명칭은 다르더라도 지금 여러 은행이 데이터 레이크를 만들고 있거나 최소한 데이터 웅덩이를 여러 개 만들어 데이터 레이크의 방향으로 가고 있다는 것은 분명한 사실이다.

금융 기관 대부분은 여러 개의 대규모 데이터 소스 사일로를 갖고 있다. 이런 사일로를 합치는 것은 매우 어려운 과정으로, 많은 투자를 해도 아무런 효과를 보지 못할 수 있다. 금융 업계는 '평가'라는 개념에 매우 익숙하다. 평가는 고객에 대한 신용 한도 상향, 대출 승인, 회수 방법 등을 결정하게 된다. 평가는 수익과 위험에도 상당한 영향을 미친다. 그리고 그것의 최적화, A/B 테스트, 추적, 관리 등이 가능하다. 어려운 점은 데이터 레이크의 여러 이질적인 데이터를 처리해서 효율적인 판단을 하는 것이다.

그러려고 은행마다 여러 가지 접근 방식을 사용하고 있다. 일부는 데이터 문제의 복잡성을 대처하려고 처음부터 데이터 레이크를 만든다. 나중에 데이터 레이크로 정리할 생각으로 데이터 웅덩이를 조직적으로 확장해 나가는 곳도 있다. 마지막으로 이제 막 데이터의 필요성을 인식했지만 사일로 형태의 데이터 집합에서 순익에 도움이 되는 결정을 더 잘하기 위해 필요한 형태로 가기 위한 분명한 전략이 아직 없는 곳도 있을 것이다.

사용할 수 없는 상태의 데이터 레이크에서 결정에 도움이 되는 상태로 가기 위한 세 가지 주요 요소를 제안한다. 제안 자체는 새로운 것이 아니다. 정리되지 않고 이해할 수 없는 상태의 집합에서 분류되고, 통합되고, 데이터 과학, 데이터 랭글링, 궁극적으로 운영 결정에 사용할 준비가 된 상태로 옮겨 가자는 것이다. 데이터 과학과 랭글링은 반복 주기별 결정에 데이터를 사용할 준비를 지원하는 역할을 한다. 핵심은 데이터에 쉽게 접근, 식별, 검출, 추적할 수 있도록 카탈로그와 결정 개발 과정을 통합하는 것이다.

그림 10-5는 이런 데이터 레이크 솔루션을 위한 중앙 일원화 아키텍처를 보여준다. 조직은 사용하는 여러 데이터 소스에서 데이터를 가져오고 모을 필요가 있다. 결정에 성공적으로 데이터를 사용하고자 준비하는 데 필요하다고 믿는 세 가지 요소는 데이터 재고와 카탈로그화, 엔티티 식별과 퍼지 매칭$^{\text{fuzzy matching}}$, 분석과 모델링이다.

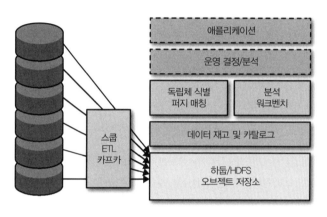

**그림 10-5.** 디지털 뱅킹에서 분석과 결정을 위한 데이터 레이크 기반

## 데이터 재고와 카탈로그

첫 번째 단계에서 데이터 식별, 자동 스키마 발견, 필드 매칭, 이력 결정, 추적 등이 이뤄지고, 데이터 레이크의 모든 데이터에 대한 개요를 제공한다. 또한 데이터를 효율적으로 발견하고 처리할 수 있도록 정리하고 이해하는 것을 도와준다.

서로 이질적인 데이터 소스를 하나로 통합하는 것은 데이터 레이크에서 가치를 얻기 위한 과정의 가장 중요한 단계 중 하나다. 하지만 데이터 세트를 서로 조인$^{\text{join}}$하기 위해 필요한 공통키가 존재하지 않을 수 있다. 오히려 그런 키가 없을 가능성이 더 높으며, 엔티티를 식별(같은 엔티티 식별, 예를 들어 모든 데이터 소스에서 같은 고객을 식별)할 다른 방법을 찾을 필요가 있다. 그런 역할은 다음 단계인 엔티티 식별과 퍼지 매칭에서 담당하게 된다.

## 엔티티 식별과 퍼지 매칭

예를 들어 공통키가 될 수 있는 데이터가 없는 데이터 소스 3개를 생각해보자. 데이터 소스는 모두 사용자 행동에 관한 것이다. 하나는 웹에서의 활동, 또 다른 하나는 이메일 관련 활동, 마지막 세 번째는 포스POS, Point-Of-Sales를 통한 거래 활동에 관한 것이다. 사용자는 각 데이터 소스에서 본인 인증을 서로 다르게 할 수 있다. 주소를 다르게 기재하거나 잘못 기재할 수 있으며, 별명이나 다른 이름을 댈 수 있고, 다른 이메일 주소를 제공할 수도 있다.

그림 10-6에서는 이런 데이터 소스 세 개를 서로 별개로 진행되는 이벤트로 표시하며, 각각 구매로 이어질 수도 있다. 목표는 데이터가 다르고, 미완성이며, 틀렸더라도 어떤 이벤트가 같은 고객에 대한 것인지 식별해서 전체 타임라인timeline을 구성하는 것이다. 합쳐진 타임라인은 예측 모델 개선에 도움이 되는 데이터를 제공해서 더 정확한 모델을 만들 수 있게 해준다.

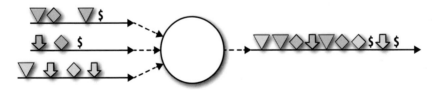

그림 10-6. 이질적인 다중 채널 데이터에서 360도 뷰로 전환

데이터 소스 간의 이런 매핑으로 엔티티 식별과 퍼지 매칭을 진행할 수 있다. 데이터 레이크에서 가치를 얻는 데 있어 이런 매핑이 핵심적인 요소다.

### 분석과 모델링

데이터 레이크를 활용하는 데 있어 강력한 분석 워크벤치는 당연히 중요하다. 워크벤치는 데이터 랭글링, 구조화되거나 구조화되지 않은 데이터 탐색, 대형 데이터 세트 쿼리, 머신러닝 등 여러 가지 기능을 제공한다. 데이터에서 얻은 통찰을 은행 고객을 위한 운영 결정으로 전환하기 전까지는 진정한 가치를 얻었다고 볼 수 없다. 모델링과 결정 구현 아키텍처는 이 논문의 범위 밖이지만 여기서 제시하는 기본적인 지식은 금융 조직이 운영 결정에 데이터 적용으로 가는 기초가 될 수 있다.

## 데이터 레이크가 금융 서비스에 제공하는 가치

**시메온 스월츠**<sup>Simeon Schwarz</sup>는 OMS 내셔널 보험<sup>National Insurance</sup>의 데이터와 분석 이사이며, 전 찰스 슈왑<sup>Charles Schwab</sup> 분산 데이터 서비스 관리 이사로서 관계형, NoSQL, 빅데이터 제품 영역 전반에 걸쳐 데이터와 데이터베이스 기술을 지원했다. 센터포스트 커뮤니케이션<sup>Centerpost Communication</sup>의 운영 부사장을 역임했으며, 데이터 관리 솔루션 컨설팅 업체를 설립한 경험이 있다.

금융 업계는 서비스와 수익을 개선하면서 현세대의 여러 문제를 극복하고자 데이터 레이크를 다양한 방법으로 활용할 수 있다. 준수, 마케팅, 효율성 모두 데이터 레이크를 통해 상당 부분 개선될 수 있다.

데이터 레이크를 통해 가능한 자동화와 표준화의 효과를 당연히 보게 되는 영역으로 규제 준수를 들 수 있다. 관련 규제가 많은 금융 서비스 업계의 기업은 규제에서 요구하는 것과 다양한 제품과 비즈니스 기준에 따른 감사를 정기적으로 자주 받게 된다. 준수와 위험 관리는 전사적인 노력이 많이 필요하다. 그러려면 기업의 모든 데이터 자산과 보유 기술을 집대성한 가상 데이터 레이크가 필요하다.

준수를 인정받고자 많이 사용하는 방법으로는 접근 증명과 인증이 있다. 즉, 시스템과 데이터에 허가되지 않은 접근의 부재를 기록하고 기존 권한과 신규 권한 모두를 추적해 기록하는 방법이 있다. 모든 접근이 승인된 것이고 회사에서 승인에 대한 유효한 기록을 갖고 있다는 것을 확인하려면 관리 대상 모든 데이터에 대한 모든 승인 유형, 기술, 공급처 제안 등을 모든 관계자가 검토하고 결재해야 하며, 검토와 결재 과정을 정기적으로 진행(접근 증명 프로세스)해야 한다. 각 애플리케이션 공급사는 자사 제품에 대한 전용 포인트 솔루션point solution을 보유하고 있을 수 있고, 플랫폼 공급사는 제공하는 여러 애플리케이션이 통합된 기술 플랫폼 스택technology platform stacks 솔루션을 공급할 수 있기 때문에 전사적으로 하나의 접근 방식을 사용하려면 모든 정보를 망라한 하나의 단일 뷰가 필요하다. 즉, 서버, 데이터 자산 유형, 접근 수준 정보 등의 수집과 비교를 모두 확인할 수 있는 가상 데이터 레이크가 필요하다. 물론 이렇게 하는 것이 대규모 작업이 될 수 있지만, 그런 과정이 가능하게 하는 요소는 여러 가지가 있다. 대표적으로는 다음과 같은 것이 있다.

- 저렴한 연산 처리 능력

- 가상화, 기기 장치, 자동화로 최신 인프라를 빠르고 쉽게 구축할 수 있다는 점

- 소프트웨어 개발 속도의 혁신적인 향상

데이터 레이크 기술을 적용하고 최신 분석 기술의 장점을 접목하고 나면 금융 서비스에 여러 효과가 나타난다. 그중 하나는 기업 정보를 바탕으로 빠른 통찰을 제공하는 솔루션의 생성, 사용, 관리 능력이 빠르게 향상된다는 점이다. 데

이터 레이크는 자원 활용 감독과 기술 자산 관리 등 정보의 사용도 더 효율적으로 추적할 수 있게 해준다.

마케팅도 효과를 볼 수 있다. 고객과 기업의 상호작용에 대해 상당한 통찰(내부와 외부)을 제공하는 데이터 레이크는 고객을 이해하고 자신의 행동에 영향을 미칠 수 있게 해준다. 웹 사이트를 예로 들어보면 마케팅은 고객이 언제, 왜, 어디서(사이트와 해당 페이지) 거래를 시도하는지 측정할 수 있고, 또한 거래 주문 전에 어떤 활동을 하는지, 몇 번의 클릭을 하는지, 취소하는 비율은 얼마나 되는지, 고객이 결정할 때까지의 경로가 무엇인지, 브라우저 내의 행동은 어떤지 등을 추적할 수 있다. 또 다른 예로 신규 계좌 지원 완료율을 생각할 수 있다. 잠재 고객이 왜, 얼마 동안, 어디서 언제 과정을 중단했고, 그 비율이 어느 정도 인지 조사할 수도 있다. 이런 수치를 통해 회사는 지원 과정을 개선하고, 관련 수익을 늘리며, 계좌 생성 중 중단한 잠재 고객의 확보에 들어가는 직접비를 줄일 수 있다. 기술 경험의 예로는 고객이 언제 '자동 로그아웃'되게 할 것인지 결정하는 과정을 들 수 있다. 너무 많이 기다리면 보안에 위협이 될 수 있는 반면 너무 짧은 시간 후 진행하게 되면 사용자가 다시 로그인해야 하는 번거로움을 겪을 수 있다.

요약하자면 기업이 더욱 구조화, 추적, 측정됨에 따라 데이터 레이크는 비즈니스, IT, 규제 준수 등을 더욱더 효과적이면서 효율적으로 개선할 수 있게 해준다.

# 보험 업계의 데이터 레이크

다음 글의 저자들은 주요 보험사에서 근무 중인 빅데이터 선구자다. 자신의 관점은 공유할 수 있었지만, 근무처를 공개할 수는 없었다.

모든 보험 회사의 근간이 되는 것은 위험 평가다. 분석과 보험 인수 원리는 고객에게 계약을 제공하고 고객의 청구 처리에 필요한 유동성 확보 때 이뤄지는 위험 평가를 기준으로 한다. 이런 평가는 보험 계약을 요청한 사람에게도 이득이 된다. 개인이 자신의 위험 노출 정도를 더 적절하게 평가할 수 있다면 어떤 보장이 필요한지에 대해서도 올바른 결정을 할 수 있다.

보험 회사 입장에서 효율성이란 일반적으로 개인의 자산 상황에 따라 적절한 보장에 감당할 수 있는 수준의 할증금이 더해진 정확한 금액을 제안할 수 있는 능력과 그런 계약을 적절한 시간 내에 제공할 수 있는 능력으로 정의할 수 있다. 고객 서비스는 어떤 비즈니스든 기본이라고 생각하기 때문에 별도로 언급하지 않는다. 커피든 생명보험 계약이든 무엇을 판매하든지 간에 오늘날의 경쟁 마케팅 환경에서 고객이 제공된 서비스에 만족하지 못한다면 살아남을 수 없다.

지난 수십 년간 보험 인수 과정은 주요 데이터의 디지털 전환 부족과 저렴한 분석 플랫폼의 부재로 상당히 느리게 발전해 왔다. 하지만 이런 상황은 최근 5년간 저렴한 상용 하드웨어에서 실행되는 빅데이터 기술의 출현과 함께 상당히 많이 변하고 있다. 많은 양의 이질적인 데이터 요소를 분석할 수 있는 능력을 갖춘 고급 예측 모델링 기법을 활용해서 보험 인수 규칙 작성에 새로운 방법을 조심스럽게 탐색하기 시작한 보험사도 나타나고 있다. 이런 최신 기술은 청구 관리의 효율성 향상, 비용 절감, 프레임워크 개선 등을 가능하게 하고, 사기 예방에도 도움이 된다. 또한 고객에게 맞춤형 상품을 제공할 수 있게 함으로써 상품 혁신을 주도하고 있다.

업계가 받아들일 준비를 시작했고 전략 수정 수단으로 고려하기 시작한 또 다른 혁신적인 기술은 사물인터넷<sup>IoT, Internet of Things</sup>이다. IoT의 가치를 알아보고 받아들이기 시작한 보험 회사도 일부 있다. 빅데이터 분석이 빠르게 도입되고 있는 주요 원인 중 하나는 데이터 수집과 분석 가능한 정보로의 변환 등이 가능한 기기와 직접 연결할 수 있다는 점이다.

예를 들어 IoT는 의료 보험 제공 기업뿐만 아니라 보험 대상자에게도 이익이 될 수 있다. 개인의 건강과 관련된 구체적인 수치와 전반적인 상황을 관찰할 수 있게 하는 기기는 자신의 건강 지표를 알고자 하는 개인의 욕망을 충족하면서 동시에 보험 회사에는 질병이나 사망 등을 더 효율적으로 분석할 수 있게 하는 주요 데이터를 제공한다. 그리고 예전에는 수집하지 않았던 여러 가지 위험 정보를 수집하는 혁신적인 제품을 개발할 기회가 되기도 한다.

이런 새로운 전개가 흥미롭기는 하지만 개인적으로 이런 기술이 업계에 큰 영향을 줄 것이라고는 생각하진 않는다. 대신 항상 그랬듯이 일정 수준의 파급 효과만 있을 것 같다. 의료 부문도 비슷한 예가 될 수 있다. 의료 서비스와 생체 인식 정보의 디지털화에 대한 관심이 상당하다(미국 정부의 관련 보조금도 수십억 달러에 이른다). 정밀의료계획<sup>Precision Medicine Initiative</sup>과 같은 프로젝트는 공공 기업과 민간 기업이 서로 고객의 의료 기록을 안전하고 효율적으로 공유할 수 있는 단일 서비스 플랫폼 구축을 목표로 한다. 이것만으로도 몇 년 내에 고객, 의료 서비스 업계, 보험 회사 사이의 간격은 어느 정도 줄어들게 될 것이다. 더 넓게는 과거에 잠재 고객으로 고려하지 않았고 보험이 없는 위험 등급의 사람에게 상품과 서비스를 공급하는 것도 가능해질 수 있다.

한계는 없다. 이렇게 모인 데이터 세트가 도시, 지역 사회, 주, 국가, 심지어 대륙 단위로 인간의 행복한 삶 추구에 어떤 영향을 미칠지 실로 놀라울 것이다.

## 스마트 시티

 브렛 골드스타인Brett Goldstein은 이키스틱스 벤처스Ekistic Ventures의 공동 설립자이자 현 관리 이사다. 이키스틱스 벤처스는 주요 도시 문제에 기존과 다른 새로운 해결 방법을 제시하는 회사들로 구성된 포트폴리오를 만들어가는 도시 문제 해결 집단이다. 시카고시의 CDO와 CIO로 일한 경험이 있으며, 시카고 경찰청 소속 경찰관으로 근무했고, 분석 팀장을 역임했다. 2013년에는 공개 데이터가 주민과 정부의 관계를 바꾸는 데 어떤 잠재력을 가졌는지에 관한 문집인『Beyond Transparency: Open Data and the Future of Civic Innovation(투명성을 넘어서: 공개 데이터와 시민 혁신의 미래)』(Code for America Press, 2013)를 공동 집필하고 편집했다. 이키스틱스 벤처스 외에도 시카고 대학의 수석 연구원이자 도시 과학 특별 고문이다. 세계의 정부, 대학, 주요 기업을 대상으로 데이터를 통해 도시 생태계를 더 잘 이해할 방법에 관한 자문을 제공하고 있다.

오래전부터 빅데이터는 세상을 '스마트 시티' 시대로 이끌어 갈 잠재력을 갖고 있다고 말해 왔다. 스마트 시티에서는 기술이 삶의 질을 높여주고 범죄를 예방하며, 소비와 자원의 최적화가 가능하게 한다. 하지만 스마트 시티로 가려면 첫 단계로 데이터 레이크에 데이터를 모으고 이런 정보를 예측 분석에 적합한 형태로 전환해야 한다.

시카고시의 CDO로, 이후 CIO로 수천 개의 사일로에 갇혀 있던 데이터를 하나의 데이터 레이크로 '해방'하는 노력을 주도했다. 과거에는 데이터를 테이프에 백업했다가 결국 삭제했었다. 시카고시는 유연한 스키마를 지원하는 저렴한 빅데이터 기술을 사용해 여러 시스템의 미가공 데이터를 쉽게 모을 수 있었다. 사용한 기술은 몽고DB MongoDB 데이터 스토어 data store다. 그런 다음 데이터 세트를 스캔해 특정 지역과 관련된 정보를 식별해서 위치 색인을 붙였다. 목표는 나중에 필요한 프로젝트가 나타났을 때 데이터를 사용할 수 있도록 데이터가 어디에 있는지 이해하고 메타데이터를 기록해 놓는 것이었다.

여러 시스템의 데이터를 하나의 시스템에 저장하는 것은 데이터 접근 권한을 확보에서부터 여러 부류의 시스템을 매핑하는 것까지 많은 어려움이 있다. 대부분의 도시 문제는 특정 지역과 연관돼 있다. 그에 따라 데이터 레이크가 다음과 같은 질문에 답을 제공하려면 위치 색인이 필요하다.

- 경찰차가 어디에 있는가?

- 특정 동네에서 도로에 구멍이 난 곳은 어디인가?

- 문제가 되는 빌딩의 정확한 위치는 어디인가?

사물의 위치를 아는 것도 필요하지만 예측 분석에도 데이터 레이크를 사용할 수 있다. 시위가 발생할 가능성이 가장 높은 장소를 예측 한다든지, 어떤 쓰레기통이 수리가 필요할지, 언제 도로에 구멍이 생기게 될지 등을 예측할 수 있다. 시카고의 가장 큰 데이터 레이크 성공 사례는 시 역사상 가장 큰 행사 중 하나였던 NATO 회의의 운영에 사용될 상황 인식 플랫폼인 윈디그리드 WindyGrid를 개발할 때 사용했던 사례다.

도시가 겪고 있는 문제는 새로운 것이 아니다. 하지만 지금의 빅데이터 기술이 나타나기 전까지는 현실적인 해결 방법을 찾기가 어려웠다. 엑셀은 훌륭한 도구지만 오늘날 스마트 시티에서 발생하는 무수히 많은 실시간 정보를 처리하기에 적합하진 않다. 관계형 시스템은 필요한 만큼 확장은 가능하지만 여러 시스템의 데이터를 합치고 조화하는 것은 너무 어렵고 비용도 많이 발생한다. 저렴한 저장 공간과 유연한 스키마를 제공하는 빅데이터 기술 덕분에 이제 여러 시스템의 각기 다른 형태의 데이터를 합치는 것이 가능해졌고 프로젝트에 필요한 부분만 추출, 조화, 정화하는 데 투자할 수 있게 됐다. 빅데이터가 제공하는 확장성은 또 수십억 개의 GPS 이벤트를 처리하는 IoT 프로젝트를 구현할 수 있게 해준다. 많은 양의 데이터를 저렴한 비용으로 저장하고 처리할 수 있는 능력도 예산이 한정된 도시에 상당한 이점이 된다. 예를 들어 오래된 기기와 이질적인 하드웨어를 재활용해 저렴하게 하둡 클러스터<sup>Hadoop Cluster</sup>를 구축할 수 있는 능력은 중요한 비용 절감 수단이 된다.

아직은 데이터를 저장하고 관리하는 문제를 완전히 해결하지는 못했지만, 이제는 사후 분석과 대응에서 점점 사전 대처하는 방향으로 움직이고 있다. 예방적 유지 보수를 예로 들 수 있다. 도로에 구멍이 생기고 나서 그것을 고치는 것이 아니라 구멍이 생기기 전에 도로를 수리하면 문제가 생기는 것을 예방할 수 있다. 이런 예방적 유지 보수는 스마트 센서 데이터의 빠른 확산과 함께 점점 현실이 되고 있다. 센서로 측정하는 대상으로는 지역 날씨, 공해, 서비스 배송 등이 있다. 그리고 이런 데이터를 효과적으로 사용하려면 데이터와 결정을 지역 단위로 볼 필요가 있다. 더 똑똑한 아키텍처, 특히 데이터 레이크를 도입하면 더 진화한 분석과 머신러닝이 가능해질 수 있다.

또한 도시는 블랙박스<sup>black-box</sup> 알고리즘이 제공하는 성능을 무조건 신봉하지 않고 투명성과 설명 가능성도 확보해야 한다. 데이터를 기반으로 얻은 결과는 무조건 믿을 것이 아니라 그런 결정을 하게 된 이유를 이해하는 것이 중요하다. 그래야지만 진정한 스마트 시티 시대를 맞이할 수 있다.

## 의료에서의 빅데이터

오핀더 바와$^{Opinder\ Bawa}$는 샌프란시스코 대학$^{USF,\ University\ of\ San}$ $^{Francisco}$의 CIO이자 정보 기술 부사장이다. 전사적 기술 배포와 혁신을 담당하고 있다. 이전에는 캘리포니아, 샌프란시스코 대학$^{UCSF,\ University\ of\ California,\ San\ Francisco}$의 CTO와 UCSF 의과대학의 CIO를 지냈다. 그곳에서는 다양한 연구, 교육, 환자 돌봄에 사용할 혁신적인 기술 솔루션의 계획과 배포를 주도했다. 보스턴 메디컬 센터$^{Boston\ Medical}$ $^{Center}$의 CTO와 SCO 그룹의 부사장을 역임하면서 전 세계 소프트웨어 제품군과 고객 서비스를 책임진 경험이 있다. 뉴욕시립대학교$^{City\ University\ of\ New\ York}$에서 컴퓨터 과학 학위를 받았으며, 피닉스 대학교$^{University\ of\ Phoenix}$에서 MBA를 획득했다.

어떤 업계든 하나의 변화 과정이 완료되려면 일반적으로 30 ~ 50년 정도가 걸리며, 생명 과학 분야도 마찬가지다. 이런 변화 과정은 모두 어떤 기폭제로부터 시작한다. 생명 과학 분야의 가장 최근 변화 과정의 기폭제는 2010년에 나온 환자 보호와 부담 적정 보험법$^{Patient\ Protection\ and\ Affordable\ Care\ Act}$이다. 지난 50여 년 간 항상 그래왔듯이 이런 업계 변환이 가능하게 하는 것의 중심에는 항상 기술이 있고, 국가의 건강관리 시스템도 마찬가지 과정을 겪게 될 것이다.

오늘날 건강관리 시스템에서 가장 중요하다고 생각할 수 있는 것은 새로운 임상 시험이다. 임상 시험은 치료법 발견, 치료 프로토콜 검증, 또한 전망이 어두운 약의 개발에 투입되는 노력을 가능한 한 빨리 멈출 수 있게 해준다. 생명 과학 업계가 이런 변환을 시작한 지 10년이 넘어가는 지금, 앞으로 진행될 변화를 생각해보면 임상 시험의 성공적인 수행과 결과를 위해서는 기존 업계 관행을 무너뜨리고 관련 공급 사슬의 효율성을 개선할 새로운 기술이 필요하다는 것은 명확하다. 이런 기술은 환자 식별과 획득(그리고 유지)에서부터 데이터 수집,

핵심 분석, 잠재 환자 조기 중재 등의 영역에 사용될 수 있다.

최신 데이터 분석 솔루션은 생명 과학 기업이 임상 시험 공급 사슬의 가장 핵심적인 부분을 자동화해 과거에는 상상할 수 없었던 방법으로 필요한 결과를 얻을 수 있게 해준다. 데이터 분석은 환자 데이터의 수집, 큐레이션<sup>curation</sup>, 분석, 보고 등을 개선하는 데 필요한 정교한 엔진<sup>engine</sup>의 생성을 가능하게 한다.

데이터 수집과 분석을 이런 변환 과정의 핵심으로 보는 것이 무리는 아니다. 태어난 지 3개월밖에 되지 않은 아기의 자폐증을 진단한 USF의 윌리엄 보슬 박사<sup>Dr. William Bosl</sup>의 연구 실적을 살펴보거나 미식축구 선수의 실시간 뇌진탕 판별 연구를 시작하면 데이터와 분석이 가진 세상을 바꿀 수 있는 잠재력을 직접 경험할 수 있다. 이런 잠재력에 관한 또 다른 연구는 UCSF의 제프 올린<sup>Jeff Olgin</sup> 박사가 주도하고 있다. 해당 연구는 데이터와 분석 수집에 최신 기술을 접목하고 전례 없는 10만 명의 환자를 등록해서 널리 알려진 프레이밍햄 심장 연구<sup>Framingham Heart Study</sup>를 혁신적으로 개선하는 것을 목표로 한다.

생명 과학 분야에서 지금 진행 중인 기술 변환 시대의 두 번째 단계로 진입하면서 성장하고 성공하려는 주요 임상 시험 회사는 데이터 분석 업계 선구자가 제공하는 임상 시험 공급 사슬 솔루션을 더욱 적극적으로 받아들일 것이다. 효율적인 임상 시험으로 인해 결과가 더욱 빨리 나오게 될 것이며, 이런 솔루션들은 빠른 결과를 더욱 부각하게 될 것이다. 또한 궁극적으로는 의료 서비스가 제공되는 방식 전체를 바꾸게 될 것이다.

# 찾아보기

312

## S

S3  214
SaaS  213
sandbox  33
scale out  35
scheduler  116
schema  36, 63
schema on read  36
schema 디자인  229
schema 유지 보수  218
search index  49
semantic 레이어  168
Service-Level Agreements  45
shadow IT  33
shredding  233
shuffle  96
SI  120
Simple Storage Service  36, 214
Single Sign-On  256
SLAs  45
slowly changing dimensions  138
SME  166
snapshots  140
Software as a Service  213
Spark  100
speed layer  153
spreadsheet  62
SQL  63
SQL join  65
SQL 조인  65
Sqoop  145
SSO  256
star schema  70, 137
stream  33
streaming  151
Structured Query Language  63
sub-query  81
Subject Matter Experts  166
system identity  177
System Integrator  120

## T

tag-based data quality rules  242
tagging  237
taxonomies  227, 234
technical metadata  231
Transform  33
transformation logic  177
Transparent encryption  263
tribal knowledge  49, 171
Trifacta  53
tuning  70
Twitter 피드  126
type 2 dimension  72

## U

under-banked  287

## V

variety  27
velocity  27
veracity  27
view  52
virtual data lake  201
virtual view  57
volume  27

## W

Waterline Data  50
workflow  195

# 엔터프라이즈 빅데이터 레이크

효율적인 데이터 레이크 도입과 모범 사례

발 행 | 2020년 8월 27일

지은이 | 알렉스 고렐릭
옮긴이 | 최 영 재

펴낸이 | 권 성 준
편집장 | 황 영 주
편 집 | 조 유 나
디자인 | 박 주 란

에이콘출판주식회사
서울특별시 양천구 국회대로 287 (목동)
전화 02-2653-7600, 팩스 02-2653-0433
www.acornpub.co.kr / editor@acornpub.co.kr

한국어판 ⓒ 에이콘출판주식회사, 2020, Printed in Korea.
ISBN 979-11-6175-443-7
http://www.acornpub.co.kr/book/big-data-lake

이 도서의 국립중앙도서관 출판시도서목록(CIP)은 서지정보유통지원시스템 홈페이지(http://seoji.nl.go.kr)
외국가자료공동목록시스템(http://www.nl.go.kr/kolisnet)에서 이용하실 수 있습니다.(CIP제어번호: CIP202003396)

책값은 뒤표지에 있습니다.